AF233996

V^{TE} DE SAVIGNY DE MONCORPS

de la Société des Bibliophiles françois

ALMANACHS ILLUSTRÉS

DU

XVIIIE SIÈCLE

AVANT-PROPOS

DE

GEORGES VICAIRE

PARIS

LIBRAIRIE HENRI LECLERC

219, RUE SAINT-HONORÉ, 219

M DCCCC IX

COUP D'OEIL

SUR LES

ALMANACHS ILLUSTRÉS

DESCRIPTION DES ALMANACHS
LES PLUS PRÉCIEUX
DU XVIIIᵉ SIÈCLE

Suivie de quelques mots
sur les reliures du Calendrier de la Cour.

et le trait va percer son Cœur
en glissant de L'ouvrage.

Vte DE SAVIGNY DE MONCORPS

de la Société des Bibliophiles françois

ALMANACHS ILLUSTRÉS

DU

XVIIIe SIÈCLE

AVANT-PROPOS

DE

GEORGES VICAIRE

PARIS

LIBRAIRIE HENRI LECLERC

219, RUE SAINT-HONORÉ, 219

M DCCCC IX

La collection d'almanachs illustrés du XVIIIe et du
commencement du XIXe siècle, formée par M. le vicomte
de Savigny de Moncorps, est assurément la plus précieuse qui existe. Depuis 1900 surtout, où quelques-uns
de ses plus ravissants spécimens ont figuré à l'Exposition
universelle, elle a acquis une réputation justement
méritée. Il n'est pas un amateur qui n'ait fait de longues
stations devant les vitrines où étaient exposés ces délicieux livrets et n'ait été séduit par la finesse des petites
estampes dont ils sont ornés comme par la fraîcheur des
maroquins ou par l'éclat des soies brodées, émaillées de
paillettes multicolores, qui les habillent. Cette réunion
d'almanachs, pour la plupart rarissimes, était un incomparable enchantement pour les yeux. Encore ne consti-
tuait-elle qu'une faible partie des richesses de la collection de M. de Savigny ! Ceux qui ont eu la bonne fortune
de l'admirer, en son ensemble, dans la riche bibliothèque

de mon éminent collègue de la Société des Bibliophiles françois, ont pu constater quelle patience sans limite, quel goût délicat ont présidé au groupement d'une aussi merveilleuse série.

Du Monstier avait écrit sur la porte de sa bibliothèque: Le diable emporte les emprunteurs de livres ! M. de Savigny, préférant à cette inscription égoïste la libérale devise de Jean Grolier, n'est pas, comme bien des bibliophiles, jaloux de ses trésors. Avec une affabilité exquise, il fait à qui travaille ou partage sa passion des beaux livres les honneurs de ses collections et met, le plus obligeamment du monde, au service de ses confrères les remarques érudites, les observations subtiles que lui a suggérées l'étude approfondie de ses chers almanachs. Déjà, il en a donné de partielles mais intéressantes descriptions bibliographiques qui furent très remarquées et reçurent des amateurs l'accueil le plus chaleureux. A l'occasion de l'une de ces fines études, mon vieil ami, le regretté baron Jérôme Pichon, adressait à M. de Savigny une longue lettre dont j'éprouve un vif plaisir à extraire les passages suivants : « Dans ces charmantes pages si lestement écrites et si justement pensées, il me semble voir du Queverdo écrit; c'est aussi joli que du Queverdo gravé. Il est vrai que les almanachs vous doivent aussi beaucoup. Vous les faites si bien connaître que je m'attends à voir surgir de tous les côtés des adorateurs d'almanachs et, si cela fait honneur à votre talent d'écrivain, cela nous fait du tort à nous autres vieux amateurs (pardon du mot vieux qui ne vous va pas... je l'applique seulement à votre goût déjà ancien pour ces sortes de livres) qui avons déjà tant de peine à en trouver. Le terrible

Morgand les râfle dès qu'ils paraissent... Vous amenez
même les dames à l'amour de l'almanach ! Dernière-
ment, je voyais sur l'album de Madame de Janzé une
profession de foi très nette en faveur des almanachs signée d'une très belle et très aimable dame qui ne peut
avoir été conduite que par vous à cette fatale passion. Il
est vrai qu'elle a à sa disposition la plus charmante collection qui existe de ces sortes de livres et qui est bien
aussi un peu à elle puisque le propriétaire lui appar-
tient. »

Ces lignes éloquentes et chaudes, signées d'un prince
de la bibliophilie, ont une saveur telle que je n'aurais
rien à y ajouter si je ne désirais dire un mot du nouveau
livre que M. de Savigny met à la disposition des amateurs de « dix-huitième » et, plus particulièrement, des
collectionneurs d'almanachs de cette élégante et gracieuse
époque.

En ce volume coquet, orné de ravissantes images, le
passionné bibliophile a minutieusement décrit les principaux livrets de son admirable collection ; très simplement mais avec un art parfait, il en a fait ressortir les
grâces et le charme. Rien de ce qui pouvait éveiller la
curiosité de l'amateur n'a échappé à ses sagaces investigations et sa plume alerte a su mettre en valeur les moindres détails de ces petits almanachs frivoles et légers.

Si les calendriers qu'a vu naître le siècle de toutes les
élégances forment la plus importante partie de l'ouvrage
du vicomte de Savigny de Moncorps, il ne faut pas
omettre de citer le très curieux chapitre relatif aux almanachs de modes émis dans les premières années du
dernier siècle, de 1814 à 1830. Là encore, l'auteur a

fait preuve d'un goût éclairé et traité le sujet avec une impeccable maîtrise. Toutes les divisions du livre mériteraient, d'ailleurs, une mention, mais à quoi bon déflorer, par avance, une étude qui sera, demain, le guide indispensable de tous les collectionneurs d'almanachs?

M. de Savigny a, par une très amicale attention, désiré que je tinsse son nouveau-né sur les fonts baptismaux. C'est un honneur dont je sens tout le prix; il me sera, cependant, permis d'éprouver quelque confusion à jouer ce rôle de parrain et à présenter aux bibliophiles une œuvre que le nom et le talent de son auteur recommandent si parfaitement à leur attention.

GEORGES VICAIRE.

Les almanachs illustrés du xviiie siècle ont plus d'une fois déjà attiré l'attention des bibliographes, et MM. Victor Champier, dans les *Anciens almanachs illustrés* (infolio, Paris, Franzine, 1886), et Cohen, dans son remarquable guide, dont la cinquième édition a été revue, corrigée et considérablement augmentée par un de nos savants bibliophiles, le baron Roger Portalis (in-8°, Paris, Rouquette, 1887), ont décrit quelques-uns de ces charmants petits livres dont la vogue s'accroît chaque jour et qui, dans les ventes publiques, atteignent des prix souvent fort élevés,

Cette vogue s'explique par des titres bizarres et amusants, des figures finement gravées, des reliures originales, élégantes et d'un caractère tout particulier,

D'Orfeuil, dans l'*Esprit des almanachs* (in-12, Paris, Vve Duchesne, 1783), fait allusion à ces titres :

« la multiplicité des titres seule est dans le cas de
« plaire ; le philosophe même peut s'en amuser ; toute
« frivole qu'est cette matière, il ne la dédaignera pas,
« s'il veut considérer les différents ressorts de l'esprit
« humain, la variété des faits et sous combien de for-
« mes il peut se reproduire. L'homme léger rencon-

I

« trera de quoi satisfaire son goût, il voltigera sur un
« parterre émaillé de fleurs et il recueillera le suc de
« celles qui lui seront le plus analogues. »

La bibliothèque nationale possède dans l'œuvre de
Dambrun (*Cabinet des estampes*) neuf suites d'eaux-fortes et de figures avant la lettre, qui donnent une idée
de la perfection avec laquelle étaient interprétées les
minuscules estampes de Queverdo (1). De très grands
maîtres, Cochin, Eisen, Gravelot, Moreau et des
artistes de beaucoup de valeur, Binet, Choffard, Desrais, Dorgez, Marillier, Monnet secondés par d'habiles graveurs, Gaucher, de Ghent, Lemire, Longueil,
Née, Ponce, ne dédaignent pas de s'adonner à l'illustration des Almanachs (2).

(1) Plus heureux qu'Henry Cohen, j'ai pu après de nombreuses
recherches, découvrir à quels almanachs elles appartiennent. En
suivant l'ordre où elles sont décrites dans le *Guide de l'amateur de
livres à vignettes du XVIIIe siècle*, Paris, Rouquette, ces séries de
douze figures chacune servaient à illustrer : 1° l'*Almanach des étrennes galantes des promenades et amusements de Paris*, Boulanger,
1780 ; 2° l'*Itinéraire descriptif de Paris* avec indications quotidiennes, debit à Paris des comestibles les plus abondants et les
plus recherchés de chaque saison (1780) et aussi l'*Almanach des
marchés de Paris*, étrennes curieuses et comiques avec des
chansons intéressantes, dédié à Mme Barbe, fruitière orangère.
Boulanger, 1782 ; 3° l'*Almanach galant, moral et critique*, en
vaudevilles, Boulanger, 1785 ; 4° l'*Almanach de l'amour des ris et
des jeux*, Boulanger, 1786 ; 5° *Almanach de la vie pastorale*, Boulanger, 1787 ; 6° *Almanach des délices du Palais Royal*, Id.,
1786 : 7° *Figaro, Blaise et Babet*, Id., 1786 ; 8° *Almanach de
l'amour parmi les jeux*, Id., 1786 ; 9° *Étrennes du sentiment*
dédiées aux âmes bienfaisantes, Id., 1784.

(2) Nous devons à *Cochin*, huit années de l'*Almanach iconologique*, des frontispices pour les *Étrennes mignonnes*, et les *Étrennes lyriques anacréontiques*, etc.

à *Eisen*, des vignettes pour l'*Almanach poétique et énigmatique*,

Quant à leurs reliures, les curieux en ont pu voir les plus charmants spécimens à l'exposition rétrospective des Arts libéraux (1889).

Ce qui ajoute encore à la valeur de ces almanachs, c'est qu'ils sont d'une extrême rareté et presque tous remplis d'intérêt : ils peignent bien l'époque à laquelle ils appartiennent ; certains d'entr'eux nous renseignent sur les choses du jour : expositions (1), plaisirs de chaque saison (2), prix des denrées (3), prix des caricatures (4), les découvertes de l'année, filage de

1756, pour l'*Almanach des Héroïdes,* 1773, des figures pour l'*Almanach des théâtres,* etc.

à *Gravelot,* 90 fig. pour l'*Almanach utile et agréable de la loterie de l'école royale militaire,* 1759 ; les neuf premières années de l'*Almanach iconologique,* les fig. pour le *parfait modèle,* 1778, front. pour les *Étrennes chronométriques* de Pierre Leroy, célèbre horloger, 1760, etc.

à *Moreau,* les fig. pour l'*Almanach de la révolution,* 1792, et un frontispice pour l'année 1784 des *Étrennes lyriques,* etc.

à *Binet,* les *Suppositions de l'enjouement,* 1787, le *Microscope des visionnaires,* 1780, l'*Optimisme des nouveautés,* 1793.

à *Choffard,* frontispice pour l'*Almanach du chasseur,* 1773.

à *Desrais,* figures pour les *almanachs de modes et costumes.*

à *Dorgez,* les *Intrigues de la capitale,* 1790 ; l'*Esprit du siècle,* 1790 ; les *Perfidies supposées,* 1793 ; les *Colifichets lyrico-galants,* 1787 ; le *Trésor des devinations,* 1791 ; le *Jardin des âmes sensibles,* 1793 ; le *Panthéon des philantropes,* 1793 ; etc., etc.

à *Marillier,* dans l'*Almanach des escapades de l'amour,* un frontispice et huit figures charmantes : la vue, l'ouïe, le toucher, l'odorat, le goût, etc., frontispice pour les *Étrennes d'Apollon,* 1757.

à *Monnet,* frontispice pour les *Étrennes lyriques,* dernières années, et l'*Almanach des grâces,* 1794.

(1) *Délices de Cérès, Pomone et Flore,* 1774.

(2) *Almanach de l'amour, des ris et des jeux,* 1786.

(3) *Almanach du comestible,* 1778.

(4) *Quelle folie ou galerie des caricatures,* vers 1798, almanach rarissime, orné de douze réductions, très finement gravées, des

l'huile pour les bateaux en cas de grosse mer (1), aérostation (2), fusil à répétition (3), salon de Curtius (4), baquet de Mesmer (5), machine à engraisser les volailles (6), recettes nombreuses (7), etc., etc. ; ils nous racontent de piquantes anecdotes ou nous donnent les couplets à la mode, les chansons nouvelles, les ariettes et vaudevilles les plus en vogue.

D'autres, tels que les *Halles et Marchés*, les *belles marchandes de Paris*, les *Promenades et amusements de Paris*, les *Délices du palais-Royal*, la *Fête des bonnes gens*, etc., nous montrent dans leurs délicieuses gravures, des scènes prises sur le vif, avec tout un petit monde sémillant et gracieux, et nous donnent l'idée de ce qu'étaient alors les grands Boulevards, les Champs-Élysées, l'assemblée à Longchamps, le Palais-Royal, la foire Saint-Germain, la fête de Sceaux, la sortie de l'Opéra, le Louvre, etc..., les intérieurs de boutiques,

caricatures de Carle Vernet : les *incroyables*, *l'anglomane*, *ma chevelure s'en va*, etc.

(1) *Almanach de Gœttingen*, 1780.

(2) *Almanach des folies modernes*, 1781, le *Trésor des almanachs*, 1783, *Colifichets lyrico-galants*, 1790, *l'Amour dans le globe*, 1785.

(3) *Étrennes mignonnes, curieuses et utiles pour l'année bisextile*, 1776. Le Sr de Fasting, colonel, de Berghen en Norwège, a inventé une arme à feu avec laquelle on peut tirer 10 à 20 coups dans une minute ; l'arme n'est pas plus pesante qu'un fusil ordinaire, et il s'occupe actuellement d'une autre machine à peu près semblable avec laquelle on pourra tirer 30 coups dans une minute.

(4) *Aventures parisiennes*, 1784.

(5) *Almanach des folies modernes*.

(6) *Almanach de poche*. Liège, 1764.

(7) *Étrennes de Minerve*, 1774.

les représentations théâtrales, les mœurs champêtres, etc. D'autres encore nous fournissent de précieux détails sur les modes et costumes (1), les coiffures, les fêtes données à Paris en l'honneur du mariage du Dauphin, celles données à l'occasion de l'heureux accouchement de la Reine, 1782 ; celui intitulé le *Bijou de la Reine,* 1778, contient très finement gravés, les portraits de la famille Royale ; tous nous révèlent le caractère de l'époque, et à ce titre, nous sont des documents utiles pour connaître mieux encore la fin du xviiie siècle.

Tous ces almanachs avaient des éditeurs particuliers, Desnos, Boulanger, Jubert, Janet, Tiger, Marcilly, qui, en leur qualité de relieurs-doreurs, faisaient coquettement habiller ces livres, tous mignons, destinés aux petites maîtresses, aux gens d'affaires, voyageurs, militaires, joueurs, etc.

Les uns étaient reliés en maroquin rouge ou vert, souvent ornés sur les plats d'attributs tels que : colombes se becquetant, instruments de musique, carquois garnis de flèches, cœurs enflammés avec le flambeau allumé de l'hymen, accompagnés de devises : *je brûle pour vous, l'amour les couronne, agréable à tous,* etc. Les autres recouverts de soie peinte à la gouache, brodée de soie et d'or ou garnie de paillettes étincelan-

(1) *Recueil général de costumes et de modes,* Paris, Desnos, 1781 ; *Almanach galant des costumes français les plus à la mode,* Boulanger, 1762 ; *Souvenir à l'anglaise (coiffures),* 1788 ; *Nouveau chansonnier (coiffures),* 1787 ; *les fantaisies aimables,* 1783.

tes ; d'autres plus riches encore, avec un médaillon contenant une délicieuse miniature, le tout protégé par un étui de maroquin doublé de tabis vert ou bleu.

Ceux-là, sans doute, étaient destinés à être offerts en présent à Céphise, Doris ou Cydalise.

> Vous souhaitez, Philis, un almanach nouveau
> De Paris voilà le plus beau.
> S'il vous est souvent nécessaire,
> Ah ! du moins en l'ouvrant, souvenez-vous toujours
> Qu'il n'est point de mois, point de jours
> Où je ne pense à vous et n'aspire qu'à vous plaire (1).

Les acheteurs trouvaient à leur gré dans ce choix varié, presque pittoresque, et chacun emportait avec lui son *secrétaire* pour l'année ; bien heureux celui qui n'avait à remplir que la colonne du gain. Car, dans ces almanachs, après le calendrier, viennent 24 pages, deux par mois, avec colonnes, perte et gain, suivies des *tablettes économiques,* pour servir, à l'aide d'un stylet minéral, à déposer comme dans le sein d'un ami fidèle, les secrets et sentiments du cœur. « Ces tablettes sont, en effet, le confident assuré de nos pensées. Si les dames n'en avaient pas d'autres, elles craindraient moins les indiscrétions. »

A partir du *petit almanach de Paris,* augmenté pour 1733, Paris, chez *Papillon, graveur en bois,* et l'un des premiers à contenir de jolies gravures, les mois de l'année, les almanachs du xviiie siècle sont nombreux,

---

(1) *Almanach nouveau,* sans lieu ni date, composé de 24 pages gravées, avec, à chaque page, une vignette que l'on peut attribuer à Gravelot, servant à illustrer un conte en vers légèrement badin.

trop nombreux même pour qu'on puisse arriver en une fois à faire un travail complet ; mais si chacun apporte une pierre à l'édifice, ce travail peut être achevé quelque jour.

En 1725, avec privilège du Roi, donné à François Jouenne, commence la série des *Étrennes mignonnes et utiles*.

> Elles vous offrent un cœur constant, tendre et fidèle,
> Ardent, sincère et plein de zèle.

« Elles sont mignonnes, curieuses et utiles. Elles
« vous apprennent à penser à bien des choses néces-
« saires dans le cours de la vie. Elles font ressouvenir
« des choses passées et donnent envie d'en apprendre
« plus. Elles contiennent un calendrier exact des jours
« de l'année, augmenté du lever de la lune ; la créa-
« tion du monde, son mouvement perpétuel, la variété
« de la vie des hommes. Noms des morts dans un âge
« avancé depuis un an. Généalogie des maisons
« régnantes. Idée générale de la France : ses provin-
« ces, villes capitales et rivières. Chronologie des rois.
« Les 39 gouvernements généraux. Les 30 intendan-
« ces et généralités. Intendance de marine et des colo-
« nies étrangères. Les officiers de justice, les officiers
« généraux d'armée sur terre, sur mer et d'artillerie,
« les ordres de chevalerie, le détail de Paris, les arche-
« vêchés et évêchés, l'établissement des ordres monas-
« tiques et religieux. Origine des curiosités ecclésias-
« tiques. Origine des curiosités naturelles. Origine des

« différents arts, des différents usages, curiosités diver-
« ses. Chronologie des choses remarquables. »

En 1745, un almanach de tout petit format est imprimé à Amsterdam, avec douze charmantes vignettes à mi-page, au-dessous desquelles se lit un quatrain.

Pour le mois de décembre :

> Le monde est une mer orageuse, implacable,
> La vie est un vaisseau fragile au moindre effort,
> La mort est un écueil terrible inévitable
> Et ce funeste écueil est notre dernier port.

Le quatrain pour le mois de mars est moins lugubre : la vignette représente une jeune femme s'avançant vers le berceau où l'amour vient de se réveiller :

> L'amour est un malin enfant.
> Qu'on est heureux quand il sommeille !
> Mais qu'il s'endort malaisément !
> Puisqu'un petit soupir l'éveille.

En 1759, paraît l'un des plus jolis et des plus rares almanachs du xviiie siècle, l'*Almanach utile et agréable de la loterie de l'École militaire*, où l'on voit son origine, son progrès, son établissement en France et la façon de placer le plus avantageusement sa mise, enrichi de 90 figures en taille-douce, qui pourront servir de devises, chaque figure accompagnée d'un quatrain rimé par Gravelot et représentant de gracieuses scènes enfantines.

1764 est la première année des almanachs Gotha, qui se suivent sans interruption, la plupart ornés de jolies figures de Chodowiecki. En 1765 et pendant les seize années qui suivent, Gravelot et Cochin nous donnent l'*Almanach iconologique* orné de figures avec

explication, recueil précieux et difficile à rencontrer
en reliure uniforme, surtout en maroquin.

En cette même année, Sautereau de Marsy fait paraître la première des quarante et une années de l'*Almanach des Muses,* un frontispice gravé pour chaque
volume.

En 1766, Desnos met en vente l'*Almanach de l'indicateur fidèle,* orné de cartes routières de France et d'un
frontispice représentant les différentes manières de
voyager, à cheval, en carrosse, en bateau ou en coche
d'eau.

En 1768, il donne une nouvelle édition ou plutôt
remet en vente avec un nouveau titre l'édition non
épuisée des *Étrennes françaises,* dédiées à la ville de
Paris, parues pour la première fois en 1766, chez
Pierre Guillaume Simon, avec deux planches d'armoiries, cinq jolies vignettes gravées par Saint-Aubin, et
une sixième par Gravelot.

En 1771, il dédie à Madame la Dauphine les *Étrennes des saisons* ou extraits des plus beaux poèmes sur
les saisons, avec un joli portrait de Madame la Dauphine et quatre figures : le printemps, l'été, l'automne
et l'hiver. Enfin, arrive le déluge des almanachs et il
nous semble assez curieux de reproduire les annonces
suivantes faites par Desnos, Laporte, Boulanger, Jubert et Janet.

« Le sieur Desnos annonce qu'il vient de mettre en
« vente, pour l'année 1774, la plus jolie collection d'al-
« manachs, bijoux d'étrennes et les plus rares que l'on

« puisse désirer. Comme le nombre en est grand, nous
« n'en désignons qu'une vingtaine des plus intéressants
« 1° almanach géographique ou petit atlas élémentaire,
« dédié au Roi de Danemarck. 2° l'idée de la géographie
« ou de l'histoire moderne. 3° l'indicateur fidèle qui en-
« seigne généralement toutes les routes de France, utile
« aux commerçants et aux voyageurs. 4° l'iconólogie
« historique et généalogique des rois de France, avec
« leurs portraits en médaillon. En tête est celui de
« Louis XV, supérieurement gravé. 5° Les anecdotes de
« Louis le bien-aimé. 6° Les souvenirs immortels ou
« tableaux poétiques du roi et des princes du sang, pré-
« sentés à sa majesté. 7° Les quatre saisons et les quatre
« heures du jour, en tête est le portrait de Madame la
« Dauphine. 8° Les délices de Cérès, Pomone et Flore ou
« la campagne utile et agréable, orné de douze estampes
« relatives aux amusements de chaque mois de l'année.
« 9° Opuscules poétiques, petit recueil de pièces fugiti-
« ves de M. de Voltaire. 10° Le petit Rameau ou prin-
« cipes courts et faciles pour apprendre soi-même la mu-
« sique, avec de nouvelles ariettes et estampes relatives,
« avec le portrait de l'auteur. 11° Le courtisan sans art
« ou les compliments sans fard. 12° L'almanach des trois
« fortunes. 13° L'oniroscopie ou application des songes
« aux n^os de la loterie de l'Ecole Royale militaire. 14° Le
« secrétaire des dames avec les promenades des environs
« de Paris. 15° Le secrétaire économique des Messieurs.
« 16° Le nécessaire aux militaires, négocians, gens d'af-
« faires et voyageurs. 17° Le mémorial des gens d'esprit.

« 18° Les Étrennes des saisons avec un poëme connu
« sur les saisons. 19° Les Étrennes de l'amour et celles
« du sentiment. 20° Les Étrennes de Minerve aux artis-
« tes, encyclopédie économique ou l'Alexis moderne,
« contenant huit cents différents secrets sur l'agricul-
« ture, les arts et métiers, extraits de plus de mille
« auteurs et des meilleures recettes en 4 vol. in-24, bro-
« chés 4 livres, le calendrier perpétuel avec l'explication
« de ses usages, toutes ces étrennes réunissent le néces-
« saire et l'agréable. Elles méritent encore l'accueil le
« plus favorable, à cause des tablettes avec perte et gain
« et du papier nouveau de la composition du sieur Des-
« nos, qui réunit tous les avantages de celui d'Hollande
« (*sic*) et qui peut être employé à toutes sortes d'usages,
« pour écrire et dessiner au moyen d'un stylet minéral
« sans fin, enjolivé de toutes les façons, adapté à ces ta-
« blettes, qui tient lieu de plume, d'encre et de crayon
« et qui sert longtemps sans qu'on soit obligé de tailler
« la pointe. Le sieur Desnos, qui n'a d'autre but que la
« satisfaction du public, a décoré ses almanachs de re-
« liures les plus élégantes, en maroquin, veau et carton,
« avec fermetures de manière à ne pas s'ouvrir dans la
« poche. Ces almanachs sont enrichis d'estampes, qui
« les distinguent des autres et sont de différentes gran-
« deurs et de prix différents depuis 2, 3, 4, 5, 6, 7, 8,
« 9, 10 et 12 livres, suivant les reliures. »

« La notice des almanachs du sieur Desnos (1),

(1) Ces almanachs étaient connus sous le nom des *Desnos.*

« petite brochure d'environ cent pages, où l'on donne
« une idée de chacun pour déterminer le choix du
« public se distribuera gratuitement aux personnes
« qui feront l'acquisition de quelque exemplaire. Au-
« trement, elle se vendra une livre quatre sols. Le
« catalogue général des dits almanachs se distribuera
« aussi gratis et indistinctement à ceux qui désireront
« en prendre connaissance. »

Heureux, trois fois heureux, le bibliophile qui dé-
couvrira ce rarissime catalogue ! il pourra se vanter de
n'avoir pas perdu sa journée !

Desnos portait au plus haut point l'art de la réclame.
Dans la préface du *Mémorial des gens d'esprit,* 1775,
intitulée : « Les rêveries d'un homme tout éveillé, pensées badines », l'éditeur explique le titre, le but et
l'utilité de cet almanach, composé seulement de feuillets blancs du papier de son invention.

« Que d'auteurs ne font que barbouiller du papier,
« semblables à ces chenilles qui gâtent les feuilles des
« arbres sur lesquelles elles rampent ! Que de gros
« livres qui ne sont que de petites brochures ! que de
« petites brochures qui sont moins que rien ! Au mi-
« lieu de tant de célibataires ou de gens bons à rien,
« car c'est la même chose, au milieu de tant de volu-
« mes et d'écrits en tous genres, notre almanach aura
« seul la gloire d'être utile. C'est ce que nous allons
« prouver du mieux qu'il sera possible.

Ceux dont les figures étaient enluminées se vendaient plus
cher : 6 livres au lieu de quatre livres 10 sols.

« Ce petit livre ne saurait manquer d'abord d'être
« moins rempli de fautes que les divers ouvrages
« de littérature dont nous sommes inondés tous les
« jours, puisque les trois quarts de ses feuilles sont
« en blanc. Que les libraires s'avisent aussi de ne
« donner au public que des volumes en blanc et nous
« défions la critique d'y trouver à mordre. Que d'au-
« teurs passeraient encore pour des gens d'esprit
« s'ils avaient connu l'expédient dont nous parlons
« ici... etc... etc... »

« La conversation de tant de gens serait elle si sou-
« vent ennuyeuse, s'ils avaient coutume d'écrire les
« jolies choses, les faits saillants qu'ils entendent dire,
« afin de les apprendre par cœur et de les débiter en-
« suite dans le monde comme s'ils étaient d'eux-mêmes,
« etc., etc. »

Dans un autre almanach de Desnos, le *Babillard
instruit,* 1787, contenant un choix de choses qu'il est
le plus important de ne pas ignorer, avec des anecdotes
et des observations intéressantes sur les mœurs et le
génie des différents peuples, notamment des Français,
des Anglais, des Espagnols, terminé par quelques
anecdotes de la jeunesse de feu M. de Voltaire, c'est le
recueil qui a l'honneur de se présenter au public :
« Oui, lecteur judicieux, voici le plus original et le
« piquant des recueils de mon genre. N'allez point
« vous aviser de croire qu'avec son apparence de légè-
« reté, il ne soit pas très grave, très moral, très pen-
« seur, très raisonnable. Je suis tout cela, mon cher

« lecteur ; car, c'est moi-même qui ai l'honneur de
« parler à vous.

« Les critiques de mauvaise humeur (et il n'y en a
« guère que de cette espèce) vous diront peut-être que
« j'ai un air de famille. Ne les croyez point, ami lec-
« teur. Commencez par me lire et vous finirez par
« suivre l'avis que je prends la liberté de vous donner
« et je vous jure, foi d'almanach de bonne compagnie,
« que je serai toujours assez vengé du dédain que ces
« messieurs affectent ordinairement, je ne sais trop
« pourquoi, pour les productions de mon espèce.

« Mais cela ne suffit pas, Mesdames ; car c'est prin-
« cipalement à vous que j'aime à avoir affaire. J'ai ma
« forme comme un autre almanach et je me flatte
« néanmoins dans mon petit volume de vous laisser
« peu de choses à désirer, d'abord sur l'agrément qu'il
« faut toujours avoir soin de faire marcher le premier
« avec vous, en deuxième lieu sur l'utilité qu'on doit
« toujours faire venir à la suite. C'est, ce me semble,
« un assez grand mérite pour une espèce de hasard du
« coin du feu, tel que je suis..., etc., etc.

« à l'égard de vous, Messieurs, vous pourrez vous
« apercevoir, du reste, que mon rédacteur n'a eu garde
« de vous oublier, puisqu'il a eu la bonté de pousser
« l'érudition en ma faveur au point de me mettre à
« même de pouvoir vous offrir tout ce qui peut servir
« à rendre les hommes meilleurs et plus dignes d'eux-
« mêmes, et encore une fois, messieurs, ce n'est pas
« un petit service que celui-là.

« J'ai dit, messieurs et mesdames ; je finis en me
« remettant sous vos mains, et je suis toujours, quoi ?

« VN ALMANACH. »

En 1779, un libraire, relieur-doreur, Laporte, rue
des Noyers, publiait un avis que l'on peut lire dans
l'almanach, l'*Amour à l'épreuve ou le bijou bien gardé* :

« L'accueil favorable que le public a toujours fait à
« cette espèce d'almanach, avec de petites gravures
« dont le lecteur sait le sujet, aussitôt qu'il a lu la chan-
« son, engage le libraire à en faire paraître un tous les
« ans, de même format, avec des sujets différents,
« pour que ceux à qui ils plairont puissent faire une
« collection qui leur deviendra par la suite aussi pré-
« cieuse qu'agréable. »

En 1779 également, Boulanger, relieur-doreur, dans
l'*Almanach galant moral et critique en vaudevilles,* fait,
à la dernière page, une annonce d'un style presqu'in-
compréhensible, mais trop intéressante pour ne pas
être reproduite exactement :

« Boulanger, relieur et doreur, vend différents al-
« manachs pour les berloques de montres en papier
« et en rubans, et des vues d'optique, almanachs pour
« les étuis à ressorts, les pyramides et pour les tableaux,
« almanachs pour les caves, des nécessaires et pour
« tous les autres bijoux de poche. Almanachs de
« cabinet de toutes grandeurs avec figures gravées
« par d'habiles artistes le tout encadré sous glaces. »

« On trouvera aussi chez l'auteur des plans et cartes
« géographiques et divers sujets avec figures et paysages,
« le tout enluminé et peint avec tout l'art possible pour
« orner différentes tabatières et propres à être encadrés
« séparément pour les cabinets. Almanachs de poche de-
« puis six lignes jusqu'à quatre pouces de hauteur, avec
« figures, chansons et musique, vend aussi des lettres
« de change et billets à ordres gravés en taille-douce.
« L'auteur vient de mettre au jour deux almanachs nou-
« veaux ornés chacun de douze estampes galantes, mo-
« rales et critiques, et analogues aux plaisirs de la ville
« et de la campagne pour chaque mois, avec musique,
« perte et gain et chansons relatives aux sujets ; il fait
« et vend toutes sortes de couvertures pour les alma-
« nachs. »

En 1781, Boulanger s'intitule doreur sur cuir et
sur soie (1) et vend :

« L'almanach galant avec figures et chansons, Celui
« des plaisirs de la ville et de la campagne aussi avec
« figures et chansons. L'almanach des coiffures et cos-
« tumes, douze figures de femmes et six d'hommes en
« pied avec chansons. L'almanach « avec douze figures
« sur l'heureux accouchement de la Reine, les réjouis-

(1) Boulanger ne se contente pas d'être éditeur, relieur,
doreur, doreur sur cuir et sur soie : il est encore auteur,
ainsi que le témoigne le privilège du roi qui lui est accordé
pour faire imprimer et donner au public un *ouvrage de sa composition* intitulé *almanach galant, moral et critique en vaudevilles,*
orné de gravures.

« sances qui l'ont suivi et sur l'entrée de leurs majes-
« tés dans la capitale. Il s'encadre par un, deux ou
« trois mois. On le vend aussi relié en maroquin avec
« glace et sans glace. et des vers pour la reine. L'al-
« manach des quatre saisons et des quatre heures du
« jour avec jolies figures analogues, lequel s'encadre
« et se relie comme le précédent. L'almanach des
« amusemens et promenades de Paris, et de ses en-
« virons avec douze estampes et chansons relatives au
« sujet. Toutes ces figures sont dessinées et gravées
« par M. Queverdo, dont les talents sont connus. On
« trouve chez Boulanger différents almanachs pour les
« breloques.

« Il fait et vend de jolies couvertures or fin, ou en
« commun pour les almanachs exécutés dans le plus
« bon goût soit en maroquin et mouton ou en bazane,
« et dans les grandeurs convenables à tous les alma-
« nachs, couvertures peintes et miniatures dans le der-
« nier goût, couvertures brochées supérieurement, on
« garantit la broderie. »

En 1786, à la dernière page d'un de ses plus charmants almanachs, *Les délices du Palais-Royal*, Boulanger donne le catalogue de ceux qu'il met en vente :

« Almanachs grandeur d'étrennes ornés de douze
« figures chacun : 1° du Palais-Royal ; 2° de la Co-
« médie de Figaro ; 3° de l'Amour parmi les jeux ;
« 4° des Promenades de Paris ; 5° des Marchés de
« Paris ; 6° des Costumes des deux sexes ; 7° galant,

« moral et critique ; 8° Étrennes du sentiment ;
« 9° Étrennes anacréontiques ; 10° de l'Amour, des ris
« et des jeux.

« L'on trouvera chez lui, bijoux relatifs et toutes
« sortes de couvertures. »

Dans un almanach, *les Intrigues de la capitale,* publié en 1782, chez Jubert, à Paris, rue Saint-Jacques,
la porte cochère vis-à-vis les Mathurins, est imprimé
l'avis suivant :

« Jubert, successeur de M. Boimare, doreur sur
« cuir, fait et tient magasin de toutes sortes de jolies
« couvertures d'almanachs, maroquin de toute couleur,
« avec glaces et sans glaces, petits brillants et beaux
« brillants avec jolis médaillons et cercles d'or et d'ar-
« gent, à la Provençale, brodés de toute façon avec
« médaillons, peintures et cercles, il tient tout ce qu'il
« y a de plus nouveau en ce genre et de mieux fait en
« dedans, le tout avec glaces et petit gousset, petit
« almanach à la Dauphine, avec de jolies gravures et
« glaces pour les dames, il pose toutes les armes et
« chiffres que l'on désire, des jolis médaillons et
« toutes sortes d'inscriptions sur les portes-feuilles (*sic*)
« et registres, il fait tout ce que l'on peut demander
« dans ce genre, il fait aussi les envois pour la pro-
« vince et les pays étrangers. »

Plus tard, Janet, successeur de Jubert, annonce
dans l'*Apologie de la tendresse* ou le pouvoir de l'amitié

1797, quelques almanachs nouveaux qui se trouvent chez lui et qui se vendent ainsi que beaucoup d'autres brochés ou brodés avec couvertures de maroquin, mouton, etc., avec étuis, glaces et sans glaces.

En 1793, la veuve Tiger, *au Pilier Littéraire,* place de Cambrai, publie des almanachs et tient pour eux manufacture de couvertures.

En 1795, Demoraine, imprimeur-libraire, rue du Petit Pont, annonce dans le *Chasseur et la Meunière,* almanach chantant, qu'il tient une spécialité d'almanachs connus sous le nom d'*Étrennes.*

D'autres libraires, Lattré, Duchesne, Lesclapart, Valade, Langlois, Cailleau, Lavacher, Gueffier, Ouvrier, Esnault et Rapilly, Bailly, Ardoin, etc., impriment et répandent à profusion toutes sortes d'almanachs illustrés.

Il y en a d'historiques, d'anecdotiques, de géographiques, de chronométriques, de lyriques, d'anacréontiques ; il y en a qui sont tout cela, comme le *Petit Théâtre de l'Univers,* étrennes naturelles, précieuses, instructives et amusantes, 1784 ; il y a même celui qui n'en est pas un, le *Babillard instruit,* 1787.

Il y en a pour la cuisine, l'*Almanach du comestible,* nécessaire aux personnes de bon goût et de bon appétit, 1778 : pour le jardinage, *les Délices de Cérès, Pomone et Flore,* 1774 ; pour les voyageurs, l'*Indicateur fidèle,* 1766.

La danse a l'*Almanach dansant,* 1770 ; la chasse l'*Almanach du chasseur,* 1773 ; la religion, l'*Almanach théocratique,* 1797 ; les fables ont le leur, les *Étrennes d'Ésope aux Français,* 1774.

Les Métamorphoses d'Ovide en chansons, 1786, et le *Petit Manuel mythologique,* 1783, sont ceux de la mythologie.

Et même ! les maris infortunés ont le leur : l'*Almanach des C...s,* 1740.

Les enfants ne sont pas oubliés ; le *Devoir des enfants,* 1793, par Sylvain Maréchal, a été écrit et illustré pour eux.

En regard d'une figure représentant une scène enfantine : le nouvel an, l'école, les vacances, la bonne fête, les oreilles d'âne, la danse, etc., une page de texte gravé, relatif au sujet et commençant par ces mots : « mes petits amis » ; pour l'école : « mes petits amis, le jeune arbre qui prend une croissance irrégulière ne regarde pas de mauvais œil le jardinier sage qui le redresse, imitez ce jeune arbre, un jour vous nous remercierez des rigueurs de nos leçons, etc., etc... »

Il y en a de microscopiques, le *Réveil Matin,* almanach pour l'année 1766, *Paul et Virginie,* 1793, le *Télescope des clairvoyans,* 1791, etc., que l'on met dans des médaillons servant de breloques ou que le confiseur, Chervain, au grand Mazarin, place dans les bonbons à surprise qu'il vend à ses nombreux clients.

Il y en a d'autres encore d'un format tout particulier ; leurs gravures sont combinées de façon à ce qu'en les dépliant et repliant de certaine manière sui-

vant le caprice du moment, on obtient les mêmes personnages dans différentes poses (*les Délices de Cythère
ou l'École de l'amour*, Vallette, 1786 ; un titre frontispice et quatre figures en couleur faisant douze sujets.)

Il y a aussi l'almanach en forme de carnet oblong,
contenant le calendrier avec petites figures en tête de
chaque mois et des feuillets blancs pour y écrire avec
un stylet minéral.

La Révolution a ses almanachs ; ils sont en très grand
nombre et M. Henri Welshinger a publié sur eux
un travail des plus intéressants (Paris, Jouaust, 1884,
in-12).

Mais à l'exception de l'*Almanach de la Révolution
Française*, orné des figures de Moreau, 1792 ; de celui
des *Epoques les plus intéressantes des révolutions de
Paris ou le triomphe de la liberté*, 1790 ; du *Panthéon
des philantropes*, 1791 ; du *Fanal des patriotes*, 1791,
et de quelques autres illustrés aussi par Dorgez, ils se
ressentent de la décadence de l'art et du goût ; les
petites estampes de médiocre composition sont moins
finement gravées ; les reliures n'ont plus les attributs
qui en faisaient le charme. Le bonnet phrygien rem-
place le carquois de l'amour ; le joli chansonnier n'est
plus !

Presque tous les almanachs illustrés du xviiie siècle,
étaient, en effet, des chansonniers.

« Notre goût pour les chansons, dit l'auteur de l'*Al-
« manach chantant ou étrennes aux jolies voix*, se dé-
« cèle en quelque sorte malgré nous ; nous mettons

« encore en chansons tous les événements qui nous
« intéressent et nos malheurs mêmes. C'est à ce goût
« décidé que l'on consacre chaque année une quantité
« d'almanachs chantants : il n'est point de si mince
« rimeur qui ne fournisse aux libraires sa juste part
« de chansons nouvelles ; le plus souvent elles sont
« pitoyables ou n'ont que le mérite de l'inconstance,
« ayant été composées pour des fêtes ou dans des so-
« ciétés particulières. »

Cependant, dans ces recueils périodiques, qui comme
tous les ans, sont *meilleurs ou pires* et dont les titres
sont quelquefois des plus drôles : l'*Almanach jovial,
chantant, dansant et même buvant, Il est joli comme un
cœur. Il a le diable au corps.* le *Petit fou ou la politesse
aimable,* l'*Optimisme des nouveautés,* le *Narcotique des
sages ou le véhicule de la folie,* etc., etc... on rencontre des vers spirituels et bien tournés. « Souvent l'a-
némone, la rose toute brillante qu'elle est se trouvent
au milieu des chardons » et Voltaire, le cardinal de
Bernis, Boufflers, Florian, de Piis, la comtesse de Beauharnais, Marivaux, Mme Deshoulières, s'égarent parmi
les plus médiocres rimeurs, nous faisant apprécier un
genre de littérature frivole, il est vrai, mais ne man-
quant ni de charme ni de grâce.

Dans l'année 1789, des *Étrennes lyriques et anacréontiques* (1781-1794) une chanson de M. de Piis
inspire à Cochin un charmant frontispice, très finement gravé par Gaucher. Sur le comptoir d'une librairie, une jeune fille coupe un livre avec une flèche qui

lui a été donnée par l'Amour libraire, pendant qu'un jeune homme fait discrètement un signe au dieu malin et admire la jolie cliente.

Et devinez ce qu'il a dans sa boutique, l'Amour ? Des... almanachs chantants ! :

L'AMOUR LIBRAIRE

Air : *Philis demande son portrait.*

Quels métiers n'a pas fait l'amour
    Depuis qu'il est sur terre ?
Peintre et médecin, tour à tour,
    Robin et militaire.
On l'a vu même en capuchon,
    Courir le monde et plaire ;
Croiriez-vous bien que le fripon
    Est à présent libraire ?

Il vend Sapho, Bion, Moschus,
    Anacréon, Tibulle,
Horace, Properce, Gallus,
    Jean second et Catulle.
Il ne tient, à la vérité,
    Qu'un chant de l'Énéide,
Mais il met sa félicité
    A livrer tout Ovide.

Voltaire, en face de Chaulieu,
    Près du bon Jean repose ;
Molière et Racine, au milieu,
    Sont sur du bois de rose.
Dorat, Pezay, Gessner, Bernard,
    Bertin, Parny, Chapelle,
Imbert, Florian, Léonard
    Sont rangés sur une aile.

Chez lui point de roman bavard,
    De drame léthargique,
Quinault, Piron, Collé, Favart,
    Décorent sa boutique.
Du Vaudeville, né Français,
    Bravant les froids critiques
Il favorise le succès
    Des étrennes lyriques.

D'entrer chez ce joli marchand.
  Lise hier eut envie ;
Monsieur, lui dit-elle en tremblant,
  Je n'ai lu de ma vie,
Pour choisir un livre en ce lieu
  Le hasard seul m'amène.
Je vous entends, lui dit le dieu,
  Et voici La Fontaine.

Ses vieux vers sont toujours nouveaux
  Pour les beautés novices,
Croyez que des yeux aussi beaux
  Lui doivent leurs prémices ;
Ils y pourront voir à profit,
  Cent histoires gentilles,
Et vous saurez comment l'esprit
  Vient tout à coup aux filles.

De ce volume curieux,
  Las ! les feuilles rebelles,
Quatre par quatre, deux par deux,
  Tiennent encore entre elles.
Contre l'amour, en ce moment,
  Lise tout bas murmure ;
Sa main va précipitamment
  Déchirer la brochure.

C'est où le malin Cupidon
  Attendait l'innocente.
Vite il l'arrête et lui fait don
  D'une flèche tranchante.
Lise, vos doigts trop indiscrets
  Déchireraient la page.
C'est de la pointe de vos traits
  Qu'il vous faut faire usage.

Pauvre Lise, je m'aperçois
  Que ta main n'est pas sûre,
N'ouvre qu'un feuillet à la fois,
  Pour le lire à mesure.
Lise veut dans son ardeur,
  En couper davantage,
Et le trait va percer son cœur
  En glissant de l'ouvrage.

Les plus grandes dames ne dédaignent pas de donner une place dans leurs élégants boudoirs à ces petits volumes de poésies légères ; la Reine Marie-Antoinette possédait un charmant exemplaire à ses armes, reliure de maroquin rouge, avec agrafes d'argent, comprenant les huit recueils suivants : (1)

Les fêtes publiques sur l'avénement de Louis XVI au trône, almanach chantant, à Paris, chez la V^re Duchesne. *Le monde,* comédie. id. idem. *Étrennes de l'amitié* ou nouvel almanach des Francs-maçons. *Mon favori ou les jeux lyriques,* almanach chantant, à Paphos. *Tablettes de Thalie ou l'amour et la nature,* almanach chantant à Paphos. *Le don du sentiment, étrennes expressives du cœur,* à Paphos, chez Anacréon. *Almanach de table chantant ou les plaisirs de Bacchus et l'amour. Les amusements du bel âge,* étrennes chantantes, à Paris chez la V^re Duchesne.

Les almanachs illustrés du xviiie siècle n'ont pas tous la même valeur artistique ; mais un certain nombre d'entre eux, en bonne condition de fraîcheur, et les gravures en épreuves de premier tirage n'est pas indigne de figurer dans les collections les mieux choisies. Plus d'un bibliophile ouvrirait avec amour l'*Almanach de Gotha,* avec les délicieuses figures de Freudeberg pour le monument du costume, celui de *la loterie de l'École Royale militaire. Les délices de Cérès, Pomone et Flore,* les *Amusements et Promenades de*

(1) Ce précieux exemplaire figurait sous le n° 204, catalogue de la Béraudière, 1883 ; il fut vendu 700 francs. M. le Bon Pichon possédait un recueil du même genre, contenant 7 almanachs, 1791, sans figures, même reliure. Il avait aussi une facture de Blaisot, libraire, où l'on voit que ces recueils coûtaient à la reine 22 livres 10 sols.

Paris, l'*Amour parmi les jeux*, les *belles Marchandes de Paris*, les *Fantaisies aimables*, les *Délices du palais royal*, l'*Instant heureux de Cythère*, les *Intrigues de la capitale*, la *Journée d'une jolie femme*, l'*Almanach des marchés de Paris*, les *Petits recueils de modes et costumes*, d'autres encore, presque tous mis en vente par Desnos, Boulanger, Jubert, de 1771 à 1792, et se plairait à faire, en compagnie de l'un de ces charmants petits livres, un retour vers le xviiie siècle, ce siècle de toutes les élégances.

L'ODORAT.
a Paris chez Martinet

ALMANACHS ILLUSTRÉS

DU

XVIIIᵉ SIÈCLE

Faire connaître quelques-uns de ces délicieux petits in-18, illustrés avec tant de grâce et de perfection, c'est payer un juste tribut d'admiration à l'art charmant de nos pères qui a laissé sa gracieuse marque sur tout ce qu'il a touché ; c'est aussi répondre au besoin de légitime curiosité qu'éprouvent les esprits cultivés et délicats, en les mettant à même d'apprécier ces élégantes productions du xviiie siècle et de revivre pendant un instant un passé rempli de charmes et de séductions.

Voici donc aussi complète que possible, la description des almanachs que j'ai pu réunir, pour en former une collection assez restreinte, il est vrai, mais choisie avec soin en raison de l'intérêt documentaire, de la beauté des épreuves et de la fraîcheur des reliures.

1733

I. — Petit almanach de paris, augmenté pour l'année 1733. *A Paris, chez J. M. Papillon, graveur en bois, au milieu du Pont Saint Michel, au Papillon. In-18.*

Titre-frontispice en haut duquel l'aurore sur son char. A

droite et à gauche, six médaillons avec personnages mythologiques. Ce titre est précédé d'un autre également gravé en bois avec ces mots : « Ces estampes sont inventées et gravées en bois par J. M. Papillon, à Paris, rue St Louis, au Papillon. »

Le recueil se compose des signes du Zodiaque (trois par feuillet) des douze mois de l'année avec sujets appropriés : *Le Repas du jour de l'an, Le Carnaval, La Mi-carême, Le Jardinage, Le May, Feu d'artifice sur une pièce d'eau, Promenade de quelques seigneurs et grandes dames dans un jardin à la française, La Moisson, La Naissance du Dauphin, La Vendange, La Chasse, Le Patinage.* Puis viennent des spécimens de vignettes, culs-de-lampe, en-têtes de chapitres, écussons, types d'adresses, lettres ornées, une cathédrale, titre d'un livre d'heures, vue de Verdun, etc., etc...

Ce petit volume est des plus intéressants, au point de vue de la renaissance de la gravure en bois dont Papillon fut le rénovateur en France. Plus tard, vers 1776, Thomas Bewick le fut en Angleterre.

Reliure ancienne en maroquin rouge.

1739

2. — Étrennes mignonnes curieuses et utiles, augmentées pour l'année 1739. Avec privilège du Roi. *A Paris, chez E. Jouenne, rue St Jacques, à St Landry.* In-32.

Titre imprimé sur un cartouche ayant en haut, à gauche, dans un nuage, le Temps avec sa faux et son sablier. En bas, à droite, assise sur un socle, une femme écrivant sous la dictée du Temps : *J'apréte à penser.* Tout à fait en bas du titre, ces mots : *Étrenne bien qui aime bien.*

Frontispice en regard du titre : des divinités couronnent la Paix ayant la France assise à ses pieds. Dans un cartouche au-dessous, deux mains qui tiennent un cœur *constant, tendre et fidèle, aujourd'hui et toujours,* sous lequel cet adage : *Rien ne vaut tant qu'un bon ami.*

« Les *Étrennes* pour cette année 1739 contiennent bien des curiosités nouvelles; elles vous offrent

> Un cœur constant, tendre et fidèle,
> Ardent, sincère et plein de zèle.

Elles contiennent un calendrier exact des jours de l'année, augmenté du lever de la lune ; la création du Monde, son antiquité, la composition du Monde, son mouvement perpétuel, la variété

de la vie des hommes ; noms des morts dans un âge avancé depuis un an ; généalogie des maisons régnantes ; idée générale de la France, ses provinces, villes capitales et rivières ; chronologie des rois ; les 39 gouvernements généraux ; les 30 intendances et généralités ; intendance de marine et des colonies étrangères ; les officiers de justice ; les officiers généraux d'armée sur terre, sur mer et d'artillerie ; les ordres de chevalerie ; le détail de Paris ; ses archevéchés et évéchés, l'établissement des ordres monastiques et religieux ; origine des curiosités ecclésiastiques ; origine des curiosités naturelles, origine des différents arts, des différents usages, curiosités diverses ; chronologie des choses remarquables.

Tel est le plan adopté pour la publication de ces *Étrennes,* ornées seulement d'un frontispice gravé et d'une carte de France. Comme ces figures, dit Jombert dans l'OEuvre de Cochin, devaient se tirer à quarante ou cinquante mille exemplaires, Cochin gravait quatre fois sur la même planche les mêmes sujets.

Cette publication se fait toujours en 1790, année dans laquelle on donne la description du costume des membres des États généraux, noblesse, clergé, tiers ordre et encore en 1829.

Reliure ancienne en maroquin olive, avec large dentelle sur les plats.

Un autre exemplaire, également en ma possession, est recouvert d'un cartonnage estampé et peint.

Sur le 1er plat : L'Amour, marchand de cœurs, en offre un à un jeune homme passant devant sa boutique sur laquelle sont inscrits ces mots : *Choisissez, c'est pour vous !*

Sur le 2e plat : Un perroquet et ces mots : « Quand il parlera, mon amitié finira ».

Un troisième exemplaire dans une reliure en forme de portefeuille fermant à clef dont le côté plein est orné d'une délicieuse peinture représentant une chasse à courre.

1745

3. — ALMANACH POUR L'ANNÉE 1745. *A Amsterdam,* avec privilège. In-64.

Petit volume en hauteur, peu de largeur. Composé du calendrier de chaque mois sur deux feuillets entre lesquels une petite planche gravée dont la partie supérieure est consacrée à une vignette, la partie inférieure à un quatrain.

Pour le mois de mars, une jeune femme s'avance vers le berceau où l'amour vient de se réveiller :

L'amour est un malin enfant.
Qu'on est heureux quand il sommeille !
Mais qu'il s'endort malaisément !
Puis qu'un petit soupir l'éveille.

Reliure en maroquin vert.

1752

4. — Almanach lyrico-mithique pour l'année bissex-

tile .1752 ou les fables de Phèdre et de M^r. de La Fontaine en vaudevilles, par M. Nau. Avec approbation. *A Paris, chez Pecquet, libraire, rue de la Huchette, au nom de Jésus.*

Le frontispice, représentant Ésope et La Fontaine, porte dans un cartouche l'adresse de l'éditeur.

Le titre est gravé dans un encadrement rocaille d'où s'échappe, en bas, un petit ruisseau au bord duquel l'agneau menacé par le loup qui paraît descendre du haut de l'encadrement.

Petit recueil de fables mises en musique (72 pages).

Charmante reliure mosaïquée genre Padeloup ou Le Monnier.

1756

5. — TABLETTES HISTORIQUES, TOPOGRAPHIQUES ET PHYSIQUES DE BOURGOGNE pour l'année 1756. 4e année *A Paris, chez E. Ganeau, P. Guylen, libraires, à Dijon, chez François Desventes, libraire, rue de Condé, à l'image de la Vierge, avec approbation et privilège du Roi.* In-18.

Frontispice dessiné par G. de St Aubin, gravé par Fessard.

Portrait du prince de Condé, dans un médaillon ovale entouré d'une guirlande de roses et ayant pour supports un Génie voilé et un petit amour armé de son Carquois. Deux autres amours, l'un offrant une couronne, l'autre apportant un plateau chargé de fleurs.

Pour légende : *Présenté à S. A. S. Mgr le Prince de Condé, Par son très respectueux et soumis serviteur* DESVENTES.

Le Titre est également dessiné par G. de St Aubin et gravé par Fessard sur une draperie, au-dessus de laquelle l'écusson des Condé soutenu par des Anges.

Le texte se compose du Calendrier de chaque Mois, puis des Tablettes de Bourgogne, de Renseignements sur les états généraux, la liste des Élus généraux de la Noblesse, l'Intendance, les Chambres, Abrégé des Bailliages, Noms des Personnes Distinguées dans les Lettres, les Sciences et les Arts, Naissance des Princes et Princesses de l'Europe, Grands officiers de France, Maison du Roi, Armée, Courriers et Voitures, Messagers, etc.

Reliure en maroquin vert avec plaque très décorative. Ornements style Louis XV.

1759

6. — ALMANACH UTILE ET AGRÉABLE DE LA LOTERIE DE L'ÉCOLE ROYALE MILITAIRE, pour l'année 1759, où l'on voit son origine, ses progrès, son établissement en France, et la façon de placer le plus avantageusement sa mise. Enrichi de quatre-vingt-six figures en taille-douce qui pourront servir de devises. *A Amsterdam, et se vend à Paris, chez Prault père, quai de Gêvres, Laurent, Fr. Le Clerc, au Palais. MDCCLIX.* In-18.

Le Titre imprimé et la Préface, viii pages. Texte (98 pages) se composant du calendrier des jours de la semaine et noms des Saints pour l'année 1759 ; d'un autre calendrier intitulé : *Perte et Gain* ; origine de la loterie accordée par sa Majesté à l'École royale militaire ; réflexions pour l'intelligence de cette loterie : avis sur la même loterie ; instruction concernant les opérations à suivre pour mettre à cette loterie ; explication abrégée de la loterie de L'École royale militaire ; invitation au public de la roue de la fortune de la loterie de l'Ecole royale militaire ; nombres extraits de la loterie du séminaire de Naples, depuis 1713 jusqu'en 1758 ; tirages de la même loterie à Paris en 1758 ; ces sujets sont dessinés par Gravelot, qui a bien voulu composer les petits quatrains qui les accompagnent, et ils sont gravés par Le Mire, un des plus habiles artistes en ce genre. « On n'a eu égard dans le choix des figures qu'à la galanterie qui est naturelle à la nation française », et c'est en regardant ces figures qu'on donnait la préférence à tel numéro « pour en faire la cour à quelque dame qui a rêvé de la figure affectée à ce nombre, ou parce qu'on trouve telle figure plus à son goût que les autres, ou enfin pour quelque raison que ce soit, qui détermine le choix qui était indécis et suspendu. »

Un frontispice, représentant la fortune faisant tourner la roue de la loterie sous les yeux de nombreux spectateurs attendant leur sort, précède les 90 gravures portant chacune le titre du sujet en haut d'un gracieux encadrement, le numéro dans un enroulement du bas, et au-dessous le quatrain gravé dans un deuxième encadrement très artistement relié au premier.

Ces figures sont 1. L'ETRENNÉE, Un jeune cavalier embrassant une Demoiselle à laquelle il a donné un de ces Almanachs pour Étrennes.

2. LA CRIARDE, La Nourrice appaisant les cris de sa Petite, en faisant jouer le hochet.

3. LA CONTENTE, La Nourrice faisant manger la bouillie à la Petite.

4. L'ASSURÉE, La Petite marchant à la lisière.

5. LA GLORIEUSE, La Petite à sa Croix de Par-Dieu.

6. LA HONTEUSE, La Petite avec des oreilles d'Asne

7. LA BIEN ÉLEVÉE, La Petite apprenant ses prières.

8. L'AFFAIRÉE, La Petite coëffant sa Poupée.

9. LA BIEN INSTRUITE, Une mère faisant dire les prières de table à sa petite fille.

10. LA BIENFAISANTE, Une jeune Fille donnant la becquée à son oiseau.

11. LA DÉSOLÉE, Une jeune Fille qui pleure la mort de son Oiseau.

12. LA BIEN CONSEILLÉE, Une jeune fille qui est le Colin-Maillard.

13. LA BADINE, Une jeune fille faisant danser son Chien.

14. L'EVENTÉE, Une jeune fille dans une balançoire.

15. LA PETITE MAITRESSE, Ce sont des enfants qui jouent à la Maîtresse d'Ecole..

16. LA RIEUSE, Une jeune fille qui rit de la chute d'un jeune Garçon.

17. L'ESPIÈGLE, Une jeune Fille mouillant des petits Garçons avec une Seringue.

18. L'AMUSÉE, Une jeune Fille devant un château de cartes.

19. LA COMPLAISANTE, Une jeune Fille trainant son petit frère dans un chariot.

20. LA POLISSONNE, Une jeune Fille jouant à la Toupie avec de petits garçons.

21. LA PARESSEUSE, Une petite Fille que sa Mère bat.

22. LA FRIANDE, Une jeune Fille achetant du Plaisir des Dames.

23. LA GRONDEUSE, Une jeune Fille querellant son petit frère.

24. L'ISOLÉE, Une jeune Fille jouant seule au Volant.

25. LA CURIEUSE, La Sœur ainée avec son Amant et la Cadette qui les observe.

26. LA MAL-A-SON-AISE, Un jeune Garçon frappant une petite Fille à la Main-chaude.

27. L'AVERTIE, Une jeune Fille cueillant des Roses.

28. L'OCCUPÉE, Une jeune Fille qui brode.

29. LA COMÉDIENNE, Un petit Théâtre sur lequel une Jeune Fille représente.

30. La marraine, Le Parrain faisant à la Commère le présent ordinaire de Dragées.

31. L'attentive, Une jeune Fille au Catéchisme que le Prêtre interroge.

32. L'endoctrinée, Une jeune Personne avec son Maitre d'Ecriture.

33. L'électrisée, Une demoiselle qui reçoit le coup de l'Électricité.

34. L'écolière, Le Maitre à Danser donnant sa leçon.

35. La fille a talent, Une espèce de Concert où une Belle Chante.

36. La modeste, Une jeune Personne tenant son éventail devant ses yeux.

37. L'envieuse, Une jeune Fille regardant avec dépit une autre jeune Personne mieux parée qu'elle.

38. La matineuse, Une Belle en négligé.

39. L'attrapée, Une Belle attrapée au Pied-de-Bœuf.

40. La festée, Une Belle à qui on présente des Bouquets.

41. La resveuse, Une jeune Personne dans une attitude pensive, vis-à-vis de deux Tourterelles qui se caressent.

42. L'ennuyée, Une jeune Personne baillant.

43. La langoureuse, Une jeune Personne abattue, et près d'elle un vieux Médeçin regardant au jour ce que contient une petite fiole.

44. L'agaçante, Une rencontre dans la rue.

45. La voluptueuse, Une Belle sur sa duchesse.

46. La dévote, Une Belle embèguinée allant à l'Eglise.

47. La charitable, Une Belle faisant l'aumône.

48. La bichonnée, Une Belle à sa Toilette.

49. La coquette, Une jeune Personne qui d'un côté laisse baiser sa main et donne un billet doux de l'autre.

50. La jalouse, Une jeune Personne exprimant son chagrin de voir son Amant saluer une autre Belle.

51. La parée, Une jeune Personne essayant une robe neuve.

52. La parleuse, Une Conversation.

53. La joueuse, Une Table de Jeu.

54. L'intéressée, Une Belle qui reçoit les présents d'un vieux Galant et le jeune Amant qui se retire.

55. La frileuse, Une jeune Personne se chauffant les genoux.

56. La baigneuse, Une Belle sortant de l'eau, et un Curieux qui la regarde.

57. La déguisée, Une Belle se préparant pour le Bal.

58. La dormeuse, Une Belle dormant à l'Eglise.

59. La chasseuse, Une Belle en habit d'Amazone, allant à la chasse.

60. La LISEUSE, Une jeune Personne lisant.

61. La SAVANTE, Une jeune Personne entourée des attributs des Sciences.

62. La PELERINE, Une jolie fille allant au pèlerinage.

63. La BOUQUETIÈRE, La Marchande de Bouquets qui en passe un à la boutonnière d'un Jeune Homme.

64. La BOHÉMIENNE, Une Belle se faisant dire la bonne-aventure.

65. La VIELLEUSE, Une Savoyarde.

66. La CHARMANTE CATIN, C'est la petite figure qui est censée parler.

67. La PRENEUSE D'OISEAUX, Représentée portant des cages.

68. La JARDINIÈRE, Une jeune Personne le rateau à la main.

69. La PESCHEUSE, Une jeune Fille pêchant à la ligne.

70. La FERMIÈRE, Occupée des soins domestiques.

71. La MOISSONNEUSE, Une jeune Fille sçiant le Bled.

72. La VENDANGEUSE, Une jeune Fille portant le raisin à la cuve.

73. La BERGÈRE, Attentive à la flûte de son Berger.

74. La TRAYEUSE DE VACHES, Une jeune Fille à cette occupation.

75. La CRESMIÈRE, Une jeune Fille apportant sa crème à la Ville.

76. La FILEUSE, Une jeune Fille des champs à son fuseau.

77. La BLANCHISSEUSE, Une jeune Fille lavant à la rivière.

78. La TRICOTEUSE, Une Fille le tricot à la main.

79. La BURALISTE, Une jolie Débitante dans un bureau de la Loterie de l'Ecole Royale Militaire.

80. La PETITE MARCHANDE, Offrant sa marchandise dans un Caffé.

81. L'HIRONDELLE DE CARESME, Présentant sa bourse à un Cavalier.

82. La SOEUR DU POT, Allant visiter les malades.

83. La FILLE-DE-CHAMBRE, Faisant le lit de sa Maîtresse.

84. La CUISINIÈRE, Représentée à son ouvrage.

85. La COUTURIÈRE, Garnissant une jupe.

86. La COEFFEUSE, Montant un Bonnet.

87. La RAVAUDEUSE, Prêtant l'oreille à un Laquais.

88. La POISSARDE, Les poings sur les côtés, disant des injures.

89. La HARDIE, Signant son Contrat de Mariage.

90. La MARIÉE, L'époux mettant l'anneau au doigt de l'Epouse.

Les quatrains de Gravelot ne sont le plus souvent qu'un badinage ; pourtant quelques sujets lui fournissent des pensées plus sérieuses.

Voici ceux qui ont été faits pour *l'Avertie, la Coquette, la Parleuse, la Liseuse :*

27

Lise, prenez garde à vos doigts ;
Souvent ce qui flatte en impose,
Et l'on a trouvé bien des fois
L'épine où l'on cherchait la rose.

49

Coquettes, voilà de vos jeux,
Amour trompeur rit sur vos lèvres,
Mais sachez que qui court deux lièvres
Bien souvent les manque tous deux..

52

On fait, on reçoit des visites,
Il faut parler, c'est l'embarras ;
Ce sont redites sur redites
Si médisance n'en est pas.

60

En fait d'amis, le sage dit :
Le choix demande un soin extrême ;
En fait de livres, c'est de même,
Lecture orne ou gâte l'esprit.

Cet almanach se complète pour ainsi dire par L'ORINOSCOPIE OU APPLICATION DES SONGES AUX NUMÉROS DE LA LOTTERIE DE L'ÉCOLE ROYALE MILITAIRE ; TIRÉE DE LA CABALE ITALIENNE ET DE LA SYMPATHIE DES NOMBRES. *Ornée de jolies figures analogues au sujet, et de tablettes de papier composé, très essentielles à cet ouvrage ;*

A PARIS, chez DESNOS, Libraire et Ingénieur-Géographe du Roi de Danemarck, rue St-Jacques, au globe, M. DCC. LXXIII.

Quoique souvent les songes
Ne soient que des mensonges,
Quelquefois au réveil,
On trouve véritable
Ce qui n'était que fable
Dans les bras du sommeil.

Frontispice très finement gravé : *L'interprète des Songes*. Dans une grotte, séjour d'un vieillard orinocritique, lequel est assis devant sa table chargée d'une quantité de livres, une dame accompagnée de sa suivante, demande l'interprétation d'un rêve ; elle tient une bourse à la main pour récompenser le mage ; à l'entrée on aperçoit son carrosse et ses gens qui l'attendent.

Préface ; puis, de la page 11 à la page 112, noms alphabétiques numérotés. Ce sont ceux dont les songes invitent à se servir pour mettre à la loterie.

1re ESTAMPE. — *La Cabale.* Observatoire d'où un savant astrologue, entouré de ses élèves, examine le cours des astres à travers un télescope ; au bas plusieurs personnes empressées à recevoir des nouvelles de ce qui se passe dans les cieux, et saisissant avec avidité tous les papiers qui tombent.

2e ESTAMPE. — *La belle Receveuse.* Une élégante du siècle, vêtue et coëffée suivant l'art, assise dans son bureau de recette et enregistrant des mises de toutes espèces ; à ses côtés, est la roue de la fortune ; au dessus d'elle et à ses pieds, sont des génies voltigeant avec des numéros à la main ; l'un entr'autres, lui présente le livre des combinaisons, ou l'almanach des trois fortunes. On voit un abbé occupé à payer sa mise ; un militaire, une dame et différentes personnes arrivent pour faire la leur. Chacun paraît mettre autant d'importance que d'empressement dans cette expédition et notre belle receveuse semble suffire à peine à satisfaire tant d'actionnaires à la fois. Ah ! si toutes les belles étaient receveuses, combien l'espoir d'un lot fortuné ne ferait-il pas courir par *ambes et ternes* nos magnifiques petits maitres ? Tout ne serait plus que combinaisons ; on commencerait par l'amour du jeu, on finirait par le jeu de l'amour.

3e ESTAMPE. — *Le Tirage.* Salle de l'hôtel de ville de Paris. Un enfant, les yeux bandés, tire les nombres de la roue, un commis les appelle au public ; foule de spectateurs de tout rang, de tout sexe et de tout âge.

Ces quatre figures sont des plus jolies et des plus intéressantes.

Plus tard, en 1777, à Lugano, en Italie, on a publié les ETRENNES AUX AMATEURS DE LA LOTERIE ROYALE DE FRANCE OU LA VRAIE EXPLICATION DES SONGES, *avec leur rapport aux quatre vingt-dix numeros de la* LOTERIE ROYALE DE FRANCE, *suivie de quatre vingt-dix figures allusives aux mêmes Numéros avec des Cabales pour le Calcul, Tirées des meilleurs Auteurs Italiens.* Ouvrage traduit de l'Italien en Français, fort intéressant à tous ceux qui veulent tenter la fortune par des mises heureuses.

Les figures sont grossièrement gravées sur bois ; six sujets par page.

Le Savetier, le Porte-enseigne, le Criminel pendu, le Cabaret ou l'Hotellerie, le Pécheur à la ligne, le Marchand de tabac et sa boutique se trouvent page 111, etc., etc.

7. — ALMANACH POÉTIQUE ET ÉNIGMATIQUE pour l'année 1759. Orné de figures, dédié à Son Altesse Sérénissime Madame la Duchesse d'Orléans, par M. Deschamps de Ste-Suzanne, avec approbation et privilège du Roi. *A Paris, chez Duchêne, rue S.-Jacques, et la Vve Legras, au Palais.* In-16.

Titre-frontispice dessiné par Eisen, gravé par de Ferth sur une draperie en haut de laquelle les armes de la duchesse d'Orléans supportées par des amours ; au bas, le cartouche contenant les noms des libraires entourés d'une palette de peintre, d'instruments de musique, d'astronomie, etc., une page de dédicace, une autre pour annoncer que chez Cuissart, libraire, on trouve un assortiment de couvertures et d'almanachs les plus jolis, parmi lesquels l'*Almanach des bêtes,* avec de jolies figures, la suite dudit almanach faisant la deuxième et la troisième partie, avec de jolies gravures, etc., le plus amusant qu'on puisse donner, etc.

Trois feuillets pour le calendrier. Douze vignettes d'Eisen, très finement gravées par Delafosse, Aliamet. Au-dessous des vignettes représentant les mois, explication mythologique de chacun d'eux.

192 énigmes dont le *mot* forme une table de quatre feuillets terminés par l'approbation signée le 12 novembre 1755 par Ficquet.

> On vient me consulter pour sçavoir les saisons
> Et quand le soleil entre dans les douze maisons
> De la terre et du ciel, j'enclos les destinées
> Et plus je suis nouveau, plus je marque d'années.

Le mot de cette première énigme est *Almanach.*

1766

8. — LE RÉVEIL MATIN, almanach pour l'année 1766. *Gravé par Cocquelle, rue du Petit Pont, chez un limonadier. A. P.* In-128.

Almanach minuscule, contenant 12 figures représentant les cris de Paris.

En frontispice, deux personnages dont l'un sur un âne avec deux paniers : *Le M^d d'oranges, Le Marchand de melons, La Marchande d'allumettes, La Marchande de vieux chapeaux, La*

*Marchande de plaisirs, La Marchande de marrons, Le Porteur d'eau,
La Laitière, Le Remouleur, La Bouquetière, Le Facteur de la petite
poste.*

Reliure breloque en or de deux couleurs.

Un deuxième exemplaire, de 1784, chez Boulanger, relié en
maroquin rouge.

1770

9. — L'ALMANACH DANSANT ou positions et attitudes
de l'allemande, avec un discours préliminaire sur l'origine et l'utilité de la danse. Dédié au beau sexe par
Guillaume, maître de danse, pour l'année 1770, où se
trouve un recueil de contredanses et menuets nouveaux. Prix de 30 sols en blanc et 36 colorés. *A Paris,
A. P. et A. chez l'auteur, rue des Arcis, maison du commissaire. Valade, libraire, rue S* Jacques, vis-à-vis celle
de la Parcheminerie. Et chez Dufour, rue de la Vieille
Draperie.* Petit in-8.

Très beau titre-frontispice, gravé dans un encadrement de glace,
Louis XV, avec des colombes se becquetant à la partie supérieure,
et, en bas, des guirlandes de roses, des instruments de musique.
Adresse des libraires dans un très joli cartouche.

Douze très jolies planches à deux personnages en attitude de
danse, ayant pour légendes l'explication des mouvements.

1ʳᵉ planche : « Le cavalier fait passer sa dame, passe lui-même
et se couvre. »

Dans la deuxième partie, recueil de contredanses, etc., etc. On
explique les mouvements les plus en usage et, chose assez singulière, le n° 2 donne la description de la figure des *Étrennes mignonnes.* Quel drôle de nom pour une contredanse !

Reliure en maroquin citron, dos orné.

10. — ALMANACH NOUVEAU. *S. l. n. d.* Petit in-8.

Cet almanach se compose de 24 feuillets, ornés chacun d'une
vignette charmante que l'on peut attribuer à Gravelot, ayant
pour texte de petits contes en vers badins. En voici les titres :

*L'Almanach, Le Respect, Le Narcisse, La Fleur artificielle, Le Dé-
mon muet, L'Inconstant, Le Sage usant de la fortune, Le Riche
indigent, Le Pain à la main, Le Demi aveu, Qui perd gagne, La
Femme ingénue, Les Coquettes fardées, Gros Guillot et son curé,
La Curiosité inutile, La Marmotte, Le Niais mocqué, Les Projets
imaginaires, L'Innocente méprise, Le Gourmand puni, La Soubrette,
Manon et son vicaire, Le Mauvais Turc, La Forte résistance.*

Reliure ancienne en veau fauve.

1771

11. — Étrennes des saisons ou extrait des plus beaux
endroits de tous les poëmes connus sur les saisons,
dédiées à Madame la Dauphine. *A Paris, chez le S*^r *Desnos, ingénieur, géographe et libraire de S. M. Danoise,
rue Saint-Jacques, au Globe. A. P. D. R. In-24.*

Titre gravé dans un encadrement du meilleur goût. Frontispice,
au milieu de l'encadrement duquel un deuxième cadre contenant
un médaillon ovale entouré de perles, suspendu par un nœud de
rubans et appuyé à la partie inférieure sur des guirlandes de
roses ; dans cet ovale, un autre, encadrant le ravissant portrait
de la Dauphine fait par Victoire Noviance.

Sur une tablette grise, les vers suivants par M. Nougaret ·

> Cette princesse a mérité
> Les honneurs que le sort dispense ;
> Aux droits que donne la naissance
> Elle joint ceux de la beauté.

Au bas du grand encadrement, un cartouche ovale horizontalement placé avec cette inscription : *Née à Vienne le 2 novembre
1755.*

Quatre figures : *Le Printemps, L'Été, L'Automne* et *L'Hiver*, dans
le genre de celles de l'*Almanach iconologique* de 1770, mais beaucoup moins jolies et moins bien gravées.

Soixante pages de texte, extraites des poèmes de Thompson, de
MM. de B*** et Saint-Lambert « réunissant dans un même
cadre une foule de tableaux agréables. Ces peintures rapprochées
feront comparer la touche, le coloris des peintres immortels
applaudis si justement. »

Reliure ancienne en maroquin rouge, ornée, au centre des
plats, d'un bouquet de fleurs.

1772

12. — CATALOGUE ET ALMANACH DU GOUT ET DE L'ODO-
RAT, donné par La Faye, marchand, pour l'année
bissextile 1772. *A Paris, de l'imprimerie de Grangé,
rue de la Parcheminerie.* In-18.

Volume de 52 pages, orné en frontispice de l'adresse-réclame
gravée du parfumeur ; en haut, les armes de la maison de Soubise
posées sur un socle dont les côtés sont : à gauche, un pot de fleurs,
roses, œillets tubéreuses ; à droite, un vase d'où s'échappe des va-
peurs odorantes à travers lesquelles on distingue des roses ; en bas,
un petit alambic, des fioles, des petits pots, des boîtes de parfums.

Le texte de l'adresse est ainsi libellé : *AUX ARMES DE
SOUBISE, rue Platrière, au dessus de la grande poste, maison de
Mlle Dufréne, m^de de dentelles, La Faye l'aîné, m^d, tient magasin
de parfums de sa fabrique de Dunkerque et délivre chez lui gratis les
catalogues de ce qu'il vend à Paris.*

Calendrier et, à chaque mois, des petits vers assez bien tournés :
Pour janvier :

> Ce magasin vous offre pour étrennes
> Du curieux et du galant,
> De l'utile, du surprenant,
> Embarrassés du choix, sortez-en les mains pleines,
> Etc., etc.

Vers destinés à célébrer et à vanter sa marchandise, car « le
sieur La Faye, depuis sa plus tendre jeunesse, a l'art de la distilla-
tion et des parfums et généralement dans la chymie du gout et
de l'odorat, etc., etc. »

Vient ensuite le catalogue de tout ce qu'il a à vendre et le
prix de chaque chose.

Exemplaire broché.

13 et 14. — LES PLAISIRS DE LA VILLE ET DE LA CAM-
PAGNE, nouvel almanach dédié aux deux sexes. *A Paris,
chez Boulanger, rue du Petit Pont, maison de M. Du-
frêne, m^d mercier.* In-32.

Almanach entièrement gravé, orné de 18 ravissantes figures
non signées, mais sans doute de Queverdo. Sujets de la ville et
de la campagne, avec des encadrements de forme ovale très

variés. Titre ayant comme ornements, sur les côtés, douze petits médaillons ronds dans lesquels sont figurés les signes du zodiaque.

Janvier : *Les Visites du jour de l'an.* — Février : *La Toilette du bal.* — Mars : *La Foire Saint-Germain.* — Avril : *Les Œufs cassés.* — Mai : *Le joli mai.* — Juin : *La jolie bouquetière.* — Juillet : *Les Bains de Zelmis.* — Aoust : *Le Diner des moissonneurs.* — Septembre : *Les Plaisirs de la vendange.* — Octobre : *Le Plaisir de la chasse.* — Novembre : *Le Marchand de marrons.* — Décembre : *La Veillée villageoise.*

Après les mois, six estampes qui sont : *Le Repas frugal, La Meunière reconnaissante, La Crédule, La Constante, La Complaisante, Le Rosier dangereux.*

Le texte est composé de chansons se rapportant aux figures et de quatrains imprimés au verso de chaque estampe. Voici celui du mois d'avril :

Ainsi que l'œuf l'innocence est fragile :
Jeunes beautés, sachez la conserver,
C'est un beau vase : hélas, il est fragile ;
Qu'on a de peine à pouvoir le sauver.

Reliure ancienne en maroquin rouge, ornements dorés sur les plats, et, au centre, un médaillon de fleurs renfermant un cœur sur maroquin vert, avec cette devise : *Je brûle pour vous.*

Une deuxième année, avec le même titre et les mêmes dernières figures, a paru en 1778, avec aussi une gravure pour chaque mois.

Janvier : *Les Vœux sincères.* — Février : *Le Cordonnier galant.* — Mars : *Le Pillage.* — Avril : *Le Poisson d'Avril.* — Mai : *Les Bouquets.* — Juin : *La Naissance de·l'amour.* — Juillet : *La Peur du coup.* — Aoust : *Le Fort pris d'assaut.* — Septembre : *L'Agnés.* — Octobre : *La Ribotte.* — Novembre : *L'heureuse dédicace.* — Décembre : *Le Veuvage expirant.*

Reliure ancienne en maroquin blanc, orné en mosaïque de mica rouge, or et argent, style rocaille.

15. — LES QUATRE SAISONS ET LES QUATRE HEURES DU JOUR, almanach pour la présente année ou petit recueil d'estampes, avec des vers analogues à chaque sujet, suivi de tablettes à double usage, etc. etc. *A Paris, chez Desnos, ingénieur-géographe et libraire de Sa Majesté Danoise, rue St Jacques, au Globe et à la Sphère.* In-24.

Le frontispice, dessiné par Desrais, gravé par Patas, représente Apollon plaçant une couronne de roses au-dessus d'un cadre ovale où est inscrit le titre ; à gauche, dans le bas de la planche, mappemonde et attributs de géographie.

Huit jolies gravures : *Le Printemps, L'Été, L'Automne, L'Hiver, Le Matin, Le Midi, Le Soir, La Nuit,* personnages allégoriques.

Reliure ancienne en maroquin rouge.

16. — ÉTRENNES DU SENTIMENT OU PORTE-FEUILLE D'UN HOMME AMOUREUX. Recueil de poésies aimables et galantes. Dédiées aux dames. *A Amsterdam, se trouve à Paris, chez Desnos, libraire, ingénieur géographe du Roi de Danemarck, rue St Jacques, au Globe et à la Sphère.* In-18.

Titre imprimé. Deux délicieuses petites estampes dont l'une, représentant l'amour couronnant deux jeunes époux qui se donnent la main près du berceau d'un nouveau-né, sert de frontispice. La deuxième est le triomphe de la femme entourée par les trois grâces de guirlandes de roses, à ses pieds se jouent deux Amours.

Le texte se compose d'épitres, de quatrains, de bouts rimés, etc. Après quoi, le calendrier, les mois avec colonnes pour perte et gain et les Tablettes de papier blanc. Reliure ancienne en maroquin rouge.

1774

17. — Étrennes d'Ésope aux François. Pour la présente année. Prix, 4 L. 10 S. *A Athènes, et se trouve à Paris, chez Bleuet, libraire, sur le Pont Saint-Michel, et chez les marchands de nouveautés.* In-16.

Titre imprimé au verso duquel un avis. Puis, dédicace à madame la vicomtesse de Briailles au recto d'un feuillet, replié en deux, sur lequel est gravé le frontispice : Esope parlant à la foule entourée d'animaux, âne, bœuf, singe suspendu à une branche etc., deux oiseaux qui volent, tiennent dans leurs becs une banderolle sur laquelle est gravé le titre : Etrennes d'Esope aux François.

En dessous de cette planche, le quatrain suivant :

> Mon livret en ces jours de Fêtes
> Ne convient pas aux seuls Enfans.
> Le Sage, même, à cinquante ans,
> Proffite à l'école des Bêtes.

Soixante figures à mi-page dessinées et très finement gravées par *Chevalier* 1774. En regard les Couplets ou Vaudevilles faits sur chaque fable. Les figures ont pour légendes, les noms des fables et au dessous des quatrains contenant la morale. Elles sont seules paginées.

L'auteur D. (aussi de l'Almanach de Flore) a, dit-il, dans son avis taché de réunir une poësie soignée à la pureté de la Morale, à la correction des Dessins et à l'élégance de l'Édition. Il n'a réellement pas trompé son public.

Reliure ancienne maroquin rouge aux armes du Roi Louis XV.

Ce petit ouvrage a été réédité sous le nom d'Esope en belle humeur ou fables d'Esope mises en Vaudevilles, sur des airs nouveaux et très connus par l'auteur de la *Constitution en Vauvilles* ; avec gravures par J. B. Huet ; et calendrier pour la présente année. Dédié à la jeunesse, *à Paris* chez Batillot fils rue du Coin St-Jacques et chez Batillot jeune libraire rue Hautefeuille n° 8.

18. — LES DÉLICES DE CÉRÈS, DE POMONE ET DE FLORE OU LA CAMPAGNE UTILE ET AGRÉABLE, avec un précis des travaux de l'agriculture, du jardinier et du fleuriste ; contenant le temps des semailles, de la floraison de chaque plante et celui des récoltes ; ornées de douze estampes relatives aux amusements de la ville pendant chaque mois ; suivies de tablettes pour écrire et dessiner ce que l'on désirera, en se servant de telle pointe que l'on voudra, même d'une épingle ; *à Paris, chez Desnos, libraire et ingénieur-géographe de S. M. Danoise, rue S. Jacques, au Globe, pour la présente année.*

1 front. et 12 figures ; en regard du front. et de chaque figure, une page de texte gravé en caractères italiques donnant l'explication du sujet de l'estampe. Charmantes compositions en haut desquelles et dans le même cadre un médaillon suspendu par un nœud de ruban et des guirlandes de fleurs. ·

EXPLICATION DU FRONTISPICE :

Les quatre Saisons et le signe du Zodiaque, qui indique les douze mois. Un vendangeur et une vendangeuse faisant leur dernier voyage et une femme portant un fagot sur sa tête ; plus loin, un homme labourant et un autre semant. *Le Printemps* est désigné par la bordure du haut, représentant des fleurs. *L'Été* par la faulx, la faucille, le fléau attachés avec un lien de paille et par des gerbes de bled éparses. *L'Automne,* par le pampre et les vendangeurs. *L'Hyver,* par différents instruments de musique, des masques et un flambeau, qui sont les attributs des bals et de l'obscurité de l'hiver.

JANVIER. — *Le Gâteau des Rois.*

L'estampe représente une famille faisant les *rois.* Un petit enfant, entre son père et sa mère, vient de distribuer les parts du gâteau ; différentes attitudes de crier : *le Roi boit !* Les domestiques, derrière leurs maîtres, font chorus avec des contor

sions grotesques. Au bruit, le chien et le chat se battent près de
la cheminée où il y a bon feu.

Médaillon. — Le portrait du roi Janus ayant deux faces,
caractérise le mois de janvier qui lui est consacré et la duplicité
des hommes, contre lesquels il faut se tenir en garde dans le
commerce de la vie.

Février. — *La Foire de Saint-Germain.*
La garde arrête deux filles du monde qui ont volé une marchande de modes. Celle-ci, en colère, leur arrache ses pièces de
rubans, un sac à ouvrage, etc. ; les autres marchandes leur
rient au nez et leur font les cornes ; il n'y a que la bouquetière
qui leur témoigne la douleur qu'elle ressent de cette triste
aventure ; pendant la scène, un petit filou tire le mouchoir de
la poche d'un abbé.

Médaillon. — Le portrait de Pluton, surnommé Februus,
que l'on croyait attirer autant d'hommes qu'il pouvait dans les
enfers ; ce qui peut caractériser le danger des plaisirs.

Mars. — *Un Jardin potager et fleuriste.*
L'estampe représente des laboureurs et des jardiniers ; les uns
occupés à donner la seconde façon aux terres pour y semer les
mars ; les autres appliqués à greffer les arbres, semer des fleurs,
faire des couches, etc. Les oiseaux commencent à s'accoupler
autour des chaumières, etc.

Médaillon. — Le portrait de la déesse Anne Perenne, à
laquelle on faisait à Rome de grands sacrifices au mois de mars.
Le petit autel avec une flamme, au milieu, est le symbole de la
reconnaissance que nous devons à l'Être suprême pour les biens
qu'il nous envoie tous les ans.

Avril. — *L'assemblée à Longchamps.*
Dames parées dans une multitude de carrosses, de calèches et
de cabriolets ; cavaliers superbement montés, escortant les équipages en caracolant ; petits maîtres et petites maîtresses allant et
venant.

Médaillon. — La déesse Vénus sortant des eaux de la mer, est
traînée par des colombes sur une coquille ; symbole de la
beauté, dont l'impression semble se manifester dans ce mois
plus que dans les autres et inspirer la galanterie.

Mai. — *Les effets de la sève.*
Une jeune villageoise et son amant se tiennent la main et
fixent deux colombes qui se becquètent. Deux paysannes, leurs

mères, les surprennent sans qu'ils s'en aperçoivent. Elles paraissent satisfaites de l'amour innocent de leurs enfants. On voit dans le lointain les paysans occupés aux travaux des champs ; une bergère garde ses moutons en filant sa quenouille.

Médaillon. — Le *Taureau*, signe de ce mois, ayant sur la poitrine les sept étoiles que l'on nomme *Pléiades.* Elles étaient filles de *Pléïone* et d'*Atlas* et furent ainsi métamorphosées parce que leur père avait voulu lire dans le ciel pour découvrir le secret des dieux. On les appelle : *Alcyoné, Céténo, Électre, Maïa, Asterope, Mérope* et *Taygeté.*

Juin. — *L'Accroc prémédité.*

Un cabriolet renversé par une de ces voitures que l'on appelle « diables ». Chute d'une jolie femme et d'un vieux financier. Un jeune seigneur aussi accompagné d'une jolie femme font des éclats de rire et semblent s'applaudir d'avoir si bien accroché le cabriolet. Un garçon limonadier présente un verre de liqueur aux malheureux qui viennent de tomber. La scène se passe sur le grand boulevard.

Médaillon. — Hébé, déesse de la jeunesse, à qui ce mois est consacré. Elle était tombée en présence des dieux qui en rirent beaucoup, et sa douleur fut si grande qu'elle n'osa plus reparaître depuis.

Juillet. — *Le rendez-vous au Colisée.*

La cour d'entrée du Colisée. Cercle de conversation de dames et de messieurs. Un jeune chevalier parle avec beaucoup d'affection à une demoiselle dont la servante est un peu éloignée. Passent une autre demoiselle qui se couvre de son éventail pour surprendre le chevalier, dont elle est jalouse, et en même temps un homme entre deux âges, qui écoute en se baissant, la conversation de la demoiselle et du chevalier.

Médaillon. — La naissance de *Jules-César* (dont ce mois porte le nom), allaité par Aurélie, sa mère.

Aout. — *Le Salon des tableaux au Louvre.*

Un tailleur tient le programme des peintures et dispute avec un auteur gascon en habit noir, malpropre et traînant une longue épée ; plusieurs personnes les écoutent ; on remarque parmi les principaux tableaux celui de *Madame Victoire* et ceux de l'histoire de saint Louis, destinés pour l'Ecole royale militaire.

Médaillon. — L'empereur Auguste, revêtu des ornements du Consulat, qu'il avait obtenu avant l'âge dans ce mois, et qu'il nomma de son nom *Augustus,* depuis appelé *Août* par corruption. Auparavant, il s'appelait *Sexulis,* parce qu'il était le sixième de l'année, qui dans ce temps-là commençait au mois de mars. L'habit de consul était la robe *Prétexte*, bordée d'une bande de pourpre, etc.

Septembre. — *La partie interrompue.*

Plusieurs petits maîtres et jolies femmes descendent de carrosse. Un d'eux est surpris par son père qui le retient par le bras au moment qu'il entre chez le s^r Torré. Honte et dépit du fils. La jolie femme qu'il conduit repousse le père et veut, en continuant sa route, entraîner le fils avec elle. On voit la patrouille du guet à cheval, quelques arbres du boulevard et autres accessoires.

Médaillon. — Madame la *Comtesse de Provence*, née le 2 de ce mois, habillée en Cérès. Elle tient d'une main une faucille et de l'autre une poignée d'épis et de pavots. Sur sa tête est une couronne pareille entrelacée dans la sienne.

Octobre. — *Les plaisirs de la vendange.*

On voit d'un côté des vendangeurs, de l'autre des chasseurs, sur la gauche des pêcheurs. Collation de seigneurs et de dames sur l'herbe. Un jeune seigneur écolier mangeant, grain à grain, une grappe de raisin, alternativement avec une jolie petite villageoise de son âge qui tient la grappe.

Médaillon. — Le *Comte d'Artois*, né le 9 de ce mois, en habit de chasseur, reçoit du dieu Bacchus une grappe de raisin pour le rafraîchir des travaux de la chasse.

Novembre. — *Les Travaux de la Campagne.*

D'un côté un laboureur sème le froment, de l'autre on emporte le fourrage par charretées. Ici, c'est un vigneron qui encave son vin ; là, un domestique va serrer les échalas. Les jardiniers émondent les arbres et les saules au bord d'un ruisseau. Les garçons font des bourrées pour le four.

Médaillon. — Madame la *Dauphine* recevant un bouquet de Monseigneur le Dauphin, relativement à la naissance de cette princesse, arrivée le 2 de ce mois.

Décembre. — *La Saison des bals.*

L'estampe représente une salle de bal et ses danseurs de tous sexes en domino et différens habits, masqués et non masqués. Un masque entr'autres porte une lanterne magique sur ses épaules. Une dame et un homme rient à gorge déployée de ce qu'ils ont vu.

Médaillon. — Le dieu Momus, levant son masque d'une main et tenant une marotte de l'autre. Caractère de la folie et des fous.

Ce délicieux almanach se compose en outre de 53 pages de texte, d'un avis de l'éditeur annonçant ceux qu'il met en vente pour l'année 1774 ; d'un autre avis annonçant une nouvelle édition du *Secrétaire des Dames*, puis le *Secrétaire des Dames et des Messieurs* ou *Tablettes polyptiques et économiques*, composées d'un nouveau papier « pour écrire et dessiner aussi distinctement « qu'avec la plume, sans encre ni crayon et seulement avec une « pointe d'un métal de composition ou une tête d'épingle, tra- « cer et effacer à volonté toutes sortes d'écritures et écrire de « nouveaux caractères ». 38 feuillets ; sur le cinquième est gravé l'*Usage du Secrétaire* :

« Les six premières pages servent pour écrire à chaque jour « de la semaine ses pensées, rendez-vous, souvenirs, etc. ; les « vingt-quatre suivantes, qui comprennent les douze mois de « l'année, sont destinées pour placer dans chaque colonne le « gain et la perte du jour. Les autres pages pour y marquer la « recette et dépense de la maison, et, à la fin, une table de ré- « capitulation pour chaque mois et autre papier blanc pour écrire « ce que l'on désirera. »

Le volume est terminé par six pages calendrier des mois de l'année.

Quant au texte, il est des plus intéressants ; il contient pour chaque mois les indications pour les travaux de la campagne, ceux du potager, ceux du fleuriste, les récoltes, arbres et plantes en fleur, fruits en maturité, manières de greffer, maladies de chaque saison, précautions à prendre, etc.

Les *Délices de Cérès, Pomone et Flore* sont la perle des *Desnos*.

Reliure ancienne en maroquin rouge, dos orné.

1775

19. — LE PARFAIT MODÈLE, orné d'estampes qui représentent plusieurs beaux traits tirés de la Partie de chasse de Henri IV. *Paris, chez Desnos, ingénieur géographe et libraire de S. M. Danoise, rue Saint-Jacques, au Globe. In-24.*

Titre gravé dans un encadrement orné d'attributs militaires, de drapeaux et de guirlandes de fleurs.

Frontispice gravé. Dans un médaillon, portrait de Henri IV.

Au-dessus, les armes de France et de Navarre soutenues dans un nuage par la Renommée ; au-dessous, branches de chêne et de laurier, corne d'abondance ; sur une tablette, l'inscription : *Henri IV*.

Douze figures de Gravelot, dont le sujet est celui des scènes tirées de *La Partie de chasse*, gravées en regard de l'estampe.

Dans les cinq premières, les personnages sont le Roi, Sully, marquis de Conchiny, duc de Bellegarde.

Figure VI : Agathe et Lucas.

Agathe, en toilette très élégante, tient à la main un billet doux qu'elle montre à Lucas tandis que celui-ci lui apporte des fleurs :

> Lucas, ne sois pas si surpris,
> Contre moi sont les apparences,
> J'en conviens, mais sous ces habits
> Je ne suis pas ce que tu penses.
> Réponds à mon empressement
> Et cours instruire mon amant
> Que l'amour, prenant ma défense,
> A su me conserver à l'objet de mes vœux
> Et que le faste, l'opulence,
> Ne corrompront jamais un corps si vertueux.

Figure VII : Un bûcheron aux pieds des ducs du Sully et de Bellegarde, et du marquis de Conchiny.

« *Miséricorde, messieurs les voleurs, ne me tuais pas !* »

Figure VIII : Dans une forêt, la nuit, Michau saisit Henri par le bras, le prenant pour un braconnier

> Allons, allons, suivez-moi
> Vous serez puni, point de grâce.
> Sur les plaines de not' bon Roi
> Je sommes tous ses garde-chasses.
> Il n'en sait rien. Mais qu'est ce que ça fait ?
> Toujours un fidèle sujet
> Dans son zèle trouv' la récompense.

Figure IX : Cateu se défend des caresses du Roi.

Figure X : Henri à table avec le meunier et sa famille.

Figure XI : Henri dans une chaumière demande à des paysans quelle est la jolie fille qui s'agenouille devant lui.

Figure XII : Dans l'intérieur d'un moulin, Michau, Margot, Lucas, Cateu, Richard et Agathe tombent tous aux genoux du Roi : « *Quoi c'est là le Roi ! c'est là notre bon roi, notre grand roi !* »

Heureux monarque, heureux sujets !!

M. Eugène Paillet, dont la mort a été si cruellement ressentie dans le monde des bibliophiles, qui pouvait se vanter d'avoir eu la plus précieuse collection de livres illustrés du xviiie siècle, avait la bonne fortune de posséder les quatre dessins originaux de Gravelot qui faisaient, de son exemplaire de *La Partie de chasse,* un livre de toute beauté.

Ces dessins d'une grâce exquise sont :

Frontispice : Henri à table avec le meunier et la meunière.

Acte premier : Henri faisant relever Sully qui est à ses genoux.

Acte deuxième : Michau saisissant Henri par le bras, le prenant pour un braconnier.

Acte troisième : Sur le moulin, paysans et paysannes aux pieds de Henri. « *Quoi c'est là not' bon roi, not' grand roi?* »

Reliure ancienne en maroquin rouge, dos orné.

1776

20. — ALMANACH DE GOTHA contenant diverses connaissances curieuses et utiles pour l'année MDCCLXXVI. *Gotha, chez C. W. Ettinger* in-16.

Titre gravé dans un triple encadrement très simple ; un petit fleuron, mappemonde et deux cornes d'abondance.

Joli frontispice gravé.

12 délicieuses figures, réductions des estampes de Freudeberg, pour le *Monument du costume,* intercalées dans le calendrier, en regard de chaque mois, au commencement du volume. *Le Lever, le Bain, la Toilette, la Visite inattendue, l'Occupation, la Promenade du matin, le Boudoir, les Confidences, la Promenade du soir, la Soirée d'hyver, le Bal, le Coucher.*

Feuillet replié pour la généalogie de la maison de Saxe ; 72 pages de généalogie ; 8 ff. non paginés de la table chronologique des souverains ; 151 pages de texte ; table et avis, 3 pages ; enfin, 12 feuillets perte et gain, et 2 de peau d'âne pour écrire le memento.

Le texte est des plus intéressants ; il contient les articles suivants :

Époques, comput ecclésiastique, fêtes mobiles, quatre-temps, équinoxes, solstices, le soleil avec les six planètes, les douze signes du Zodiaque, éclipses, apparition des planètes, lumière zodiacale, anniversaires de la maison de Saxe-Gotha, généalogie de la maison de Saxe, généalogie de la maison d'Anhalt, liste généalogique des princes et princesses de l'Europe, table chronologique des empereurs de l'Allemagne, des rois d'Angleterre, de Danemarck, d'Espagne, de France, des souverains et empereurs de Russie, des rois de Suède.

Différentes manières de commencer le jour, année astronomique et commune, les trois calendriers, ères différentes, les étoiles fixes, le soleil et les planètes, les comètes, apparition du satellite de Vénus et de son passage par le disque du soleil, de la terre, arithmétique politique, arithmétique, économique, cacao. Corps de l'homme, accroissement, proportion, différence de proportion par la différence des sexes, hauteur de l'homme, poids de l'homme, les cheveux, les dents, les yeux, le cerveau, les os, les muscles, les vertèbres, le cœur, le pouls, la chaleur naturelle, la transpiration insensible. *Histoire:* les Kamtschadales : *probabilité:* la population de Londres et de Paris ; principales découvertes, époques intéressantes, inventions de luxe ; *Histoire naturelle:* le paon : *Beaux-arts:* les grotesques ; *Marchandises:* les huîtres, les moules, les sardines, les anchois ; prix des oiseaux étrangers, poids, poids ou marc d'or et d'argent, rapport de l'or à l'argent, titre de l'or et de l'argent ouvragé, rapport des mesures courantes, mesures de grains, mesure de bois, mesure pour les corps liquides, comparaison des différens milles, distance entre Gotha et plusieurs autres villes, note des foires, cours des postes.

Le prix de ce charmant volume est de seize gr., relié en parchemin vernissé et doré sur tranches avec des tablettes et douze taille-douces.

Que les temps sont changés ! aujourd'hui on ne le trouve pas à moins de deux cents francs ! Il vaut beaucoup plus encore quand les épreuves des figures sont bonnes et que la reliure en maroquin est d'une grande fraîcheur.

Reliure ancienne en maroquin rouge, petites dentelles sur les plats.

1777

21. — Almanach de gotha, contenant diverses connoissances curieuses et utiles pour l'année MDCCLXXVII. *Gotha, chéz C.-W. Ettinger.* In-16.

Cet almanach présente un grand intérêt à cause des reproductions d'estampes françaises à la mode ; c'est la preuve que l'on savait apprécier, comme il le méritait, l'art charmant de nos pères où brillaient alors tant de grands maîtres.

Même frontispice et même disposition du titre que dans l'almanach de 1776. Le texte possède également les mêmes divisions.

Douze figures finement gravées :

1° *Le Gâteau des rois*, d'après l'estampe de Canot, gravée par Lebas.

2° *L'Origine de la peinture*, d'après l'estampe de Schenau, gravée par Ouvrier.

3° *Colin-Maillard*, d'après Boucher, gravé par Beauvarlet.

4° *La Bascule*, d'après Boucher, gravé par Beauvarlet. Cette même pièce, intitulée *L'Escarpolette*, porte, en deuxième état, le nom de Fragonard au lieu de celui de Boucher.

5° *Le Printemps*, d'après Boucher, gravé par Gaillard.

6° *Le Bouquet*, d'après Eisen, gravé par Gaillard.

7° *L'Été*, d'après l'estampe de Boucher intitulée *Les Plaisirs de l'été*, gravée par Daullé.

8° *La Belle villageoise*, d'après Boucher, gravée par Soubeyran.

9° *La Vie champêtre*, d'après l'estampe de Boucher : *Les Charmes de la vie champêtre*, gravée par Daullé.

10° *L'Automne*, d'après l'estampe de Boucher : *Les Délices de l'automne*, gravée par Daullé.

11° *Le Tric-trac*, d'après Eisen, gravé par Lebas.

12° *L'Hiver*, d'après l'estampe de Boucher : *Les Amusements de l'hiver*, gravée par Daullé.

Exemplaire cartonné, tranches rouges.

22. — ALMANACH DE LA TOILETTE ET DE LA COIFFURE DES DAMES FRANÇAISES ET ROMAINES. Description des diamans, des perles et des parfums les plus précieux, où l'on trouve une connaissance des uns et des autres, ouvrage utile à toutes personnes et faisant suite à l'Almanach de la toilette, etc., avec tablettes économiques, perte et gain et stylet pour écrire. *A Paris, chez Desnos, libraire, rue St Jacques, au Globe et à la Sphère, avec privilège du Roi.* In-24.

De la page 5 à la page 8, avis présenté aux dames ; de la page

9 à la page 21 inclusivement, de la connaissance des diamants et des perles ; de la page 21 à la page 36, connaissance de quelques parfums : vanille, calambac, bois d'aloès, ambre gris, civette, musc, essence de cédrat et de bergamotte.

Ce texte est suivi de figures réunies sous le titre de *Pot-Pourri agréable ou Doxologie de Cythère*, avec discours relatifs à la gloire, à l'honneur et aux hommages dus au beau sexe, avec tablettes perte et gain.

Frontispice : Médaillon contenant le portrait de Vénus dans sa conque marine et soutenue par des nymphes dont l'une la couronne d'une guirlande de fleurs.

1re estampe : Pot-pourri. La guerre et la paix se donnent la main ; la prudence prodigue des avis à la folie ; le sceptre s'unit à la houlette. Ces contrastes réunis sont l'ouvrage de l'amour qui rit tout bas de la crédulité et de la confiance des humains dont il peut en ce moment détruire à son gré toutes les espérances.

2e estampe : La beauté entourée des trois Grâces, ses compagnes inséparables, tient sous son bras un agneau, symbole de la douceur. Auprès d'elles sont des amours, l'un tenant la massue d'Hercule, l'autre la quenouille d'Omphale. On voit à leurs pieds un bouclier, un casque, des lances pour exprimer la conquête que Vénus a faite du dieu de la guerre.

> Tout est esclave sur la terre ;
> L'avare l'est de ses désirs,
> L'ambitieux de sa chimère,
> Le libertin de ses plaisirs.

3e estampe : Hommage rendu au beau sexe dans le temple de Vénus. Un amant aux pieds de sa maîtresse lui présente un bouquet d'une main et de l'autre lui met une couronne sur la tête ; la belle est assise près de l'autel de Vénus, l'amour est représenté, en haut de l'estampe, décochant un de ses traits, et sur l'autel de sa mère offrant à la déesse les deux cœurs qu'il vient de blesser ; dans le haut, on voit des colonnes ornées de guirlandes de fleurs, de vases de parfums.

4e estampe : Un de ces êtres singuliers qui n'ont d'occupation que de voltiger de ruelle en ruelle, insiste pour pénétrer jusqu'au lit d'une femme honnête qui prend un demi-bain ; une des femmes de chambre le repousse vivement.

5e estampe : Deux jeunes époux sont couronnés par l'amour ; ils se serrent la main en se regardant avec un attendrissement causé par la joie d'avoir un fruit de leur tendresse ; l'épouse découvre le berceau où repose cet enfant chéri ; un panier plein d'oranges annonce le mois de la naissance.

6e estampe : L'Amour en médecin passe la main sous le menton d'Éléonore. Sa mère le repousse ; Mercure, en élève de médecine, achève pour lui la défaite d'Éléonore.

7ᵉ estampe : Cléandre a jusqu'ici mis toute sa gloire à tromper les femmes ; il devient amoureux de Céphise qui, pour venger son sexe, le nourrit pendant quelque temps de vaines espérances et finit par lui prouver qu'elle est insensible à l'amour, en jetant à ses pieds ses flèches et son carquois.

8ᵉ estampe : Cydalise à sa toilette est entourée d'une foule d'adorateurs.

9ᵉ estampe : Églé donne à l'Amour un billet pour son amant. Ce dieu est le seul dépositaire de son secret. Aux pieds de la belle est un chien, symbole de la fidélité.

10ᵉ estampe : La brebis perdue et retrouvée.

> Une brebis se perd et même se retrouve ;
> Mais vous vous perdrez sans retour
> Si vous vous égarez jamais avec l'Amour.

11ᵉ estampe : Tout sexe et tout âge accourt à l'oracle de l'Amour qui, tenant d'une main un papier magique et de l'autre une baguette, explique à chacun sa bonne ou mauvaise aventure ; sur le devant, est une jeune fille qui explique à une autre sa bonne aventure. En face du sorcier, une femme écoute avec enthousiasme son horoscope ; d'autres attendent leur tour. On voit, en haut de l'estampe, la roue de fortune.

Ces délicieuses estampes sont non signées.

Reliure ancienne en veau fauve, tranches dorées.

1777-1778

23. — LE MANUEL DES TOILETTES. *A Paris, chez Valade, libraire, rue Sᵗ Jacques. A Liège, de l'imprimerie de Jacques Tutot.* Deux volumes in-18.

Dans les *Affiches, annonces et avis divers de la ville et bailliage d'Auxerre, année 1777* (deuxième quinzaine de décembre) recueil excessivement rare, se trouve un curieux document. C'est le *prospectus* envoyé par Valade à tous les marchands libraires et papetiers de Paris et de la province pour annoncer *Le Manuel des toilettes.*

Valade marchait sur les traces de Desnos qui, en 1775, dans le *Mémorial des gens d'esprit,* avait donné la mesure de ce qu'était la réclame à cette époque et en exposant au public l'objet de sa publication, il ne met pas moins d'emphase que l'éditeur de tant de jolis almanachs du xviiie siècle n'en mettait pour faire connaître ses nouveautés de l'année.

L'avis est à citer tout entier tel que nous l'a conservé Fournier, imprimeur à Auxerre.

« De tout tems, l'art de se mettre élégamment a occupé le beau sexe ; de tout tems, cet art qui embellit la beauté même a sçu faire valoir les plus faibles attraits. Aujourd'hui qu'il est porté à la plus haute perfection quel prix ne doit-on pas mettre à ses inventions ? Quelles forces ne doit-on pas en attendre ? Mais dans l'immensité d'objets qu'embrassent les modes, le plus important sans doute, c'est la coëffure. C'est d'elle que dépendent les triomphes les plus prompts et les plus flatteurs ; c'est elle dont l'heureux artifice doit adoucir des traits trop marqués, réduire un front trop découvert ou trop petit à des proportions plus élégantes, aider le jeu de la physionomie par l'heureux mélange des ombres et des jours, faire sortir la blancheur d'un beau teint, intercepter des couleurs trop éclatantes ; donner de la dignité au regard d'une coquette et animer jusqu'au sourire timide de la craintive adolescence. Aussi la coëffure qui constitue la toilette proprement dite est elle l'objet principal de l'attention du beau sexe et c'est sans doute rendre aux dames un service agréable que de leur procurer des modèles de coëffures dans tous les gouts gravés avec soin et enluminés en forme de miniatures avec des explications qui ne laissent rien à désirer sur les détails de chaque coëffure en particulier. Dans le nombre de ces modèles, chaque physionomie trouvera son assortiment, la brune choisira dans les coëffures voluptueuses, la blonde dans les coëffures élégantes ; enfin qu'on se figure un arsenal où les beautés de tous les genres iront prendre des armes différentes mais également sûres et on aura une idée juste du recueil que l'on se propose de publier. Les entrepreneurs de ce recueil se flattent et avec raison, qu'il n'y aura pas d'ouvrage plus souvent feuilleté que celui-là. Pour en augmenter l'utilité et le succès, ils se proposent d'y insérer aussi des modèles de coëffures pour les hommes qui doivent d'autant moins négliger les moyens de plaire que leurs vœux s'adressent au sexe le plus aimable.

Ce recueil est imprimé sur de très beau papier d'Hollande. La beauté, la netteté et la précision de la partie topographique répondant au mérite des gravures on en publiera tous les trois mois un cahier qui contiendra treize planches. Comme les frais de cette entreprise sont considérables pour les dessins, la gravure, l'enluminure et l'impression, on prévient que les personnes qui n'ont pas souscrit d'abord et qui voudraient actuellement se procurer cet ouvrage paieront en recevant le premier cahier 10 livres, en retirant le second 5 livres. Même somme pour le 3ᵉ et le 4ᵉ *gratis*. Les mêmes conditions auront lieu pour les années suivantes.

On n'imprimera que peu d'exemplaires en dela des souscriptions et ceux qui ne souscriront pas payeront 24ᶠ pour les quatre cahiers de l'année. On ne vendra aucun cahier séparément. Malgré tous les soins pour rendre cet ouvrage digne de l'empressement du public, si quelques personnes n'étaient pas satisfaites du 1ᵉʳ cahier qui parait actuellement tant pour les gravures que pour l'impression leur souscription est nulle. On joindra à chaque cahier pour la commodité des dames trois mois du calendrier. On souscrit à Paris chez Valade, libraire, rue Saint Jacques où à notre bureau. »

Valade a tenu ses promesses et le *Manuel des toilettes* a paru en quatre cahiers contenant chacun le même frontispice, treize figures de coëffures finement coloriées et le calendrier du trimestre. Chaque planche est accompagnée d'un feuillet de texte explicatif indiquant la façon d'exécuter le chef-d'œuvre représenté par la gravure.

Dans une épitre dédicatoire assez bien tournée, l'éditeur offre son ouvrage aux dames et au commencement du troisième cahier il leur tient le langage suivant :

« Ce nouveau cahier parait à une époque bien favorable dont nous profiterons pour nous remettre sous les yeux des dames à qui notre ouvrage est consacré. Si il est flatteur d'exciter leur attention, il est si doux de s'occuper d'elles, qu'en formant des vœux pour leur bonheur nous remplissons le plus agréable des devoirs. Puissent les femmes charmantes qui nous lisent ne trouver que des cœurs tendres et des amants fidèles ! puissent-elles ne voir lever que des jours de paix ou de triomphe ! Puissent-elles n'éprouver jamais d'autre embarras que celui de la modestie, d'autres allarmes que celles de la pudeur ! Puissent-elles ne soupirer jamais que de tendresse, ne pleurer jamais que de plaisir, n'être jamais vaincues que par l'amour ! puissent-elles enfin ne s'appercevoir du renouvellement des années que par celui de nos hommages. »

Le Manuel des toilettes est presqu'introuvable aujourd'hui où l'on recherche avec passion tout ce qui a trait aux costumes du xviiiᵉ siècle. Un exemplaire a été acheté 500ᶠ et les frais à la vente *Destailleur* et c'est le seul complet qui ait passé depuis longtemps sous le feu des enchères. Un autre exemplaire complet aussi, est entre mes mains et j'y passe en revue les coëffures les plus invraisemblables sous des noms qui ne le sont pas moins : « *à la Mappemonde, à la Zodiacale, en ailes de papillon panaché, à la plume d'amour, à la queue en flambeau, à laigrette*

parasol, en marron, à la .triomphale, à la dorlotte, à la toque che-
velue, en cerf volant, etc. »
Pourquoi du reste, ne pas les énumérer toutes ?

	1er CAHIER.		2e CAHIER.
1	à la Mappemonde.	14	à la Diane.
2	à la Mappemonde.	15	à la Diane.
3	à la Hérisson.	16	en feutre.
4	à la Hérisson.	17	à la Flore.
5	à la Zodiacale.	18	à la Prussienne (homme).
6	en médaillon.	19	à la Cérès.
7	à la Sultane.	20	à la Persane.
8	queue en flambeau.	21	à la Chinoise.
9	à la Minerve.	22	à la guirlande.
10	à l'aigrette parasol.	23	en marron.
11	à l'aigrette parasol	24	à la Dauphine.
12	à la Parnassienne.	25	à la Calypso.
13	à la Parnassienne.	26	à la Thérésa.

	3e CAHIER.		4e CAHIER.
27	à l'Angélique.	40	en Triade.
28	à la Circassienne.	41	à la Junon.
29	à la Circassienne.	42	à la Vénus.
30	à la Triomphale.	43	en Érigène.
31	à la Syracusienne.	44	en cerf volant.
32	à la Zéphire.	45	à la plume d'amour.
33	à la Sylphine.	46	en négligé galant (homme).
34	à la Sicilienne.	47	à la Victoire.
35	à la Sabine.	48	à l'écaille ou en coquille (avant lettre).
36	en ailes de papillon panaché.	49	en guerrier (homme).
37	à la dorlotte.	50	en galante amazone (avant lettre).
38	en Apollon (homme).	51	à la Domino.
39	à la toque chevelue.	52	en Cérès.

Le Manuel était imprimé à Liège, chez J. Jacques Tutot et
l'éditeur envoyait à Paris les figures pour y être enluminées.

En même temps, les figures sans être coloriées, paraissaient à
Amsterdam (Liège) puis dans un Journal quotidien publié à
Liège, la *feuille sans titre* contenant toutes les productions de l'esprit, les pièces de poésies fugitives, les bons mots, les anecdotes
décentes, les découvertes les plus intéressantes dans la médecine,
la chirurgie, la botanique, l'agriculture et les arts, soit libéraux, soit méchaniques, les fêtes brillantes et surtout les modes,
etc., *à Amsterdam,* chez les libraires associés, 2 vol. in-4°.

Les figures sont gravées à l'eau-forte et tirées dans le texte :

cette publication, du 1er février au 31 décembre 1777, se compose
de 334 n[os].

Dans la *Bibliographie historique et critique de la presse pério-
dique française* (Paris Didot 1866, in-8° n° 76), Halin la men-
tionne ainsi :

Journal quotidien entièrement calqué sur le « Journal de
Paris » auquel il empruntait la plupart de ses articles, l'éditeur
explique ainsi la dénomination bizarre qu'il lui avait donnée :
« D'après la foule innombrable de journaux et d'ouvrages périodiques qui couvrent la surface de l'Europe, on n'est pas peu
embarrassé de trouver pour une feuille à naître, un titre dont la
différence avec les autres soit marquée. C'est pour cette raison
que nous n'en donnons aucun à la nôtre. »

Des 52 fig. *du Manuel des toilettes*, celles numérotées de 1 à 39
se retrouvent dans la feuille sans titre ; celles numérotées de 40
à 52 paraissent dans les 1re, 2e, 3e et 4e vol. de *l'Indicateur* faisant partie d'une suite de 40 coiffures gravées par *Delvaux* dont
27 nouvelles, peut être celles qu'annonce Valade dans l'avertissement placé à la fin du 4e cahier de son manuel. *L'Indicateur*
contenant toutes les productions d'esprit, les pièces de poésies
fugitives, les bons mots, les anecdotes décentes, les découvertes
les plus intéressantes dans la médecine, la chirurgie, la botanique, l'agriculture et dans les arts ; les plus brillantes et surtout les modes, a paru *à Bruxelles* 1778 en 6 vol. in-12.

Plus tard, on retrouve la figure 44 dans *l'Almanach des modes
parisiennes* 1782 de Desnos ; les figures 10, 11, 16, 17, 19, 20 dans
l'Almanach généalogique 1779. Les mêmes fig. dans les *Modes parisiennes ou les dons magnifiques de la nature embellis par l'art,*
Desnos 1784.

Reliure ancienne en veau fauve. Etiquettes des titres en maroquin rouge.

1778

24. — Calendrier de poche se composant d'autant
de petites bandes qu'il y a de mois dans l'année. Chacune d'elles est repliée en deux et le tout est recouvert
d'une élégante reliure. En haut de chaque mois se
trouve une charmante petite vignette, sans légende,
dans un médaillon orné dans la partie supérieure de
rubans et de fleurs.

Les sujets sont : *Le jour de l'An, La Toilette d'une jolie femme, scène champêtre devant une marmite suspendue au dessus d'un grand feu, vne cueillette de fruits, vne surprise agréable, autre petite scène galante, La Balançoire, Sacrifice à l'Amour, Le Bain, Berger et Bergère gardant un troupeau* (mais pensant à autre chose), *Le Coin du feu, vn Jeune seigneur surprenant une jolie femme étendue sur un sofa.*

Jolie reliure maroquin rouge avec dentelles et fleurettes aux quatre coins des plats ; au centre, l'Amour les yeux bandés, conduit par un chien, avec légende IL ME CONDUIT.

25. — ALMANACH DU COMESTIBLE. *Nécessaire aux personnes de bon goût et de bon appétit* ; qui indique généralement toutes les bonnes choses que l'on pourra se procurer à la Halle et chez certains débitans, dans le courant de chaque mois de l'année : En grosse Viande, Volaille, Gibier, plume et poil, Oiseaux de rivière, Poissons de mer et d'eau douce, frais et salé, Légumes verts et secs, farineux ; Fruits précoces, cruds, confits, secs ; Vins de France et Etrangers ; Liqueurs et Ratafiats, Café, Chocolat, etc... Les Personnes qui aiment la Bonne-Chère, y trouveront de quoi satisfaire leur goût ; et celles qui aiment leur santé y trouveront des préceptes pour la conserver.

On a joint à cet ouvrage tout ce qui peut égayer le lecteur et ceux qui aiment la joie dans les Repas. *Pour la présente année. à Paris, chez Desnos, ingénieur-géographe, Libraire de sa Majesté Danoise, rue St-Jacques, au globe et à la sphère.* in-18.

Très joli frontispice représentant huit personnages, hommes et femmes très élégants prenant part à un festin donné dans une charmante salle à manger et servis par deux laquais. Cette délicieuse estampe repliée en deux est dans un cadre en haut duquel une guirlande de roses et une banderolle sur laquelle est inscrit le titre : ALMANACH DU COMESTIBLE.

Au verso du titre imprimé, *avertissement* : puis un *avis* occupant 6 pages, ensuite les douze mois de l'année, contenant des pronostics, des proverbes, des petites notices et la liste de ce que l'on peut se procurer pendant chacun de ces mois. Ces 115 pages forment la 1re partie de l'almanach du comestible.

La deuxième partie est intitulée : ALMANACH DU COMESTIBLE, contenant une suite de notices sur les Repas des Anciens et des Modernes, les cérémonies qui s'observèrent autrefois et qui s'observent aujourd'hui aux Repas publics des Empereurs, des Rois et des Princes souverains qui règnent en Europe, en Asie, en Afrique et en Amérique ; avec un précis sur les aliments, tiré de la gazette de Santé, morceau précieux pour les personnes qui veulent manger les choses de goût sans faire tort à leur santé, avec quelques préceptes. *A Paris*, chez *Desnos*, etc...

180 pages.

Un supplément de 55 pages contient les noms et demeures des fournisseurs, les noms des choses qu'ils peuvent fournir de leur composition et invention, ou du crû des provinces et de l'invention des autres, tant de France que des Isles Françoises et autres Pays Etrangers, mis dans un ordre commode.

Ces trois parties forment un ensemble des plus intéressants.

Reliure ancienne en maroquin rouge.

26. — LE BIJOU DE LA REINE. In-32 oblong.

Ce délicieux almanach est décrit de la façon suivante dans le catalogue d'une vente d'estampes faite en 1879 (*Comte de la Béraudière*).

« DESRAIS (C. L.) (d'après). Le Bijou de la Reine, petit almanach de poche. La première feuille contient un sonnet au Roi et à la Reine, en haut duquel sont leurs deux portraits soutenus par la France ; les autres feuilles contiennent la table de chaque mois et, en haut, les portraits du Roi, de la Reine Marie-Antoinette, de Monsieur, Madame, M. le comte d'Artois, Mme la comtesse d'Artois, Louis XV, Mme la princesse de Piémont, Mme Élisabeth, M. le duc de Chartres, l'empereur d'Autriche et Henri IV ; au dos de chaque feuille, des vers au Roi et à la Reine et sonnets aux personnages indiqués, petit volume oblong, reliure en maroquin rouge avec portraits de Louis XVI et de Marie-Antoinette sur les plats, renfermé dans un étui aux armes royales.

« De la plus grande rareté, la première feuille porte seule les noms (gravés à la pointe) Desrais et Voysard. »

Ce véritable bijou fut adjugé à 615 francs.

1779

27. — L'Amour a l'épreuve ou le bijou bien gardé. Étrenne amusante dédiée au beau sexe. *A Paris, chez Laporte, libraire, rue des Noyers, Herou, doreur sur cuirs, même rue, et chez Maillet, imprimée rue St Jacques AP et P. D. R.* In-24.

62 pp. — Joli titre-frontispice gravé dans un paysage formé par des arbres. A la page 61, avertissement :

Air des insulaires :

> La petitesse est ma devise
> Vois la, lecteur, par ce recueil :
> Mais s'il se trouvait à ta guise,
> Prouve le moi par ton accueil,
> Et j'en promets une reprise
> Pour tes étrennes désormais,
>   Petits portraits,
>   Petits couplets,
> Le tout petit, si petit, si petit
> Que je ne crains pas que l'on dise
> Que je lasse ton appétit.

A la dernière page, l'avis suivant : « L'accueil favorable que le public a toujours fait à cette espèce d'almanach avec de petites gravures dont le lecteur sait le sujet aussitôt qu'il a lu la chanson, engage le libraire à en faire paraître un nouveau tous les ans de même format avec des sujets différents pour que ceux à qui ils plairont puissent en faire une collection qui leur deviendra par la suite aussi précieuse qu'agréable. »

En tête et à la fin de ce petit volume, cartes géographiques imprimées au recto et au verso du papier, la mappemonde, l'Europe, la France, l'Asie, l'Afrique, l'Amérique.

Dix-huit charmantes petites estampes dont les douze premières portent en tête le nom du mois ; jolis encadrements variés pour chacune d'elles ; pour légendes, les titres des chansons. Le calendrier de chaque mois est imprimé au recto de la gravure.

Janvier : *Le Bijoux* (sic) *bien gardé.* — Février : *Le Retour imprévu.* — Mars : *La Recrue d'amour.* — Avril : *Le Trompeur*

trompé. — Mai : *Sacrifice à l'amour.* — Juin : *Comme il te fait,
fais lui.* — Juillet : *Le Triomphe de l'amour.*

Fixer à jamais les coquettes,
Donner des fers aux inconstans,
Colorer les jeunes fillettes,
Animer les indifférens ;
Se soumettre tous les rebelles ;
Des ingrats forcer le retour ;
Enfin, se venger des cruelles,
C'est le triomphe de l'amour.

Août : *Le Bijou mal gardé.* — Septembre : *Le Mal sans remède.* — Octobre : *Le Mépris des richesses.* — Novembre : *Les Effets de l'absence.* — Décembre : *La Marchande d'amour.*

A partir de la 13ᵉ figure (sans calendrier au recto) : *Après la pluie vient le beau temps, Généalogie universell* (sic), *Malheur à qui envie le bonheur d'autrui, Les Adieux amoureux, La Consolation champêtre, L'Heureux début.*

Reliure ancienne en maroquin vert, avec une très jolie plaque frappée sur les plats ; au centre, deux cœurs enflammés.

28. — **La Surprise nocturne** ou les Ah ! Ah ! aventure plaisante, avec figures, tablettes économiques, perte et gain et stylet pour écrire. *A Amsterdam et se trouve à Paris, chez Desnos, libraire, ingénieur géographe du Roi de Danemark, rue Sᵗ Jacques, au Globe et à la Sphère.* In-24.

Frontispice : L'Amour apparaissant à un tonnelier dans sa cave.

Une figure, gravée par Moreau 1773, repliée en 4, ayant servi à illustrer un conte en vers d'Imbert (Nouvelles et historiettes) représentant la surprise nocturne, anecdote qui, elle seule, fait le texte de l'almanach.

Le reste du petit volume se compose du « Secrétaire des dames et des demoiselles, perte et gain, » etc.

Usage du secrétaire : les 7 premières pages servent pour écrire, à chaque jour de la semaine, ses pensées, rendez-vous, souvenirs, etc., etc. ; les 96 suivantes, qui comprennent les douze mois de l'année, sont destinées à placer dans chaque colonne le gain et la perte du jour. Les autres pages de papier de même composition, pour y marquer la recette et dépense de la maison, et, à la fin, une table de récapitulation pour chaque mois et autres feuillets blancs pour écrire ce que l'on désirera.

Reliure ancienne en maroquin rouge.

1780

29. — **Nouveau calendrier du diocèse de Strasbourg** dans lequel on a marqué en rouge les festes de commandement : contenant la naissance des souverains et principaux princes et princesses de l'époque ; le cler-

gé de France; la liste du Conseil souverain d'Alsace; l'arrivée et le départ des postes et autres curiosités utiles pour l'année bissextile 1780. *A Strasbourg, chez Jean François Leroux, impr. du Roi et de l'Évêché et de la Chancellerie. In-16.*

Frontispice: Sur une élégante draperie suspendue à un gracieux encadrement auquel sont attachées différentes parties d'un costume alsacien, corsage, chapeau, etc., est gravé le titre suivant:

Représentation des modes et habillemens de Strasbourg. *Chez Leroux, imp. et libraire, au coin de la rue des Orfèvres, gravé par Striedbeck, 1756.*

Quinze charmantes figures, personnages en pied, au milieu de jolis encadrements. I. — *Ammestre.* — II. — *Garde de la ville.* — III. — *Sergent de la ville.* — IV. — *Geôlier.* — V. — *Ministre luthérien.* — VI. — *Une mariée en ses habits de cérémonie.* — VII. — *Fille de condition allant à l'église.* — VIII. — *Fille allant à la noce.* — IX. — *Fille allant à la promenade.* — X. — *Femme en habit de deuil.* — XI. *Femme en habit ordinaire.* — XII. — *Femme en habit d'hiver allant à l'église.* — XIII. — *Servante.* — XIV. — *Païsan vendant son grain.* — XV. — *Païsanne revenant des champs.*

Ce petit volume, d'une insigne rareté, est précieux à plus d'un titre, à cause des costumes alsaciens de la fin du xviiie siècle qu'il renferme, à cause du lieu où il a été imprimé, *Strasbourg !* nom qu'aucunes lèvres françaises ne peuvent prononcer sans que le cœur se sente douloureusement serré par de cruels souvenirs.

Reliure ancienne en maroquin rouge, petite dentelle sur les plats.

30. — ÉTRENNES GALANTES des promenades et amusements de Paris et de ses environs. *A Paris, chez Boulanger, rue du Petit-Pont, près le petit Châtelet, avec privil. du Roi.*

Titre frontispice dessiné par Queverdo, 1780. Deux amours, dont l'un soufflant dans la trompette de la renommée, tiennent au-dessus du titre gravé dans un médaillon ovale, une draperie sur le coin de laquelle on lit: *Bijou des Dames.*

6 feuillets pour le calendrier.

62 pages dont 12 figures, une pour chaque mois, en regard desquelles la chanson relative au sujet.

Janvier. — *Le Contrat de mariage.* Un notaire, assis devant une table, fait signer le contrat aux charmants fiancés et à leurs parents.

> Le contrat, le notaire,
> Paraissent charmans
> A deux vrais amans.
>   Etc. . . . . .

Février. — *Variétés amusantes.* Intérieur d'une salle de spectacle remplie de spectateurs. Sur la scène, un acteur avec une lanterne, causant avec une jeune femme à sa fenêtre.

> En vain l'auteur le plus habile
> Voudrait ailleurs nous entraîner,
> La mode règne en cette ville,
> Par elle on s'y laisse enchaîner ;
> Quiconque oserait en médire,
> Risquerait de passer pour sot.
>   Il faut aller rire
>   De Jeannot,
>   Etc., etc...

Mars. — *Promenade de Longchamps.* Beaux carrosses et élégants cavaliers passant devant les curieuses et curieux assis sur des chaises.

Avril. — *Les grands Boulevards.* Sous les grands arbres, un groupe de beau monde ; plus loin, la foule devant des parades.

> Après Pâques, sur les remparts,
> On voit le peuple et le beau monde ;
> Ils accourent de toutes parts
> Vers les jeux où la foule abonde,
> A celui qu'occupe Jeannot
> Chacun applaudit à son mot.
>   On trouve surtout
> Que ce genre est du meilleur goût.
>
> Ceux qui n'ont pas beaucoup d'argent
> S'amusent à voir les parades,
> Et plus d'un Gascon indigent
> Y fit maintes et maintes passades ;
> Mais si quelqu'un, dont il fait cas,
> Vient lui proposer un repas,
>   Ah ! pour l'obliger,
> Comment il va bien boire et manger.

Sur les chaises sont des abbés,
Occupés à lorgner des belles,
Mille marchands de nouveautés
Leur présente des bagatelles ;
D'un air satisfait et content,
Les vielleuses vont, chantant
　　Mille petits airs,
Dont on n'écoute pas les vers.

Cependant, au fond des caffés,
On entend une autre musique,
Dont les sons semblent étouffés
Par une clameur diabolique,
Pendant qu'on dit une chanson,
Un manant crie : A moi garçon,
　　L'autre dit, paix, là,
Ce n'est que du bruit que cela.

MAY. — *Le Palais-Royal*. Des dames, élégamment habillées, se promènent sous les ombrages du jardin, d'autres sont assises.

JUIN. — *Fêtes de Sceaux*. Un grand seigneur et une grande dame, d'autres personnages se promènent dans le parc de Sceaux, près d'une pièce d'eau ; dans le lointain, beaux orangers, statues et charmilles :

　　Qui veut voir de belles fêtes
　　Et de magnifiques eaux,
　　A surprendre toujours prêtes,
　　Qu'il porte ses pas à Sceaux.
　　Là, cent nymphes, cent naïades,
　　Le front couronné de fleurs,
　　Folâtrent dans les cascades,
　　Avec les amours vainqueurs.
　　　　Etc., etc.

De la page 21 à le page 44, les mois avec perte et gain.

JUILLET. — *Champs-Elisées*. Promenade d'élégants et d'élégantes, d'autres assis sous les arbres.

AOUT. — *Salon du Louvre*. Exposition de tableaux (Délicieuse estampe).

　　Chers amis, courons tous au Louvre,
　　Pour en admirer les tableaux ;
　　Au Salon, qu'en ce jour on ouvre,
　　Ils ne furent jamais si beaux.
　　De toute une famille auguste,
　　Nous y devons voir les portraits.
　　　　Etc., etc....

Septembre. — *Fêtes de Saint-Cloud*. Danses populaires sous les grands arbres : plus loin des baraques de saltimbanques.

Octobre. — *Les Vendanges à Vanvres*. Très gracieuse scène. Une jeune fille apporte à la dame du château une corbeille de raisins ; dans le lointain, la vigne, le mur et la grille du parc.

Novembre. — *Marrons et dessert*. Une soubrette fait griller des marrons au bon feu d'une élégante salle à manger, pendant qu'un jeune seigneur lutine la maîtresse du logis.

Décembre. — *Académie de jeux.* Réunion de joueurs autour d'une grande table ; derrière eux des spectateurs.

> Que de gens de tout état,
> L'avarice ici rassemble ;
> De même qu'en un combat,
> On les voit périr ensemble.
> Loin de vouloir comme eux,
> Perdre ainsi mes journées,
> A des chants amoureux
> J'emploierai mes années.

Reliure ancienne en maroquin crème ; plats ornés de dorures en quadrillé ; au centre, jolies petites gouaches.

1781

31. — ALMANACH DES SENS en plusieurs estampes dessinées et gravées par Martinet dont les talents sont connus, avec tablettes économiques composées d'un papier nouveau sur lequel on peut, à l'aide d'un stylet, sans encre et sans crayon, écrire aussi distinctement qu'avec la plume, ses pertes et gains et tout ce dont on veut se souvenir. Ce papier est économique, en ce qu'on peut le laver avec une légère éponge mouillée, jusqu'à 10 ou 12 fois, ensuite y tracer de nouveaux caractères. *A Paris, chez le Sr Desnos, ingénieur-géographe et libraire de Sa Majesté Danoise, rue St Jacques, au Globe.* In-16.

Ce titre est gravé dans un encadrement à double filet noir. En regard, un autre titre : — ALMANACH POUR LA PRÉSENTE ANNÉE — gravé entre des branches d'arbres dont les extrémités sont reliées par un nœud de ruban et une guirlande de roses. En bas, un socle en pierre surmonté d'attributs champêtres, houlette, chapeau de bergère, panier garni de fleurs, etc. — Un autre titre : LES SENS, *petit bijou pour la présente année avec tablettes, perte et gain,* est gravé sur un cœur formé par des tiges de lys tenues par des amours, surmonté d'une couronne de fleurs avec, en bas à droite, des colombes se becquetant ; la pointe du cœur sur un socle et tablette portant l'adresse de l'éditeur. En regard de ce titre un joli frontispice représente les sens en action. *Tot capita, tot sensus, Joueur de guitare, Bergère respirant l'odeur d'une rose, Berger et bergère très rapprochés l'un de l'autre, Jeune paysan contemplant au bas d'un arbre une jeune fille grimpée dans les branches et mangeant des fruits.*

L'almanach, sans texte, ne comprend que les estampes de Queverdo : *L'Odorat, Le Goût, L'Ouïe, Le Toucher, L'Approche, Le Produit des baisers,* ravissantes estampes de tout premier ordre.

Puis, le « Secrétaire des dames et des demoiselles » et le calendrier pour 1781.

Reliure ancienne en maroquin rouge.

1782

32. — ALMANACH DU BON FRANÇAIS ou anecdotes, pensées, maximes et réflexions de feu Monseig^r le Dauphin père du Roi, avec un recueil anniversaire d'allégories des principales époques de l'avènement de Louis XVI au trône. Orné de figures. *A Paris, chez le Sr Desnos, ingénieur-géographe et libraire de Sa Majesté Danoise, rue St Jacques, au Globe.* In-18.

Titre gravé dans un encadrement de branches de lys au pied desquelles les attributs de la royauté, main de justice, sceptre, armoiries de la France. En regard du titre, un frontispice gravé représente Henri IV montrant à Louis XVI l'empire du monde. VI feuillets d'avertissement ; 53 pages d'anecdotes et pensées du Dauphin.

La deuxième partie de cet intéressant almanach est intitulée : ÉTRENNES PATRIOTIQUES ou recueil anniversaire d'allégories sur les époques du règne de Louis XVI. Première et seconde parties composées et dédiées au Roi par son très soumis et très zélé sujet, le Ch^{er} de Berainville. *A Paris, chez Desnos,* etc., etc.

Titre-frontispice, gravé dans un joli encadrement à la partie supérieure duquel deux L entrelacés avec le chiffre XVI au milieu ; à la partie inférieure, un lion et un coq servant de supports à un coussin surmonté de la couronne royale, avec sceptre et main de justice. En regard de ce titre, frontispice : Le génie allégorique grave sur les ailes du Temps les époques du règne de Louis XVI. *P. de Berainville inv. Voysard sculp...*

Quinze jolies figures, avec légendes en vers. En regard, le titre de la figure et l'explication. 1° *Avènement de Louis XVI au trône le 10 mai 1774. — 2° La Félicité qui promet au royaume l'alliance de Louis XVI avec Marie-Antoinette, archid^{ss} d'Autriche. — 3° L'Inoculation de Louis XVI en juin 1774. — 4° Rappel du Parlement de Paris, 12 novembre 1774. — 5° Le Sacre de Louis XVI le 11 juin 1775. — 6° Mariage de madame Clothilde, sœur du Roi, avec Charles Emmanuel, prince de Piémont. — 7° Établissement de la Reine en 7bre 1776. — 8° La Naissance de Mgr le Dauphin le 22 8bre 1781. — 9° Bienfaisance de Louis XVI pendant le grand hiver de l'année 1776. — 10° Incendie du Pallais à Paris en janvier 1776. — 11° Institution de la loterie royale par Louis XVI en 1776. — 12° La Fête des bonnes gens, instituée par Monsieur frère du Roi à Brunois en 1776. — 13° La Liberté rendue aux arts libéraux par Louis XVI en 1777. — 14° La Création d'un Conseil des finances par Louis XVI en 1777. — 16° Le Voyage de l'empereur Joseph II en France sous le nom du Cte de Falchenstein en avril 1777.*

Reliure ancienne en maroquin rouge.

33. — LES JOLIES FRANÇAISES, leurs coiffures et habillemens. Étrennes à la beauté, avec des couplets galants accompagnés de figures et tablettes économiques perte et gain. *A Paris, chez Desnos, ingénieur-géographe et libraire de Sa Majesté Danoise, rue St Jacques, au Globe.* In-24.

Titre gravé dans un joli encadrement se reliant avec un cartouche surmonté d'attributs champêtres, contenant le nom et l'adresse de l'éditeur.

Texte gravé, sans pagination, également encadré.

Douze figures de modes féminines très finement gravées en regard desquelles les chansons relatives : *La Robe retroussée, La Lévite galante, La Gabrielle d'Estrées, La Lévite matinale, La Robe à l'anglaise, La Pelisse polonaise, La Robe d'hyver, La Robe du jour, Le Juste à la baigneuse du matin, Le Caraco à la mode, La Polonaise galante.* Après les gravures, dues sans doute à Desrais, viennent les historiettes nationales et étrangères suivies de recettes merveilleuses, de la liberté de la presse, des anecdotes politiques anglaises, des prodiges de l'art et de la nature, des épingles (article intéressant pour les dames) et des moyens de se garantir de la foudre, avec tablettes économiques perte et gain. *À Paris, chez Desnos,* etc., etc...

De la page 93 à la page 136 « Historiettes nationales et étrangères », puis huit pages de 1 à 8, « Catalogue de Desnos » mentionnant 140 almanachs et 37 autres ouvrages divers.

Ce catalogue est de la plus insigne rareté et le plus complet que le baron Pichon, Mr Grand-Carteret (1), auteur de la curieuse bibliographie des almanachs et moi, ayons pu découvrir après de longues et minutieuses recherches.

Reliure ancienne en maroquin rouge.

34. — ALMANACH DES MARCHÉS DE PARIS. Étrennes curieuses et comiques avec des chansons intéressantes, dédié à Marie Barbe, fruitière orangère ; dessiné et gravé par M. Queverdo. *A Paris, chez Boulanger, rue du Petit-Pont, à l'image Notre-Dame, avec privilège du Roi.*

Titre frontispice gravé sur une draperie, à la porte d'une maison devant laquelle se passe une dispute entre femmes de la Halle. De la corbeille de l'une d'elles, jetée à terre, s'échappent

(1) Les Almanachs français, bibliographie-iconographie des almanachs, années, annuaires, calendriers, chansonniers, étrennes, états, heures, listes, livres d'adresses, tableaux, tablettes et autres publications annuelles éditées à Paris, 1600-1895, ouvrage illustré de cinq planches coloriées et de 306 vignettes d'affiches, reliures, titres et figures d'almanachs. *Paris, Alisié et Cie, libraires éditeurs, 176, rue de Rivoli, 1896.* Cet énorme volume gr. in-8º, fruit d'un travail colossal et que l'auteur lui-même appelle spirituellement le *Bottin des almanachs,* se compose de 846 pages de texte, supplément, tables et de cx pages d'avant-propos, préface, bibliographie et dédicace :

A MONSIEUR LE BARON PICHON
PRÉSIDENT D'HONNEUR DE LA SOCIÉTÉ DES BIBLIOPHILES FRANÇOIS
ET
A MONSIEUR LE VICOMTE DE SAVIGNY DE MONCORPS
QUI, CHACUN DE LEUR CÔTÉ, ONT BIEN VOULU ME FAIRE PROFITER,
EN VÉRITABLES MÉCÈNES,
DE LEURS MERVEILLEUSES COLLECTIONS D'ALMANACHS DU XVIIIe SIÈCLE
CE LIVRE EST DÉDIÉ EN TOUTE SYMPATHIE

J. G. C.

Ai-je besoin de dire que ce précieux témoignage de reconnaissance est allé tout droit à mon cœur de bibliophile ?

des oranges. Au premier plan, un porteur d'eau retourne la tête pour considérer la bataille ; au verso du titre, remarques pour la présente année 1782.

Calendriers des six premiers mois de l'année. 12 figures, une pour chaque mois, et en regard, chansons ou couplets relatifs au sujet.

JANVIER. — *Le bon Portugal, oranges fines.* Marchandes d'oranges et acheteurs à côté de la statue d'Henri IV, au Pont-Neuf.

Février. — *La Vallée, marché à la volaille.*

Mars. — *Marché au poisson.*

Avril. — *La rue au Fer, marché aux fleurs.*

Mai. — *Les Écosseuses.*

Juin. — *Les gros Gobets à la courte queue.*

        Feuillets : Perte et gain.

Juillet. — *La Marchande d'abricots.*

Aout. — *La Marchande de crême.*

Septembre. — *V'la le melon, v'la le sucré.*

Octobre. — *Marchand de chasselas à la livre.*

Novembre. — *Marrons bouillis, ils brûlent la poche.*

Décembre. — *Du bon boudin gras et salé.*

Calendrier pour les six derniers mois. Un dernier feuillet pour une annonce de Boulanger.

Les titres des romances, rondes ou chansonnettes sont : Henri IV au Pont-Neuf ou les Oranges, la Volaille ou les Dindons, les Poissardes ou le Marché aux poissons, les Fleurs, Vadé à la Halle ou les Écosseuses, Madame Urgande ou les Cerises, les Abricots, la Marchande de crême, les Melons ou la Ginguette, le raisin ou Colinette, les Marrons, dame Gertrude ou le Boudin.

Cet almanach est le chef-d'œuvre du genre. Rien de plus gracieux que ces estampes, rien de plus amusant que ces scènes de la Halle, rien de plus intéressant que ces vues des marchés de Paris !

Les eaux-fortes et les avant-lettre de ces figures sont remarquables de finesse.

Reliure en soie blanche, ornements et médaillon en fils d'or et paillettes.

35. — Almanach dauphin.

Français, vos vœux ardents sont enfin accomplis,
D'un monarque adoré voici la vive image.
Dans un Dauphin le ciel nous donne un nouveau gage
De gloire et de bonheur pour l'empire des lys.
Venez, beaux-arts, venez amuser son enfance,
Son accueil vous promet le plus brillant succès,
Et vous devrez un jour de rapides progrès
    A son auguste bienfaisance.

En regard de ces vers, un frontispice (1).

12 pages pérte et gain.

1ʳᵉ Figure. — *L'Arrivée du Courrier.* Un cavalier, bride abattue, passe au milieu d'une foule enthousiaste.

En regard, un feuillet ; au recto : *l'Arrivée du Courrier,* air nouveau.

> Chantons, chantons notre souveraine,
> Le cœur s'est choisi ce refrain.
> Vive à jamais notre aimable reine.
> Et Louis seize et le Dauphin.
> Soyons joyeux, redoublons d'espérance,
> Livrons-nous aux plus parfaits plaisirs,
> Un lis manquait au berceau de la France,
> Le Ciel vient de le faire fleurir.
>   Etc., etc. . . . .

Au verso, calendrier du mois de janvier.

2ᵉ Figure. — *L'Inauguration du Dauphin.* Deux grands seigneurs apportent au Dauphin, porté dans les bras d'une dame d'atours, suivie de plusieurs autres dames, le grand-cordon et l'Étoile du Saint-Esprit.

Feuillet : au recto : *L'Inauguration du Dauphin.* Air : *Dès le matin ma vive impatience,* de Tom Jones.

Au verso : calendrier du mois de février.

3ᵉ Figure. — *La France et l'Autriche* réunies pour considérer Mᵍʳ le Dauphin couché sur des branches d'olivier. Dans le ciel, le soleil levant et planant dans les airs, au-dessus des puissances qu'ils symbolisent, l'aigle impériale et le coq gaulois.

Manque le feuillet au verso duquel devait se trouver le calendrier du mois de mars.

4ᵉ Figure. — *La présentation du Dauphin.* La Reine en jolie toilette d'accouchée et le Roi debout au pied du lit royal, se réjouissant de la venue du dauphin qui à ce moment, leur est présenté par la comtesse de Polignac, suivie par quelques grandes dames de la cour. Le Dauphin, dans ses linges de dentelles, porte a son cou les insignes des ordres du Roi. Le tout forme un sujet charmant. Cette scène dans les appartements de la Reine est interprétée de main de maître, tous les détails en sont dessinés et gravés avec une finesse d'exécution qui ne laisse rien à désirer.

(1) Malheureusement il manque dans mon exemplaire. Ce petit almanach est tellement rare que je n'ai trouvé personne pouvant me renseigner sur ce frontispice.

Feuillet : au recto présentation du Dauphin, au verso calendrier d'août.

5ᵉ Figure. — *La bonne Nourrice*. La nourrice (1) du Dauphin, en grande toilette, allaite le royal enfant, près d'un berceau surmonté de la couronne. Autour d'elle, seigneurs et dames de la cour.

En regard, la romance *La bonne Nourriture*. Air : *Je ne suis qu'une Bergère*, de Sancho-Pança.

6ᵉ Figure. — *L'Offrande de Mars*. Le dieu Mars présente une palme au Dauphin assis sur les genoux de la France appuyée sur un palmier portant sous ses branches un médaillon contenant les profils d'Henri IV et de Louis XIV.

6ᵉ feuillet : *L'Offrande de Mars*. Au verso : Calendrier du mois de juin.

7ᵉ feuillet : Au recto : Calendrier du mois de juillet ; au verso : la romance *L'Enfant des dieux*.

7ᵉ Figure. — *L'Enfant des dieux*. La reine, sur son trône, présente le Dauphin à Louis XVI, à genoux devant elle. Dans un nuage, des dieux portent le flambeau allumé de l'hymen.

8ᵉ feuillet : Calendrier d'aoust ; au verso : *L'action de grâce*. Air : *Au bord d'une fontaine*.

> Paris, qui loge en France
> Depuis longtemps n'a vu
> Tant de réjouissance
> Pour un nouveau venu.
>
> . . . .
>
> . . . .
> De la sainte qui chasse
> Les fièvres de Paris
> Ou s'en va voir la châsse
> Découverte pour lui.
> Puis devant le pupitre
> Disant *Gaudeamus*,
> L'abbé quittant sa mitre
> Chante des *Oremus*.

8ᵉ Figure. — *L'action de grâce*. Le haut clergé, sur le parvis de Notre-Dame, reçoit le roi suivi des princes du sang, de grands seigneurs et de la foule.

(1) Madame Poitrine, choisie entre toutes à son apparence de santé et de bonne humeur. Ce fut elle qui mit à la mode *Malborough s'en va t'en guerre*, qu'elle chantait en berçant le Dauphin.

9ᵉ feuillet : Calendrier de septembre ; au verso : *Les dons de Minerve*. Air : *D'un bouquet de romarins (les Vendangeurs)*.

9ᵉ Figure. — Minerve présente une branche d'olivier au Dauphin couché dans son berceau, à côté d'un lis et au pied d'un palmier qui porte l'écusson des dauphins de France.

10ᵉ feuillet : Calendrier d'octobre ; au verso : *La Joie publique*. Air : *Travaillez, travaillez, bon tonnelier*.

> Chaque bourgeois de sa maison
> Fait illuminer la façade ;
> Le marchand orne son plafond
> Et l'artisan boit à rasade ;
> Les fillettes et les garçons
> Se prennent pour danser en rond
> En chantant, en criant : Vivent sans fin
> Le Roi, la Reine et le Dauphin !

. . . .

10ᵉ Figure. — Feu d'artifice tiré devant l'Hôtel-de-Ville.

11ᵉ feuillet : Calendrier de novembre ; au verso : *La digne mère.* Air : *Elle fixe mes désirs.*

11ᵉ Figure. — Charmant portrait de la reine, assise sur son trône et tenant le Dauphin dans ses bras.

12ᵉ feuillet : Calendrier de décembre ; au verso : *Le présent de Vénus.* Air : *Je le compare avec Louis (des trois Fermiers).*

> Quel présent nous fait la beauté ?
> Ah ! c'est le trident de Neptune.

. . . .

12ᵉ Figure. — Vénus, dans sa conque marine, autour de laquelle joue un dauphin, fait à la France guerrière présent du trident de Neptune.

Après cette figure, les douze dernières pages, *perte et gain,* et deux feuillets pour les vers présentés à Mᵍʳ le duc de Lauzun le lendemain de son arrivée, et des vers sur la Reine.

Les figures de cet almanach sont des plus intéressantes au point de vue historique, comme celles d'un autre almanach qui contient les fêtes données à l'occasion du mariage du Dauphin (1774) : *le Couple adoré, les Hommages sincères, la Soirée brillante, le Banquet Royal, le Bal majestueux, la nouvelle Halle, la Place de Louis XV, le Palais Bourbon, la Place Dauphine, la Place Royale, la Place des Victoires,* charmantes estampes dessinées et gravées par Baquoy filius et représentant fidèlement les fêtes de la cour et les réjouissances populaires.

36. — Almanach galant des costumes français des plus à la mode dessinés d'après nature, dédié au beau sexe, A. P. D. R. *A Paris, chez le Sʳ Boulanger, rue du Petit-Pont, près le Petit Châtelet.*

Titre frontispice gravé. Sur un petit pont, un amour à genoux, regarde avec une lorgnette une gracieuse petite fille assise,

et remettant sa jarretière ; lui, coiffé d'un chapeau de paille :
elle, d'un chapeau à plumes. Une rivière coule sous le pont et
des arbres s'élèvent de chaque côté, supportant à leurs extrémités abaissées l'une vers l'autre, une couronne de roses. Au verso
du titre, remarque pour la présente année 1782. Calendrier des
six premiers mois; 74 pages dont 38 pour les gravures (le recto
est en blanc), les autres pour les chansons analogues aux costumes :

Dame de cour en grand étiquet (sic).

> Sous cet habit éclatant,
> Qui peint la naissance,
> Et la grandeur et le rang,
> Est-on toujours content ?
> Souvent au sein de l'oppulence,
> On est dévoré de soucis,
> Mais à la cour avec aisance,   } *bis*
> Quand on doit pleurer, on sourit }
>   Etc., etc....

Dame en camisole de nuit qui se baigne.
Dame en pelisse, chapeau en soleil.
Dame en lévite, fourreau à l'anglaise.
Dame mettant sa jarretière.
Dame en robe à l'anglaise.
M. l'abbé.
Le bourgeois marchand.

> Il a calculé son livre,
> Il a compté son argent,
> Et sur le soir il se livre
> Au bourgeois amusement.
> Il s'occupe au *Domino*;
> Il rentre dans son ménage,
> On lui présente un *loto*.

> Fredonnant la Dithyrambe
> Au milieu de ses amis,
> Il tire le *terne* et l'*ambe*,
> Et perd ou gagne un louis.
> Le jeu fini, on arrange
> Vite un salubre souper ;
> Ce bon marchand boit et mange,
> Ensuite il va se coucher.

> Avec l'aurore il se lève
> Pour attendre le chaland ;
> Et le *Pagnon*, le *lodève*,
> En conscience il le vend.

> Car cet homme est respectable,
> Et je crois que par ses mœurs,
> Il est cent fois préférable
> A certains petits seigneurs.
>
> A la fin de la semaine,
> Il part pour se divertir,
> A la campagne il emmène,
> Femmes, enfans, qu'il sait chérir.
> Si quelques amis surviennent,
> Ses plaisirs en sont plus grands ;
> Tous s'amusent, tous reviennent,
> Très heureux et très contents.

L'officier en redingote verte, galonnée en or.
L'homme de robe en habit de velours ciselé.
Le petit maître en gilet blanc, culotte de nanquin.

> Le comte en habit du matin,
> Lestement la canne à la main,
> Parcourt tous les coins de Paris.
>
> . . . .
>
> D'un petit maître c'est le ton,
> Souvent de quitter la maison
> Et de rester jusqu'à minuit.
>> Etc., etc. . . . . .

Le financier en habit de velours brodé en or.
Demoiselle habillée galamment, coiffée en pouf.
Dame arrosant des fleurs.
Dame en déshabillé, coiffe à la paysañe.
Dame en lévite, coiffée en Pont galant.
Dame en robe de satin, coiffée à la paysanne.
Paysanne des environs de Paris en habit des dimanches.

Calendrier pour les six derniers mois de l'année, et enfin une annonce de Boulanger,
Reliure ancienne en étoffe brodée de soies et paillettes.

37. — Calendrier de poche, même format que le Bijou de la Reine ; avec les Portraits de *Louis XVI Roi de France, La Reine, Monseig^r Le Dauphin, Madame Première, Monsieur, Madame, Le Roi, la Reine et M^r le Dauphin, La Reine et la Nourrice,* puis, *Les Vœux de la France,* Emblème de *Mgr Le Dauphin, M^e La Comtesse d'Artois, Mgr Le Comte d'Artois.*

Au verso, couplets en l'honneur des membres de la famille

royale. Reliure en nacre incrustée d'or dans l'encadrement et l'ovale du médaillon ; semis de fleurs peintes sur les plats.

1783

38. — Étrennes des jolies femmes ou almanach

de la beauté. *A Paris, chez ceux qui vendent des almanachs.* In-12.

Titre imprimé. 24 figures coloriées numérotées, non signées, représentant de jolies têtes bien coiffées et accompagnées chacune d'une chanson portant le même titre et le même numéro que ceux de la coiffure : 1° *Coëffure à la grenade.* — 2° *Coëffure à l'extrême.* — 3° *Coëffure à la belle poule.* — 4° *Coëffure à l'indienne.* — 5° *Coëffure à la Jacquet* (sic). — 6° *Coëffure à la Thévenet.* — 7° *Coëffure à ...Ca an* (sic) *est :* Voici le 1er couplet de la chanson :

La c'en est.

Faut il qu'en me trouvant bien mise
De ma coëffure chacun dise :
« Oh ! très certainement c'en est ».
Ce propos à l'excès me choque :
Car rien si fort ne me déplait
Que d'entendre un mot équivoque.

8° *Coëffure à l'enfant.* — 9° *Coëffure à la gréable* (sic). — 10° *Coëffure à la dignité.* — 11° *Coëffure au chien couchant.* — 12° *Coëffure à la reine.* — 13° *Profil de la coëffure de la reine.* — 14° *Coëffure à l'Erisson* (sic). — 15° *Coëffure à la Vestris.* — 16° *Coëffure à la Molé.* — 17° *Coëffure à l'espoir.* — 18° *Coëffure à la félicité.* — 19° *Coëffure Jean* (sic) *espoir.* — 20° *Coëffure à la naïveté.* — 21° *Coëffure à la Michlo* (sic). — 22° *Coëffure à la Jeannette.* — 23° *Coëffure à la circassienne.* — 24° *Coëffure à la Janot.*

A la deuxième page : « lu et approuvé, 14 aout 1781, *de Sauvigny*, permis d'imprimer, 14 aout 1781, *Lenoir.*

Reliure ancienne en maroquin rouge. Plaque et médaillon dorés.

39. — LES PLAISIRS VARIÉS ou les délices des saisons. Almanach chantant. *A Paris, chez Jubert, rue S* *Jacques, la porte cochère vis-à-vis celle des Mathurins.* In-24.

Titre-frontispice gravé entre des arbres aux pieds desquels l'amour est assis sur un socle et joue avec des guirlandes de roses qui sortent d'un joli panier.

Douze charmantes gravures, avec leur explication en tête de la chanson placée en regard : *La 1re toilette, Les Semailles amusantes, La grande parure, L'Hommage des fleurs, La vraie gaieté, Le Chant des oiseaux, Les Actes de l'amour, La bonne course, La Musique séduisante, Le Déjeuné agréable, L'Union parfaite, Le Soupé délicieux.*

Ces petites estampes sont fort jolies.

Congrès de Cythère

40. — L'amour juge ou le Congrès de Cythère, traduit de l'italien de M. le comte Algarotti, Étrennes
pour la présente année. (En exergue : il est mille
façons d'aimer.) *A Cythère, et se trouve à Paris, chez
Onfroy, libraire, quai des Augustins.* In-16.

Délicieux frontispice dessiné et gravé par *Queverdo*. Dans son
temple, assis sur un trône élevé, l'Amour préside le congrès de
Cythère. A sa droite se tient la volupté légèrement vêtue, à
gauche, trois charmantes jeunes femmes en grandes toilettes,
déléguées de l'Angleterre, de la France et de l'Italie. Un autre
tout petit Amour voltige au-dessus de leurs têtes, portant un
brûle-parfum d'où s'échappe une vapeur légère qui remplit le
temple d'une odeur délicieuse. Le texte se compose des trois discours des ambassadrices et de la réponse sur l'art d'aimer dans
leurs pays et de la réponse de la volupté qui conclut en ces
termes : « C'est Ovide qu'il faudra choisir pour maître. C'est de
ce poète qu'il faut apprendre l'art d'aimer. Ce sont ses maximes
qu'il faut suivre... trop heureux les mortels qui ne s'en écarte-
ront pas ! l'Amour échauffera leurs âmes et n'y laissera pénétrer
que des sentimens doux et enchanteurs. Sans adopter la légèreté
des Français, ni la tranquillité trop respectueuse des Italiens, ils
sauront modérer l'une par l'autre et annobliront même les
mœurs Anglaises en y introduisant l'héroïsme et la galanterie,
etc., etc. »
L'Amour approuve et le congrès se termine par un festin servi
dans une tente élevée près d'un bosquet. Le vin destiné pour les
Français était tempéré par l'eau de la fontaine de Vaucluse. On
servit aux Italiens le mousseux champagne et le clairet réservé
pour les Anglais fut coupé avec quelques gouttes d'un philtre
anti-politique.
Rien de plus heureux que l'idée de ce petit ouvrage, fort
agréable à lire.
Reliure ancienne maroquin vert.

1784

41. — Étrennes de l'amour, des ris, des jeux et des
plaisirs. Almanach chantant, orné de gravures faites
par un célèbre artiste A. P. D. R. *A Paris, chez Bou-*

langer, relieur et doreur, rue du Petit-Pont, à l'image Notre-Dame.

Titre frontispiee. Le texte est gravé dans une guirlande de feuilles et de fleurs (formant médaillon ovale) le tout dans un cadre, à la partie supérieure duquel court une guirlande de roses ; l'adresse de Boulanger sur une tablette au bas du cadre.

Au verso, remarques sur la présente année 1784. Calendrier des six premiers mois.

Douze gravures pour les mois ; en regard, les feuillets, texte gravé des chansons relatives au sujet :

JANVIER. — *Les Étrennes d'amour.*
FÉVRIER. — *La Toilette d'une jolie femme.*
MARS. — *Le Rafraîchissement de la Chasse.*
AVRIL. — *L'Agrément de la Péche.*
MAI. — *Le May.*
JUIN. — *La Promenade sur l'eau.*
Feuillets pour perte et gain.
JUILLET. — *Zélis au Bain.*

> Hilas guettait sous le feuillage.
> Zélis et Chloé dans le bain,
> N'ont d'autres témoins que l'ombrage,
> Les oiseaux et l'amour malin.

AOUT. — *Les Moissonneurs.*
SEPTEMBRE. —*Le Plaisir de la Chasse.*
OCTOBRE. — *La Guinguette.*
NOVEMBRE. — *La Marchande d'Huîtres.*
DÉCEMBRE. — *L'Heureux Ménage.*

Ces figures, dont les titres indiquent bien le sujet, sont ravissantes et peuvent se mettre au nombre des meilleures de Queverdo.

Reliure en soie blanche couverte d'ornements brodés en fils d'or et paillettes. Au milieu des plats, un médaillon brodé renfermant une petite gouache.

42. — LES BELLES MARCHANDES. Almanach histoririques (*sic*) proverbiale et chantans. *A Paris, chez Jubert, rue Saint-Jacques, la porte cochère vis-à-vis les Mathurins.* In-18.

Titre front. gravé ; 12 figures charmantes, 24 pages de texte et 24 pages pour les mois avec colonnes perte et gain ; en plus, le calendrier pour l'année 1784.
Le titre est gravé sur une draperie formant l'entrée d'une boutique dans laquelle un commissionnaire portefaix emballe différents objets dans une caisse, et où une jeune femme, au comptoir, fait peser par le marchand ce qu'elle vient de lui acheter.

1re FIGURE. — *La Marchande de Plaisir.*

Un nouveau parvenu de province, voulant goûter le plaisir de Paris, propose à une marchande de monter dans sa chaise.

2ᵉ Fɪɢ. — *La Jardinière.*

Un jeune amant, entré dans un jardin avec sa maîtresse, beauté surannée, trouvant la jardinière de son goût, excite la jalousie de cette femme qui, de dépit, fuit et jette des fleurs qu'elle tenait.

3ᵉ. — *Les Marchandes de Mode.*

Tandis qu'une dame examine un chapeau de gaze, surmonté d'une aigrette, de jeunes courtois en content à de jolies ouvrières, qui s'occupent moins à travailler qu'à les entendre.

4ᵉ. — *La Couturière.*

Tandis que la maîtresse de la maison essaye une robe sur un mannequin, en présence d'une jeune étrangère, un jeune homme déniche des baisers à une ouvrière.

5ᵉ. — *La Chapelière.*

Un jeune homme essayant un chapeau devant un miroir, le campe si bien sur sa tête, que la marchande lui fait inconséquemment un léger compliment dont il abuse.

6ᵉ. — *La Bijoutière.*

Une jeune fille essayant une croix dite à la Jeannette, la laisse tomber dans son sein ; son amant profite de cette occasion de paraître obligeant et la lui retire.

7ᵉ. — *La Boulangère.*

Un jeune homme amoureux de la maîtresse, lui fait la cour. Celle-ci lui offre des petits pains, mais l'autre lui montre du doigt ceux dont il est le plus affamé.

8ᵉ. — *La Marchande d'Œufs frais.*

Une jolie paysanne, dupe de sa bonne foi, se défend en vain d'un jeune homme qui l'a fait entrer un matin dans son appartement.

9ᵉ. — *La Belle Foureuse.*

La maîtresse, amoureuse d'un jeune homme, profite du moment qu'un financier entre chez elle avec une grisette, pour le faire évader de sa maison où il était entré pendant la nuit.

10ᵉ. — *La Limonadière.*

Tandis qu'un vieux financier contemple les grâces de la marchande. une grisette, assise à sa table donne furtivement un billet de rendez-vous à son jeune amant.

11ᵉ. — *La Parfumeuse.*

Une jeune dame, obsédée des importunités d'un vieillard qui prétend en vain à ses faveurs, lui montre un masque de vieillard avec un grand nez.

12e. — *La Belle Fruitière.*

Des dames, marchandant des fraises chez une fruitière, fournissent au mari l'occasion de quelques plaintes auxquelles sa femme répond par un bon conseil.

Reliure ancienne en maroquin crème avec gouaches au centre des plats.

43. — LES BELLES MARCHANDES DE PARIS, IIe PARTIE, almanach chantant, sur les plus jolis airs. *A Paris, chez l'auteur, rue Saint-Jacques, vis-à-vis les Mathurins, n° 37.* In-18.

Faux-titre : titre, frontispice gravé ; 12 charmantes figures ; 48 pages de texte suivies du « nécessaire des dames et des mes- « sieurs, ou le dépositaire fidèle et discret utile aux gens d'af- « faires, négociants, voyageurs, militaires et à tous les états. « Composé d'un papier nouveau, sur lequel on peut, à l'aide « d'un stylet de minéral sans fin, adapté au livre, écrire aussi « distinctement qu'avec la plume, ses pertes et gains, les visites « à rendre, les agendas de la semaine, les rendez-vous, pensées, « bons mots, pièces fugitives, comme épigrammes, madrigaux, « traits de conversation, saillies, adresses, etc. Il y en a avec de « la peau d'âne pour les personnes qui en désirent. On écrit « aussi distinctement avec le même stylet, et l'on peut laver « plusieurs fois pour y substituer, d'autres écritures. » 46 feuillets pour les jours, les mois (perte et gain), l'explication de l'usage du secrétaire, une annonce de Jubert. Enfin, un feuillet replié : en tête du calendrier des douze mois, les signes du zodiaque. Page 3 de l'almanach, avertissement :
« On a l'honneur d'offrir au public la 2e partie de l'*Almanach* « *des Belles Marchandes* (la première paraît depuis un an). L'ac- « cueil que ce même public a daigné faire, à ce très petit re- « cueil, a dû être un encouragement pour l'éditeur, qui lui pro- « met qu'il n'épargnera ni soins, ni peines, ni dépenses, pour « rendre ses almanachs dignes de lui être présentés. La troi- « sième partie de cet almanach paraîtra l'année prochaine « 1784 (1). »
Titre gravé au milieu d'arbres, aux pieds desquels jouent trois amours, deux couchés et un debout, et au-dessous d'une couronne de fleurs portée par deux autres amours, armés l'un d'une flèche, l'autre d'un flambeau allumé.

(1) Probablement cette 3e partie n'a jamais paru. Aucun collectionneur n'en a jamais eu connaissance.

Les figures, en regard desquelles sont des chansons relatives à l'estampe, représentent les intérieurs de boutiques meublés et garnis suivant la profession de chaque marchande.

Elles sont intitulées :

Ire Figure. — *La Marchande d'étoffes de soies.*
2e. — *La Restauratrice.*
3e. — *La Confiseuse.*
4e. — *La Miroitière.*
5e. — *La Fourbisseuse.*
6e. — *La Lingère.*
7e. — *L'Orlogerie* (sic).
8e. — *La l'Hutière* (sic).
9e. — *La Bottière.*
10e. — *La Bonnetière.*
11e. — *La jolie Chandelière.*
12e. — *La Vitrière.*

C'est dans cette deuxième partie des *Belles Marchandes* que, sous le titre de : *Premier petit chef-d'œuvre*, se trouvent ces jolis vers du chevalier de Boufflers, ayant pour sujet le *Cœur*.

. . . .
. . . .

Prince, manant, abbé, none, reine, marquise,
Celui qui dit *Sanctus,* celui qui crie *Allah,*
Le bonze, le rabin, le carme, la sœur grise,
Tous reçurent un cœur ; aucun ne s'en tint là.
    C'est peu d'avoir chacun le nôtre ;
    Nous en cherchons partout un autre,
    Qui lui réponde à qui va là.
On fait partout d'un cœur tout ce qu'on en veut faire :
On le prend, on le donne, on l'achète, on le vend ;
Il s'élève, il s'abaisse, il s'ouvre, il se resserre,
    C'est un merveilleux instrument.
       Etc., etc....

Le *Cœur* poëme de *Boufler* (sic) a été réimprimé dans le *Bijou de l'Amour ou l'Almanach des Cœurs, hommagé à la galanterie, à la décence et à la beauté.* A Paris, chez Janet, 1807, et a donné lieu à une charmante petite estampe représentant une grotte, sous laquelle une forge avec son soufflet, ses marteaux et ses enclumes, où de petits amours fabriquent des cœurs ; au-dessous de l'estampe, la légende suivante prise dans les vers de Boufflers :

    Car que deviendraient les familles
    Si les cœurs des jeunes garçons
    Étaient faits comme ceux des filles ?

Une fois fabriqués, l'amour les vend ! et dans une figure de *l'Enchanteur*, ou *l'Almanach sans pareil*, publié aussi chez Janet, le petit marchand, portant une corbeille remplie de cœurs, se promène au milieu de beaux messieurs et de belles dames, où il paraît avoir le plus grand succès.

> Voilà le petit marchand de cœurs,
> Messieurs,
> N'allez pas ailleurs !
>
> Cœur chaud, cœur froid, cœur vif, cœur lent,
> Étrennez le petit marchand,
> Il peut vous satisfaire.
> Il en a de toutes façons,
> Des noirs, des méchants et des bons,
> Il aura votre affaire.
>
> J'en vends où l'on va droit au but,
> J'en donne qui sont de rebut,
> Il en est que je prête.
> J'en ai des neufs, j'en ai des vieux,
> Je troque les capricieux ;
> Venez me faire emplette.
>
> Des cœurs volans, cœurs constans,
> Cœurs amoureux, cœurs langoureux,
> Cœurs tendres, cœurs barbares,
> En voulez-vous des scrupuleux ?
> Il ne m'en reste plus que deux,
> Ces derniers-là sont rares.
>
> Voilà le petit marchand de cœurs,
> Messieurs,
> N'allez pas ailleurs.

Reliure ancienne en maroquin rouge, dos orné.

44. — LES AVENTURES PARISIENNES, almanach nouveau, galant, historique, moral et chantant, sur les plus jolis airs. Mélangé de nouvelles chansons, d'anecdotes plaisantes, de contes, d'épigrammes, de bons mots. *A Paris, chez Jubert, rue Saint-Jacques, la porte cochère vis-à-vis les Mathurins* (1784). In-24.

Charmant recueil de 72 pages avec douze figures très finement gravées et dont les sujets sont amusants et dessinés dans la perfection.

1re Fig. — *La Préférence au mérite*. Une femme élégante, entourée de trois jeunes seigneurs, offre la pomme à Hercule.

> Faiseurs de madrigaux,
> Pour elle sont des sots.

2e. — *Le Bal de l'Opéra*. Un grand seigneur conduit une grande dame à son carrosse à la sortie de l'Opéra.

3e. — *Le Mécompte ou la dame qui sait compter*. Scène galante dans un appartement très luxueusement meublé ; l'amour éclaire de son flambeau cinq couronnes passées autour d'une de ses flèches.

4e. — *Le Sallon de Curtius*. Des spectateurs derrière une balustrade, regardent le souper de la reine représenté par six personnages en cire, très élégamment vêtus.

5e. — *Le faux médecin ou l'Argus dépisté*.

> Comment se voir ?
>
> . . . . . .
>
> . . . . . .
> L'amour médecin,
> D'un auteur divin,
> Leur offre un moyen facile ;
> Il est arrêté,
> Que pour sa santé,
> Il en faut un à Lucile.

Scène représentant l'entrevue.

6e. — *La jeune Musicienne ou le faux Mendiant*. Ici, l'amoureux est déguisé en musicien pauvre et se jette aux genoux de la jeune musicienne, debout devant son clavecin et soutenue par une des sœurs du couvent pendant le moment d'émotion qu'elle éprouve à la vue de Lindor ainsi travesti.

7e. — *L'Ami des Femmes*. Un faune agitant le grelot de la folie, présente l'ami des femmes à un cercle nombreux de jeunes femmes.

8e. — *Les jeunes Amans ou l'heureuse Fuite*. D'une échelle appliquée aux murailles d'un couvent, une jeune fille descend et tombe dans les bras de son amoureux ; un carrosse les attend pour s'enfuir.

9e. — *L'Abbé congédié*. Très jolie scène se passant dans une bibliothèque. Figure très intéressante au point de vue de l'ameublement d'une salle de ce genre.

10e. — *Le nouveau Turcaret*. Scène galante dans un délicieux pavillon, éclairé des feux de mille bougies, pendant que la lune darde ses rayons sur les grands arbres du parc.

11ᵉ et 12ᵉ. — *Le Porteur d'eau, et suite du porteur d'eau.* Estampes relatives aux aventures de Le Loutre, porteur d'eau de la rue Fromenteau ; très bien dessinées, très bien gravées.

Almanach amusant à lire, ce qui lui est un mérite de plus.

Reliure ancienne en maroquin crème orné de fleurs peintes en bistre, une pierre brillante au milieu des plats.

45. — LES ESCAPADES DE L'AMOUR ou les dissipations de tous les âges. Chansonnier français, élite de chansons, romances, vaudevilles etc. des auteurs les plus distingués de ce genre, tels que J.-B. Rousseau, Guyot de Merville, le comte de Boufflers, comte de Tressan, de Piis, Mérard de Saint-Just. *A Paris, chez Desnos*, etc. In-24.

Un frontispice, avant lettre, représentant sur l'escarpolette une jeune femme au-dessous de laquelle se trouve un élégant seigneur ; l'amour avec une de ses flèches se prépare à rompre l'un des côtés, ce qui fera tomber sa victime dans les bras du petit-maître.
Huit gravures avant la lettre : *Les Cinq sens, L'Offrande à l'amour, L'Union parfaite, La Jouissance.*
Elles sont l'œuvre de Marillier ; les dessins originaux, provenant de la collection Morel de Vindé, sont charmants de grâce et de finesse.
J'ai la bonne fortune de les posséder et de pouvoir en donner ici les fac-simile.
Reliure ancienne en maroquin rouge.

46. — ALMANACH ANACRÉONTIQUE ou les ruses de l'amour. A. P. D. R. *A Paris, chez Boulanger, rue du Petit Pont, maison de l'image N. Dame.* In-24.

Très joli titre-frontispice, dessiné et gravé par Queverdo, dans un cadre ovale entouré de fleurs surmonté d'une très jolie femme, légèrement vêtue, auprès de laquelle jouent des amours. Le tout dans un encadrement rectangulaire, style Louis XVI.
Douze délicieuses figures de Queverdo, ayant pour légendes :
Janvier : *Le Jour de l'an.* — Février : *Les Plaisirs de l'hyver.* — Mars : *Le Prix de la valeur.* — Avril : *L'Amour à la pipée.* —

Mai : *Le Nid d'amour.* — Juin : *L'Amour échanson.* — Juillet : *L'Occasion fait le larron.* — Aout : *L'Orage favorable.* — Septembre : *L'Heureux sommeil.* — Octobre : *L'Amour en vendange.* — Novembre : *La Coquette punie.* — Décembre : *L'Hospitalière de l'amour.*

Daignez, daignez, adorable Zelmire,
Prendre pitié d'un pauvre infortuné !
La nuit, le froid tout contre moi conspire
Je suis des dieux le fils infortuné.

. . . .

Zelmire ouvre sa porte.

> Que vois je ! s'écria la belle,
> Fripon, que viens tu faire ici ?
> Ah ! dit l'Amour, il grêle, il gèle,
> Je suis mouillé, je suis transi.

L'hospitalière le prend sur ses genoux : l'amour lui brûle le sein avec son flambeau qu'il a rallumé.

> Avec l'Amour soyez prudentes,
> Craignez ce petit scélérat :
> Plus il vous trouve complaisantes,
> Belles, plus il devient ingrat.

En regard des gravures, chansons relatives au sujet.

Reliure ancienne en maroquin blanc découpé sur fond rouge ; au centre des plats, joli médaillon peint.

47. — **Almanach lyrico-galant** ou les Délices du siècle. *A Paris, chez Esnauts et Rapilly, rue St Jacques, à la Ville de Coutance.* In-24.

Titre gravé et colorié sur un grand rideau surmonté d'un baldaquin et drapant une toilette devant laquelle se trouve un chien assis sur un coussin.

Almanach entièrement gravé, composé de chansons, non paginées, au verso desquelles le calendrier du mois.

Douze jolies figures de modes coloriées avec leur explication pour légendes.

Ire figure : *Jeune dame vêtue d'une polonaise de satin garnie à la mode, elle est coëffé (sic) en marmotte. Le 1er enfant est en chemisette, le 2e en matelot avec des Bavaroises.* — 2e figure : *Dame affublée d'un domino de taftas (sic) à capuche en usage aux bals publics.* — 3e figure : *Jeune dame coëffée à la J.-Jacques coëffée d'un rond à poil. Les deux enfants sont habillés de même.* — 4e figure : *Jeune gouvernante en carracòt (sic) de taffetas, tablier de gaze rayée, l'enf. en matelot.* — 5e figure : *Dame vêtue d'un (sic) lévite de taffetas avec une ceinture, la chevelure à l'enfance.* — 6e figure : *Robe à la levantine avec une ceinture, la chevelure à l'enfance.* — 7e figure : *Circassienne en gaze doublée de taffetas garnie en gaze pincée avec des bouquets.* — 8e figure : *Dame en polonaise bordée d'une platitude, l'enfant est vêtu d'une blouse garnie.* — 9e figure : *Robe à la circassienne garnie en platitude, coëffure à l'enfant ceinte d'une guirlande de fleurs.* — 10e figure : *Dame en robe de chambre*

coëffée d'un bonnet rond à la dormeuse. — 11ᵉ figure : *Jeune dame vêtue d'un frac à Bavaroise et la jupe, coëffée d'un chapeau à plumes.* — 12ᵉ figure : *Dame en pelisse de satin fourrée, manchon blanc et affublée d'une Thérèse.*

Le volume se termine par une chanson : « Les modes au globe volant ».

Almanach précieux pour les modes et costumes.

Reliure ancienne en maroquin rouge.

48. — L'Amour dans le globe ou l'almanach volant, composé de petites pièces fugitives, légères ou galantes en prose et en vers, avec un précis historique de l'origine du globe aërostatique, des expériences du Champ de Mars, de Versailles, de la Muette et des Tuileries, ainsi que vers et chansons y relatifs, le tout enrichi de figures. *A Paris, chez Jubert, rue Sᵗ Jacques, vis-à-vis la rue des Mathurins.* In-24.

Ce petit almanach rarissime est orné de planches se repliant et représentant : *Expériences du Champ de Mars, Alarme causée par la chute d'un ballon à Gonesse, L'Expérience faite à Versailles en présence du Roi par M. de Montgolfier, Le Globe de la redoute ou le triomphe du vent.*

Le texte se compose de détails sur les expériences et d'une série de pièces de vers parmi lesquelles plusieurs relatives aux ballons.

Reliure ancienne en maroquin rouge. Sur les plats, une montgolfière avec nacelle contenant un coq, un mouton, une chèvre.

Il existe de cet almanach une deuxième année intitulée : l'amour dans le globe, *A Paris, chez Jubert,* etc..., 1785, in-24, ornée d'un titre gravé, avec un ballon et sa nacelle — le triomphe de Mʳ Montgolfier — suivi d'un deuxième titre imprimé. — La colombe de Venus ou la beauté triomphale, 2ᵉ partie de l'amour dans le globe ou l'almanach volant, contenant des chansons sur des airs variés et nouveaux, avec l'histoire exacte et détaillée des voyages aëriens faits dans toutes les parties du monde depuis le 1ᵉʳ janvier 1784, avec des réflexions physiques et critiques, le tout enrichi de figures. *A Paris, chez Bailly, libraire, rue Sᵗ Honoré, barrière des Sergens.*

Cinq grandes planches gravées, sans légendes, se dépliant, représentent : *Une Expérience à Philadelphie 1784, L'Aërostat du Champ de Mars, L'Expérience de la machine aërostatique à Dijon,*

Les Expériences aërostatiques de Bordeaux juin et juillet 1784, Le double aërostat du Jardin du Luxembourg.
Le texte se compose d'une série de chansons sur les ballons.

49. — ÉTRENNES DU SENTIMENT dédiées aux âmes bienfaisantes. A. P. D. R. *Paris, chez Boulanger, rue du Petit Pont, m^on de M. Petit, à l'image N. Dame.*

Titre-frontispice, gravé sur une draperie soutenue par des amours devant une colonne sur laquelle un autre amour écrit : *Dessiné et gravé par Queverdo.*
Douze ravissantes gravures portant en tête les noms des mois de l'année et au bas les légendes suivantes : Janvier : *La bonne année sans politique.* — Février : *Le Seigneur bienfaisant.* — Mars : *Les Rivaux blessés.* — Avril : *La Dame bienfaisante.* — Mai : *Le Mai ou la fête de la dame du chateau.* — Juin : *La Rosière ou le prix de la vertu.* — Juillet : *L'Incendie.* — Août : *La Récompense du bon cultivateur.* — Septembre : *Le Braconnier.* — Octobre : *Les Vendanges.* — Novembre : *La double récompense.* — Décembre : *Le Retour du mari.*
Texte composé de chansons dont le titre est le même que la légende de chaque figure.
Délicieux almanach dans une reliure de soie brodée de paillettes et de fleurs.

50. — LES MODES PARISIENNES ou les dons merveilleux de la nature embellis par l'art, avec figures et chansons, tablettes économiques perte et gain. *A Paris, chez le Sr Desnos, ingénieur-géographe et libraire de Sa Majesté Danoise, rue St Jacques, au Globe.* In-24.

Titre gravé dans un encadrement formé de branches de feuillage, de rubans et de roses partant d'un socle où se trouve l'adresse de l'éditeur, sur lequel est placée une corbeille remplie d'étoffes légères et surmontée d'un chapeau garni de dentelles.
Frontispice représentant un élégant boudoir dans lequel un abbé galant, sortant d'une boîte une jolie coiffure, la présente à deux charmantes femmes qui la regardent avec soin.
Vingt-quatre planches de coiffures féminines, finement coloriées, en regard desquelles la chanson portant le même nom.
1re figure : *En cerf volant* — 2e figure : *En ailes de papillon panaché* — 3e figure : *Toque à la triomphante* — 4e figure :

Coëffure de fantaisie à l'Espagnole — 5ᵉ figure: *à la Pallas* —
6ᵉ figure : *en Moissonneuse* — 7ᵉ figure : *à l'Irrésolue* — 8ᵉ figure:
Chapeau galant à la mode — 9ᵉ figure : *à la Colombe* — 10ᵉ figure:
Le Filet ou la chasseuse — 11ᵉ figure : *à la Constance* —
12ᵉ figure : *à la Clotine* — 13ᵉ figure : *à la Roxelanne 1780* —
14ᵉ figure : *à la toque chevelue* — 15ᵉ figure : *En voile ou Thérèse* — 16ᵉ figure : *En vestale* — 17ᵉ figure : *Chapeau à la dra-
gonne* — 18ᵉ figure : *à la gondolière* — 19ᵉ figure: *Coëffure en
baigneuse à la Rique négligée, mignon à la paresseuse* — 20ᵉ figure:
à l'Econome — 21ᵉ figure: *bonnet rond à la Finette* — 22ᵉ figure :
à la Flore — 23ᵉ figure : *à la fleuriste* — 24ᵉ figure: *à la belle
poule.*

Deux figures, sans texte, terminent cette série, l'une en
hauteur, *L'Aurore ou bonnet au levant,* l'autre en largeur, *Grand
bonnet à la conquérante,* orné de plumes et d'une guirlande de
feuilles de chêne.

Couplet pour la « Gondolière » :

> A l'air vif, à l'œil mutin,
> Cette gondolière
> De rose et de jasmin
> S'embellit pour plaire ;
> Dans sa gondole souvent
> Elle va malgré le vent
> Visiter secrètement
> L'île de Cythére.

Très précieux recueil. Reliure ancienne en maroquin rouge

51. — PETIT CHANSONNIER CALCAS MODERNE, DISEUR
DE BONS MOTS, PROPHÈTE VÉRIDIQUE, ORACLE DIVERTIS-
SANT en société, avec tablettes économiques perte et
gain. *A Paris, chez le Sʳ Desnos, ingʳ géographe et
libraire de Sa Majesté Danoise, rue Sᵗ Jacques, au
Globe. In-24.*

En regard de ce titre gravé, une figure représente des chanteurs ambulants distribuant des prophéties à des passants
groupés au pied de leur tréteau.

Un deuxième titre gravé est ainsi rédigé : LE CALCHAS MODERNE
ou oracle divertissant reduit en quinze réponses ou demandes
qui lui seront faites par soi même ou telle autre personne à qui il
plaira de l'interroger : amusement récréatif pour une compagnie
ou même pour toute personne qui désirera s'en occuper dans son

particulier, avec tablettes pour écrire, au moyen d'un stylet qui y est adapté, tout ce que l'on désirera. *A Paris, chez Desnos,* etc. etc.

En regard, un frontispice représentant un vieillard assis sur un banc au pied d'un grand arbre, faisant ses prédictions à des dames et jeunes seigneurs.

Cinq très jolies estampes, non signées, mais que l'on peut attribuer à Desrais. Elles ont dû servir à d'autres recueils ; très intéressantes pour les modes et costumes. L'une d'elles, sujet galant, a pour légende *Tout peint l'amour, tout n'est qu'amour.*

Une autre représente une élégante devant un miroir :

> Philis, souhaitez vous de voir
> Une fine coquette ?
> Regardez vous dans un miroir,
> Vous serez satisfaite,
> Lan la
> Vous serez satisfaite.

Une autre représente des personnages à coiffures extravagantes par leur hauteur, l'un d'eux avec une lunette d'approche lorgne celle de la femme dont les plumes du chapeau sont au niveau des toitures des maisons voisines.

Délicieuses estampes.

Reliure ancienne en maroquin rouge.

52. — Le Trésor des graces ou la parure de Vénus, mis au jour par le favori du beau sexe. *A Paris, chés* (sic) *Esnauts et Rapilly, rue St Jacques.* In-24.

Titre-frontispice gravé et colorié représentant deux amours s'embrassant au-dessus d'un médaillon dans lequel se trouvent deux cœurs enflammés ; deux arbres entourent le titre ; texte gravé sans pagination, composé de chansons relatives à douze figures de coiffures coloriées dans des médaillons et dont voici les légendes :

Coëffure à la Sémiramis, Coëffure de Mlle Colombe dans la colonie, Coëffure à la Montmedy, Coëffure à la Fleury-Court, Coëffure à la veuve du Malabar, Coëffure à la Rethel-Mazarin, Coëffure à la Villars, Coëffure à la Cléophile, Coëffure à la Vénus pèlerine, Coëffure au plaisir des dames, Coëffure à la belle saison, Coëffure à l'Iris pèlerine.

Reliure ancienne en maroquin rouge, dentelles, mongolfière dorée sur les plats.

53. — ALMANACH PARISIEN en faveur des étrangers et des personnes curieuses, indiquant par ordre alphabétique 1° tous les monumens des beaux arts repandus dans la ville de Paris. 2° les chateaux, parcs, maisons royales et maisons de plaisance qui environnent la capitale 3° les spectacles, les promenades et généralement

tous les endroits dignes de curiosité 4° enfin tout ce qui peut être utile et nécessaire à savoir pour un voyageur qui séjourne à Paris. Nouvelle édition, ornée de jolies gravures représentant les monumens les plus récens pour l'année 1785. *A Paris, chez la v^{ve} Duchesne, libraire, rue St Jacques, au dessus de la place Cambray.* Avec approbation et privilège du Roi. In-18.

Avec un plan de Paris et les vues suivantes : *Capucins de la Chaussée d'Antin et St-Sulpice* (sur la même planche), *Palais de Justice, Théâtre Français, Théâtre italien.*
Reliure ancienne en maroquin rouge.

54. — L'Amour hermite ou le joujou de l'amour. *A Paris, chez l'auteur, rue St Jacques, vis-à-vis celle des Mathurins.* In-24.

Titre-frontispice, dans un délicieux paysage, dessiné et gravé par Queverdo.
L'Amour descend de son ermitage pour surprendre les trois Grâces se baignant sous un pont. Le spectacle est joli ! en haut de la figure, Vénus, dans sa conque marine au milieu d'un nuage, a l'air de surveiller ce qui se passe sur la terre.
Douze charmantes figures qui peuvent être classées parmi les meilleures de Queverdo. Elles sont intitulées : *L'Amour hermite, Le Portrait de plus d'une jolie femme, La Petite Marguerite, Le Labyrinthe, Aline ou le pot au lait renversé, C'est sûrement un songe, La nouvelle Adeline, La Fête de l'amour, Le Tonnerre, Isméne ou la plus belle des bergères, La Rose pillée, suite de la rose pillée.*
Ces petites estampes, très finement gravées, sont, suivant le mot d'un abbé galant, une exposition d'oranges ou de pêches en plein vent.
Les *Petites nouvelles* de l'époque l'appelaient *l'Almanach des mappemondes.*
En regard de chaque figure, une chanson portant le même nom que la légende ; voici quelques couplets de l' « Amour Hermite », chansonnette sur l'air : *Jupiter, un jour en fureur.*

> Dans l'Olympe autrefois les dieux
> Réduits à leur triste ambroisie,
> Baillaient les trois quarts de la vie
> Et l'Amour se moquait d'eux.

> On ne pourra jamais rien faire
> De ce petit dieu libertin
> Aussi Jupiter soudain ⎱ *bis*
> L'exila sur la terre. ⎰

> Que j'aime le frippon d'amour,
> Banni des cieux pour ses fredaines !
> Toujours prêt à faire des siennes,
> Il médite un nouveau tour.
> Il prend un maintien hypocrite,
> Et s'affuble d'un capuchon.
> Qu'il fait beau voir Cupidon ⎱ *bis*
> Dans un habit d'hermite ! ⎰

> Ainsi, chassé du rang des dieux,
> L'Amour canonisé sur terre,
> Faisant le bien, le faisant faire,
> Eut notre encens et nos vœux.
> Dans l'hermitage un sanctuaire,
> En son honneur, on éleva :
> Saint Amour, on y chanta ⎱ *bis*
> Dans un nouveau bréviaire ⎰

Reliure en soie brodée d'ornements d'or, contenant, au centre des plats, une jolie peinture à la gouache.

55. — L'Amour victorieux ou les conquêtes de Cypris. Almanach chantant. *A Paris, chez la v^re Depoilly, libraire, quai de Gesvres, et chez Jubert, rue St Jacques, la porte cochère vis-à-vis les Mathurins.* In-24.

Joli titre-frontispice, gravé avec une vignette délicieuse ; un jeune seigneur et une jeune femme très élégante ont pris passage sur une barque guidée par l'Amour et entreprennent un voyage à Cythère.

Douze petites estampes, avec couplets relatifs au sujet de la gravure :

Les Vigies diligens, L'agréable faction, Le Combat gracieux, Les Amours en maraude, Les Approches difficiles, L'heureux ralliement, Les Contributions galantes, La double attaque, La Circonvallation, La double surprise, La Capitulation, La Prise d'assaut.

Reliure ancienne en maroquin rouge, avec ornements sur les plats.

56. — La Pyramide de neige. Almanach nouveau pour l'année MDCCLXXXV, enrichi de figures en taille-douce contenant la description du monument élevé pendant l'hiver de 1784, en l'honneur de Louis XVI, avec toutes les pièces tant latines que françaises attachées à cette pyramide ; précédées d'un extrait du discours de M. le recteur de l'université de Paris, prononcé le 19 mars de la même année à l'occasion de cette pyramide et suivies d'un recueil de chansons pastorales : *Factus homo princeps. Se trouve à Paris, chez Maillet, imprimeur en taille-douce ordinaire de la Ville, rue St Jacques, n° 45. Herou, doreur, même rue, n° 21.* In-24.

A la page 2, on peut lire l'avertissement suivant : « Nous avons trouvé intéressant de mettre en mémoire un monument fort singulier et qui a le mérite de l'à-propos. Des particuliers habitants de la rue du Coq-Saint-Honoré, à Paris, se sont occupés à élever une pyramide de neige, en mémoire des rigueurs de cet hiver, qui ont fait connaître à la nation la bonté du cœur de ses souverains. Cette pyramide était supportée par une base quarrée de cinq à six pieds de haut, sur environ douze pieds de face ; elle s'élevait à douze ou quinze pieds et était terminée par un globe. Quatre bornes sur chacun des angles de la base occupaient fort bien cet obélisque et lui donnaient un aspect qui ne manquait pas d'élégance. Mais ce qui paraîtra le plus intéressant, c'est que cet obélisque était chargé de différentes inscriptions en prose latine et en vers français, qui expriment parfaitement les sentiments du peuple, et dont les défauts mêmes doivent certainement piquer davantage les lecteurs que la touche légère d'un académicien. Aussi, dans la ferme opinion où nous sommes que c'eut été les gâter que de les purger de leurs fautes, nous nous faisons un plaisir de les présenter au public dans leur propre nature c'est-à-dire conformes aux originaux que nous avons entre les mains. »

Voici deux de ces inscriptions :

A Louis xvi
versant
ses bienfaits
sur les malheureux
souffrant
des rigueurs
de l'hiver.

Ce trop passager monument
Est l'autel du sentiment,
Bientôt il doit disparaître ;
Mais les vertus qui l'ont fait naître,
Mériteront toujours l'encens
De tous les cœurs, de tous les temps.

A LA NATION

Chez le Français l'exemple de son Roi
Est un devoir, une suprême loi ;
Tout citoyen sensible accueille l'infortune,
Le malheur n'a plus rien dont l'aspect importune ;
Chacun, comme à l'envi, dans ce tems de revers,
Offre à l'adversité des asyles ouverts.
L'un souscrit, l'autre donne, on oblige en silence,
Le pauvre est dispensé de la reconnaissance.
Et près de l'orphelin le faible octogénaire
Va dans les jours de paix terminer sa carrière.

AD NIVEAM PYRAMIDEM,

Æternæ memoriæ fragile monumentum,
dum regelatur.
Effectus pereat, sua nusquam causa peribit.

L'almanach, comme l'annonce le titre, est enrichi de douze figures en taille-douce, dont cinq présentent un très grand intérêt. Ce sont celles qui sont relatives à la pyramide de neige et au premier voyage aérien de M. Pilâtre de Rozier.

La première estampe représente la pyramide de neige vue de la rue Saint-Honoré au Louvre. Plusieurs génies, qui, à l'envi l'un de l'autre, posent des inscriptions, représentent l'enthousiasme universel occasionné par la bienfaisance du Roi envers son peuple. Le vieillard, qui se chauffe au bas de la pyramide et qu'un génie découvre, représente l'hiver.

La seconde estampe montre la même pyramide vue du Louvre à la rue Saint-Honoré. Les passants qui l'entourent désignent le peuple contemplant les bontés du Roi et de la Reine.

La troisième est une allégorie aux malheurs occasionnés par les rigueurs de cet hiver. On voit une femme expirante, ayant deux enfants dans ses bras ; le père est prêt de succomber de froid et de faim. La mort, que l'on voit s'éloigner avec le regret de n'avoir pu trancher les jours de ce malheureux, court après d'autres victimes prêtes à essuyer le même sort, lorsque le Roi et la Reine, représentés par le génie de la France tenant une corne d'abondance symbole du monarque bienfaisant, s'opposent à ses rigueurs. Dans le lointain, on voit un pont qui s'écroule et des villages emportés par les débordements des rivières, arrivés dans les mois de février et de mars 1784.

La quatrième estampe représente M. Le Noir distribuant des secours aux malheureux avec la légende : *L'intrépide messager* ; la dernière gravure nous montre le premier voyage aérien de Pilâtre de Rozier, en présence de Mgr le Dauphin et de plusieurs seigneurs et la descente à la Butte-aux-Cailles, à deux toises de la remise entre le Moulin-sans-pareil et celui de Bellevue, près l'ancien chemin d'Orléans, derrière la Tombisoire, 1785.

> Quelle fête et quel hommage
> Faits à ce mortel heureux.
> Au retour de son voyage
> Si noble et victorieux !
> On l'admire on le contemple
> Comme une divinité,
> Sitôt l'on prépare un temple
> A son intrépidité.
>
> Ce fut sur la Butte aux cailles
> Qu'il eut ces premiers honneurs,
> Mais à la cour de Versailles
> En eut-il de moins flatteurs ?
> Là, ce mortel intrépide,
> De nouveau plus glorieux,
> S'élève et parcourt le vuide
> Jusqu'à l'empire des cieux.

Reliure ancienne en maroquin rouge.

57. — LES TROPHÉES DE L'AMOUR ou les plaisirs en liberté. Étrennes du vaudeville. *Aux Enfans de la Joie, à Paphos*. In-24.

Sur le calendrier, replié en tête du petit volume, on lit la mention : *A Paris, chez le Sr Jubert, doreur, rue St-Jacques, la porte cochère vis-à-vis les Mathurins, nº 37.*

Titre-frontispice gravé entre plantes et arbres composant un joli paysage.

Douze figures de Dorgez, sujets galants, quelques-uns très libres ; les chansons correspondantes aussi :

Le Curieux indiscret, Les Délassements de la chasse, Le Rendez-vous, La Faute pardonnée, Le Sot congédié, La Curiosité, Le Maître galant, Il était temps, Chacun à son tour, La Gageure, Hé ! le bon tour, Chacun a le sien.

Reliure ancienne en maroquin rouge à dentelles aux petits fers, médaillon central en maroquin vert.

1785

58. — ALMANACH DES FOLIES MODERNES ou les étrennes du jour contenant quantité de chançons (*sic*) relatives aux fantaisies à la mode. *Chez Bailly, libraire, rue Saint Honoré, et chez Hardouin, au Palais-Royal.* In-32.

Au-dessous de ce titre, gravé sur le frontispice, la folie, avec tous ses grelots, éclaire le globe terrestre avec une torche.

1re figure. — Près d'un ballon en feu duquel partent des nuages de fumée, les physiciens Miollan et Janinet; un paon tient dans une de ses pattes une bourse gonflée d'or et la leur apporte; les curieux, seigneurs et gens du peuple, leur envoient des sarcasmes.

> Qu'au merveilleux accoutumée,
> Au lieu d'un ballon qu'elle attend,
> La multitude ait la fumée
> Et les physiciens l'argent.
> Des sarcasmes les plus insignes
> Janinet, Miollan sont dignes
> Et chacun, à coups de sifflet,
> Bat Miollan et Janinet.

2e figure. — Le baquet de Mesmer, autour duquel des malades appliquent le côté souffrant. Mesmer, debout, agite sa baguette magique; au fond de la salle, spectateurs de tout sexe :

> . . . .
> Le charlatan fait sa parade
> Autour d'un baquet important
> Sur les bords duquel le malade
> Applique le côté souffrant.
> Là sous la force qui le presse,
> Le pied du boiteux se redresse
> Et du dos frappant le baquet,
> Le bossu crève son paquet.
> . . . .

3e figure. — Une jolie femme à sa toilette tourne la tête pour se regarder dans un miroir présenté par l'amour en costume élégant de petit garçon; un abbé galant, une pimpante soubrette, et, vers la porte, quelques seigneurs assistent à cette scène; aux pieds de la dame, des alouettes et un filet dans lequel se prend une des leurs ; délicieuse estampe dont le sujet se trouve expliqué dans la romance intitulée *La Chasse au miroir*.

. . . .
Tant qu'à la fin se baissant sur la glace,
Payant bien cher le plaisir de se voir,
Las ! dans le piège elle même s'enlace.
Que de beautés l'amour prend au miroir !

4e figure. — La bouteille légère ; souper fin dans une charmante salle à manger ; l'amour voltige au-dessus de ravissantes femmes auxquelles de galants seigneurs versent encore à boire.

5e figure. — Le singe savant.

Contrefaisant la grimace
     D'un maître jongleur
Et le ton grave et l'audace
     De ce fin docteur,
La baguette en main, il passe
     Pour son serviteur.

. . . .
A son approche, une femme
     Se sent trémousser,
Sans conséquence il la pâme
     Par son seul toucher.

En effet, le singe, comme Mesmer, touche de sa baguette une dame qui se renverse sur sa chaise. Seigneurs et grandes dames regardent cette scène.

Ces estampes, très finement gravées, peuvent être attribuées à Queverdo.

Dans ce très intéressant almanach, beaucoup d'anecdotes relatives aux ballons, entr'autres celle-ci : On voulait consoler un Anglais de ce qu'un Français avait trouvé la machine aérostatique. On lui disait que sa nation avait trouvé en même temps le secret de marcher au fond des mers : « Oui, dit-il, nous sommes profonds, vous êtes légers » d'où peut-être le quatrain suivant :

Les Anglais, nation trop fière,
S'arrogent l'empire des mers,
Les Français, nation légère,
S'emparent de celui des airs.

Une très jolie chanson, « Le gout du merveilleux » sur l'air : *Peu de vrai, beaucoup de clinquant,* commence le recueil où l'on trouve encore l'enfance des ballons :

Un ballon n'est qu'un enfant
Qui marche enfin sans lisière.
Il vole au loin s'élançant,
Puis soudain tombe à terre.

Un ballon n'est qu'un enfant
Que le caprice dirige ;
Jouet frivole du vent
Sans règle, il erre et voltige.
        etc. etc.

Reliure ancienne en maroquin rouge, plaque Louis XV frappée
sur les plats.

A une époque où tout ce qui se rapportait à l'aérostation pas-
sionnait le public, où les estampes populaires reproduisaient
les Montgolfières et les ballons avec leurs nacelles, où les faïen-

ciers en décoraient leurs services de table, où les relieurs poussaient sur les plats des volumes des fers avec attributs aérostatiques et la devise *Bon voyage,* les faiseurs d'almanachs ne pouvaient naturellement passer sous silence des faits relatifs à la navigation aérienne.

Dans le TRÉSOR DES ALMANACHS, étrennes nationales, Louis XVI régnant, pour l'année 1786, *Paris, chez Cailleau, imprimeur libraire, rue Gallande n° 64,* la nouvelle suivante est rapportée au-dessous d'une vignette sur bois, représentant un ballon traversant l'océan, monté par deux aéronautes ; des spectateurs en délire sont au bord de la mer.

Passage du sieur Blanchard d'Angleterre en France.

« Le 5 janvier 1785, vers une heure après midi, à Douvres, le vent étant favorable, le sieur Blanchard, français, et le docteur Gëffries, anglais, partent de l'Angleterre pour se rendre en France, à l'aide d'un aérostat rempli d'air inflammable, ils traversent l'océan par les airs et arrivent, heureusement, en moins de deux heures à Calais, ils y sont comblés d'honneurs, la ville reconnait le sieur Blanchard pour citoyen et Louis XVI lui accorde une pension, comme le premier aéronaute ayant osé traverser les mers. »

A propos du *Trésor des almanachs,* disons en passant que les étrennes de ce nom, dont le privilège remonte à 1778, présentent un grand intérêt. En lisant la table des différentes matières, l'on peut se rendre compte de l'importance des renseignements donnés : articles de calendriers et division du temps, cérémonies, fêtes, spectacles, curiosités et amusements de Paris, merveilles de la nature et de l'art visibles à Paris, idée de la France, chronologie des rois de France, description des XL provinces civiles et militaires, principales foires de la France, etc., etc.

Les douze mois sónt ornés chacun d'une vignette sur bois, au-dessous de laquelle l'explication relative et la récapitulation des cérémonies, fêtes, spectacles et amusements de Paris. On trouvera la description de ces vignettes, à la date de 1786. V. ci dessous TRÉSOR DES ALMANACHS.

VERS 1785

59. — LES BORDS RIANS DE LA SEINE ou les environs de Paris. *Paris, chez Jubert.* In-24.

M. Eugène Paillet, le très distingué et toujours si regretté président des Amis des Livres, possédait un exemplaire de ce délicieux almanach, l'un des plus jolis du xviiie siècle.

La description suivante a été écrite par lui et je me fais un véritable plaisir de l'insérer telle qu'il avait bien voulu me la communiquer :

« Un titre gravé : « Les | BORDS RIANS | DE LA SEINE | ou | les environs de Paris | A Paris, | chez Jubert, doreur, rue | St-Jacques la porte | cochère vis à vis | les Mathurins, n° 36 » ; la composition représente le terre plein du Pont-Neuf avec la statue de Henri IV.

« Un titre imprimé : « LE NÉCESSAIRE | DES | DAMES ET DES MESSIEURS | ou dépositaire fidèle et discret | utile aux gens d'affaires, négociants | voyageurs militaires et à tous | les états | composé | d'un papier nouveau sur lequel on peut | à l'aide d'un stylet minéral sans fin | adapté au livre | écrire aussi distinctement | qu'avec la plume, des pertes et gains | les visites à rendre, les agenda de la | semaine, les rendez vous, pensées | bons mots, pièces fugitives, comme | épigrammes, madrigaux, traits de | conversation, saillies, adresses, etc. | il y en a avec de la peau d'âne pour | les personnes qui en désireront : on écrit | aussi distinctement avec le même stylet | et on peut la laver plusieurs fois pour y | substituer d'autre écriture | A Paris | chez Jubert. doreur, rue Saint-Jacques | la porte cochère, vis à vis les mathurins. »

« Outre le titre gravé et le titre imprimé, le volume possède douze gravures, plus 24 pages de chansons et 24 autres pages de chansons et de musique ; le reste du livre ne contient que du papier blanc.

Voici quelles sont *les compositions :*

I. — *Le Temple de l'amour.* — II. — *Les Tributs légitimes.* — III. — *La double victoire.* — IV. — *Le Taciturne déridé.* — V. — *La Fête navale.* — VI. — *La Chute avantageuse.* — VII. — *Le grand boulevard.* — VIII. — *Les Contemplateurs.* — IX. — *Le Jardin dangereux.* — X. — *L'heureuse attente.* — XI. — *La Course originale.* — XII. — *Les Petits Canadiens.*

« Faire une description de chacun des sujets serait chose peu facile et l'imagination du poëte, le mérite du dessinateur, comme le talent du graveur, n'exigent pas un tel effort ; qu'il suffise de savoir que ce petit livret renferme des planches charmantes très finement gravées (je les attribuerais volontiers à Binet) et qu'il peut réclamer une des premières places parmi les plus jolis almanachs de la fin du xviiie siècle.

Reliure ancienne maroquin rouge.

« E. P. »

1786

60. — LES DÉLICES DU PALAIS-ROYAL. *A Paris, chez
Boulanger, rue du Petit-Pont, à l'image Notre-Dame,
avec pr. du Roi.*

Titre frontispice dessiné et gravé par Queverdo.
Pyramide surmontée par un globe portant les armes de la
branche d'Orléans, et placée sur un piédestal rectangulaire, où

est gravée l'adresse de Boulanger, au bas duquel on lit : *Musée et Arts*. Deux colonnes, à droite et à gauche, en haut desquelles deux amours tendent une draperie sur laquelle l'artiste a gravé : *Les Délices du Palais-Royal*. Autour de ces colonnes, guirlandes de fleurs et cartouche où on lit :

Variétés amusantes, figures aérostatiques, comédiens de bois, Curtius, ombres chinoises, étoffes soieries, bains de santé, caffé de Foy, caffé du Caveau, modes bijoux, caffé mécanique.

Au verso du frontispice, remarques pour la présente année 1786 ; calendrier pour les six premiers mois.

Douze figures avec chansons analogues en regard :

Le Marchand de Marrons, Galleries ou Arcades, la Soirée au Jardin, les Ombres chinoises, le Caffé du Caveau, Bains de santé.

Feuillets pour perte et gain.

Variétés amusantes, sallon de Curtius, les boutiques de bois, les comédiens de bois, pavillons de treillage, vue générale du jardin.

Calendrier pour les six derniers mois et un dernier feuillet. Catalogue des almanachs qui se vendent chez le sieur Boulanger.

Almanach excessivement rare. Précieux pour les vues différentes du Palais-Royal qu'il contient ; documents des plus importants pour la physionomie de Paris, à la fin du xviiie siècle.

Reliure en soie brodée d'or avec médaillons au centre desquels se trouvent un instrument de musique et un carquois.

61. — LES FANTAISIES AIMABLES, ou les Caprices des belles, représentés par les costumes les plus nouveaux. *A Paris, chez Jubert, rue Saint-Jacques, vis-à-vis les Mathurins.*

Recueil d'anecdotes, bons mots, petits vers, etc.

Très joli titre frontispice et 12 figures de costumes très finement gravés, avec chansons relatives au sujet :

Le galant Coeffeur, la belle Chasseresse, le Retour, l'Extase du beau Léandre, l'Enfance de l'amour, le Rapprochement, l'abbé Madrigal, la Scrupuleuse, la Réponse de Zirzabelle, la Rencontre, le Bal, la Présidente et le Conseiller.

Ces figures retournées font partie d'un autre recueil sous les noms de : Mantelets au nouveau goût, Amazone galante, Robe à la circassienne, Chemise à la guimard, Dame en Chambrelaine, Robe au plaisir du cœur, lévite à trois collets, Caracot au charme

d'amour, Robe anglaise retroussée, Robe à la turque, Domino
et Capote du bal, Robe au plaisir des dames.
Reliure en maroquin rouge.

62. — L'Amour parmi les jeux, le souvenir du bon
temps dédié aux belles. *A Paris, chez Boulanger, re-*

lieur et doreur, rue de Petit-Pont, M^on de l'image Notre-
Dame.

Titre frontispice dessiné et gravé par Queverdo. Des amours jouent à l'entrée d'une grotte recouverte de fleurs, dans un encadrement d'où partent des guirlandes et de gracieux enroulements. Au verso, remarques pour la présente année 1786.

Trois feuillets, calendrier pour les six premiers mois de l'année.

62 pages, dont 12 gravures ; en regard de chaque gravure, une chanson relative au sujet et légèrement grivoise.

JANVIER. — *Les Quilles.*

FÉVRIER. — *Le Cligne musette.*

MARS. — *La Courte paille.*

AVRIL. — *Le Pied de Bœuf.*

MAI. — *Le Gage touché.*

JUIN. — *Les Quatre Coins.*

De la page 21 à la page 44, différentes romances et leur musique.

JUILLET. — *Le Cheval fondu.*

AOUT. — *Le Billard.*

SEPTEMBRE. — *Le Colin-Maillard.*

OCTOBRE. — *La Bascule.*

NOVEMBRE. — *Le Cache-Cache.*

DÉCEMBRE. — *La Main chaude.*

Les trois derniers feuillets pour le calendrier des six derniers mois.

Toutes ces figures de Queverdo sont absolument délicieuses ; les sujets y sont traités de main de maître.

C'est une vraie bonne fortune d'avoir les eaux-fortes et les avant-lettre de ces minuscules estampes.

Reliure en soie richement brodée d'or.

63. — LES AMUSEMENTS DE PARIS, almanach lyrique et galant. *A Paris, chez Jubert, doreur, rue Saint-Jacques, vis-à-vis les Mathurins, MDCCLXXXVI.*

Titre frontispice gravé. 12 figures dessinées par Dorgez, en regard desquelles les chansons relatives au sujet.

Iʳᵉ FIGURE. — *Le Dessert à la mode.* Marchand de marrons achalandé par la foule.

. . . .
Combien on en vend à la porte
Du jardin du palais Roïal !
En foule on se presse, on se porte,
Autour de leur marchand loïal.
    Etc., etc. . . . . . .

2ᵉ. — *Les Rencontres inopinées.* Double rendez-vous galant.

    Le crépuscule est favorable
    A tous les couples enflammés.

. . . .
    Auprès du tapis de Fougère,
    Dont la verdure plaît aux yeux.
    Etc., etc. . . . . . .

3ᵉ. — *Les Rafraichissements utiles.* Consommateurs de groseille, chez de Foi.

    Non-seulement sa salle est pleine,
    Ainsi que son pavillon verd :
    Mais tout à l'entour, sur l'arène,
    On voit des gens à découvert.
    Etc., etc. . . . . . .

4ᵉ. — *Les Plaisirs de la jeunesse.* Dans le jardin du Palais-Roïal, garçons et fillettes s'amusent à qui mieux mieux, pendant qu'un abbé, très musqué, conte fleurette à deux *pimpantes.*

5ᵉ. — *L'Heureuse Surprise.* Damis retrouve Lucile après une longue absence. Dans le fond, galerie du Palais-Royal.

6ᵉ. — *L'Étonnement mutuel.* Deux dames accompagnées de chacune un cavalier, rencontrent leurs *antiques époux* devant le pavillon verd de de Foi.

7ᵉ. — *Le Tableau du Bonheur.* Deux élégans menant des dames, s'arrêtent à la Rotonde du Palais-Royal, devant une estampe qui leur est montrée par la marchande.

    Admirez par quelle attitude
    Sait plaire l'*amant écouté !*

8ᵉ. — *L'Amant sot et timide.*

    Tandis que le bailli Toussaint
    Tombe aux genoux de Florine,
    Lubin baise en tremblant, la main
      De Suzette moins fine.
    Cet amant, qui paraissait sot,
      A plu quoique timide.
    Le bonheur est toujours le lot
    De ceux dont l'amour est le guide.

9ᵉ. — *La promenade délicieuse*. Jardin du Palais-Royal avec beaucoup de promeneurs.

10ᵉ. — *La Liqueur spiritueuse*. Café du Caveau avec un buste de Gluck, éclairé par des appliques à droite et à gauche.

11ᵉ. — *Le Triomphe de la Gaieté*. Des spectateurs assistent à une représentation théâtrale. Scène : Pluton sur son trône, pendant que Proserpine s'élance vers Arlequin.

12ᵉ. — *Le Passage difficile*. Un pont rompu. Heureusement, une batelière vient au secours du gentilhomme qui veut passer pour aller rejoindre le groupe aimable que l'on aperçoit sous les bosquets de la rive opposée.

A la suite des figures et des 24 pages de texte, le nécessaire des dames et des messieurs, et les feuillets pour les jours et les mois, avec colonnes perte et gain.

A la fin du volume, calendrier de l'année.

Reliure brodée de soies de couleur et de fils d'or.

64. — ALMANACH GALANT, moral et critique, en vaudevilles, orné de gravures. A. P. D. R., *A Paris, chez Boulanger, rue du Petit-Pont, près le Petit Châtelet, à Paris. Dessiné par Berthaut, gravé par Queverdo.*

Titre frontispice gravé sur une draperie fermant intérieurement la porte d'une boutique de libraire, où l'on voit deux amateurs regardant des livres que leur présente le marchand.

Au verso : remarques pour la présente année 1786.

Calendrier des six premiers mois.

Douze figures avec chansons analogues.

JANVIER. — *La Boutique du Confiseur.*

> Qui veut acheter du bonbon ?
> Messieurs, ouvrez vos escarcelles,
> Qui veut de friand macaron ?
> Mettez-vous en frais pour vos belles.
> Etc., etc....

FÉVRIER. — *Les Patineurs.*

MARS. — *Les Masques.* Un char attelé de deux chevaux, rempli de masques, dedans, dessus.

> Vive Scaramouche et Pierrot !
> Vive Arlequin, le commissaire,
> Et Polichinelle et Jeannot,
> Et leur bonne vieille grand'mère !
> Etc., etc....

AVRIL. — *La Bouquetière.*

MAI. — *La Danse.* Des villageois et villageoises dansent une ronde aux sons d'un violon et d'un flageolet.

> Chantez, dansez, amusez-vous,
> Venez garçons, venez fillettes,
> Faites honneur au mois de mai,
> Qui nous rend toujours le cœur gai.
> Etc., etc....

Juin. — *Le Bain.*

Feuillets pour perte et gain.

Juillet. — *La Cavalcade.* Une femme à cheval, un cavalier qui met le pied à l'étrier.

Aout. — *La Moisson.*

Septembre. — *Les Parades de la Foire.* Au balcon d'une baraque de bois, le bonhomme Cassandre et Pierrot annoncent la représentation à de nombreux curieux qui les écoutent. Le titre de la pièce, *le grand Festin de Pierre avec tous les costumes,* est écrit sur un drapeau qui flotte en haut de la maison.

Octobre. — *Les Buveurs* attablés sous une tonnelle, devant la porte du cabaret.

Novembre. — *La Marchande de Marrons.* Blaise et Thérèse, accompagnées d'un petit garçon, se dirigent vers la marchande de marrons.

Décembre. — *Le Départ de Campagne.* Deux personnages, chaudement vêtus (Hylas et Lucile), reprennent le chemin de la ville.

L'hyver nous chasse,
Retournons-nous en à Paris,
Nous y trouverons l'abondance,
Au milieu des jeux et des ris.
Etc., etc....

Calendrier pour les six derniers mois.

Ces figures existent avant la lettre, elles sont d'une finesse exquise.

Reliure en soie ornée de peintures représentant un personnage sur chacun des plats.

65. — Les Accidens heureux ou l'amour en gayeté, almanach lyrico-recréatif. *A Paris, chez Jubert, rue St Jacques, vis à vis les Mathurins.* In-64.

Titre-frontispice gravé dans une avenue de beaux arbres.

Douze ravissantes petites gravures et en regard les chansons relatives au sujet :

Le Sacrifice amoureux, Le Magnétisme de l'amour, Les Trois roses, L'Accompagnement heureux, L'Orage favorable, L'heureux réveil, L'Offrande avantageuse, Le Bain délicieux, Les Jeunes balanceurs, Les Ivresses extatiques, La Séduisante escarpolette, Le double faux pas.

Très joli petit almanach, relié en soie brodée et ornée de paillettes d'or.

66. — L'Aimable fou ou la raison qui badine, avec chansons et figures, suivi du Secrétaire des dames et des messieurs composé d'un papier nouveau sur lequel on peut à l'aide d'un stylet et sans encre ni crayon écrire aussi distinctement qu'avec la plume ses pertes et gains, les visites à rendre, les agendas de la semaine, parties de plaisir, rendez-vous, pensées, bons mots, pièces fugitives, comme épigrammes, madrigaux, traits de conversation, saillies, adresses, etc. Il est économique, parce qu'on peut le laver jusqu'à 10 ou 12 fois par le moyen facile d'une légère éponge mouillée et y tracer de nouveaux caractères. *A Paris, chés Desnos, ingénieur-geographe et libraire de Sa Majesté Danoise, rue St Jacques, au Globe et à la Sphère. In-24.*

Une jolie figure, servant de frontispice, représente dans sa bibliothèque un jeune seigneur coiffé du bonnet de la folie et entouré d'amours qui jouent avec des livres.

Douze charmantes gravures, avec chansons ou contes relatifs à leur sujet :

1° *La Femme de chambre qui sait vivre* ; 2° *La Sourde oreille* ; 3° *La Fille à confesse* ; 4° *Le Sermon trop long.*

> Devant son nombreux auditoire
> Un capucin dans son harnois
> S'échauffait en honneur et gloire
> Du saint du jour, de saint François.
> Il prêchait son panégirique,
> Depuis dix heures du matin
> Jusqu'à deux — ô dieux ! quelle musique
> Pour des gens qui meurent de faim.
> On voit qu'il n'en va pas finir ;
> On dort, on se regarde, on bâille ;
> On prend le parti de sortir ;
> Et cependant toujours il braille.
> Le bedeau, las de son discours,
> Au bon pater les clefs apporte
> Disant: Mon père, allez toujours ;
> Vous voudrez bien fermer la porte.

5° *La Nouvelle Pénélope* ; 6° *L'Ane mort* ; 7° *Apelle et Campasque* ; 8° *La Science inutile.*

> Qu'avez-vous appris à mon cœur,
> Tristes calculs, recherches vaines ?
> Vous ne donnez pas le bonheur ;
> L'amour seul adoucit les peines.
> Ah ! qu'avez-vous à proposer
> Qui puisse valoir un baiser ?

Ce que prend le jeune savant à une délicieuse petite femme qui entre dans son cabinet de travail.

9° *L'Amour et le temps ou le dessous de carte.*

> Une moitié du genre humain
> Se plaint toujours que le tems fuit ;
> Le tems dort sans doute en chemin,
> Dit l'autre moitié qui s'ennuie.
>
> . . . .
> . . . .

10° *Le Péché de Lise* ; 11° *Les petites maisons* ; 12° *L'Excuse de Nanette toute trouvée.*

Reliure ancienne en veau fauve, tranches rouges.

67. — Almanach de gotha, contenant diverses connaissances curieuses et utiles pour l'année MDCCLXXXVI. *Gotha, chez C. W. Ettinger.* In-16.

Même frontispice gravé que dans les années précédentes.

Deux planches de « coëffures » de Paris, finement gravées par Chatelain. 1° *à la Blanchard* ; 2° *à la laitière* ; 3° *Chapeau à la caravane* ; 4° *à la Basile.* — 1° *à la caravane* ; 2° *à la Montgolfière* ; 3° *à la Malbrough* ; 4° *à la Figaro.*

Deux autres planches d'habillements de Paris, par le même graveur.

1° *Robe à la Malbrough* ; 2° *à la Figaro* ; 3° *Chemise* ; 4° *Suzanne* ; 5° *Habit habillé.* — 1° *Robe du matin* ; 2° *à l'anglaise* ; 3° *à la chinoise* ; 4° *à la musulmane* ; 5° *costhume de l'homme de robe.*

Douze gravures numérotées, dessinées et gravées par Chodowiecki, pour la *Folle journée ou le Mariage de Figaro*, avec les légendes tirées de la pièce :

1° *Voilà votre baiser, monsieur, je n'ai plus rien à vous.* Acte Ier, scène 1re.

2° *Et je vois... ah !...* Acte Ier, scène 3.

3° *Auprès d'une fontaine que mon cœur, que mon cœur a de peine.* Acte II, scène 4.

4° *Tués donc ce méchant page.* Acte II, scène 17.

5° *Délicieuse créature !* Acte III, scène 9.

6° *Dieu, c'est lui !* Acte III, scène 16.

7° *Ah ! ce baiser-là m'a été bien loin.* Acte IV, scène 4.

8° *Il vous rend chaste et pure aux mains de votre époux.* Acte IV, scène 9.

9° *Tout çà pourtant m'a coûté un fier baiser sur la joue.* Acte V, scène 1re

10° *Suzon, Suzon, Suzon, que tu me donnes de tourmens.* Acte V, scène 3.

11° *A quoi bon ? nous n'avons rien à lire.* Acte V, scène 7.

12° *Il n'y a qu'un pardon bien généreux.* Acte V, scène dernière.

Ces figures sont intercalées dans le calendrier ; le texte en français se compose de la liste généalogique des princes et princesses de l'Europe, de la table chronologique des souverains d'Allemagne, d'Angleterre, de Danemarck, d'Espagne, de France, de Russie et de Suède, de l'origine de la mesure du temps, de la terre, de l'origine des étrennes, économie, corps de l'homme, traités de paix depuis 1600 jusqu'à présent, fête de la Mère folle ou Mère folie célébrée longtemps à Dijon, principales découvertes faites en Europe depuis plusieurs siècles, les Vallaques, curiosités de physique, histoire naturelle, de l'ancienne chevalerie, poids et mesures, monnaies, etc., etc...

Exemplaire dans son cartonnage du temps.

68. — LES DÉLICES DE CYTHÈRE ou l'école de l'amour. Étrennes aux grâces. *Épigraphe :*

> J'enseigne de Vénus les plus sacrés mystères
> Ses doux enchantemens, ses larcins volontaires
>
> *(Art d'aimer chant 1ᵉʳ)*

S. l. n. d. [*Paris,* 1786.] In-18.

Almanach factice, composé d'un calendrier et d'une feuille de gravures. Le calendrier porte cette indication : *A Paris, chez Vallette l'ainé, rue de la Vieille boucle.* La feuille de gravures se compose de quatre sujets donnant lieu, en se repliant par le haut et par le bas, à douze transformations successives des quatre premières estampes. En tête de chaque gravure se trouvent des légendes en vers :

1° A la beauté si l'on offre des fleurs
    C'est qu'elles sont l'emblême des faveurs.
2° Embarquez-vous pour l'île de Paphos
    Le pilotin (*l'amour*) commande au vent, aux flots.
3° Sans cesse avec ma serpe et mon rateau
    Je vais soigner maint et maint arbrisseau.
4° En l'honneur du plus charmant des dieux
    Je pose ici ce flambeau radieux.

Couplets au verso des parties de gravure se dépliant.
Exemplaire broché.

69. — Les Étrennes de Cupidon, almanach nouveau pour l'année MDCCLXXXVI, enrichi de figures en taille douce, *contenant* La dernière conquête de l'Amour dans l'Isle de Délos, Scène dialoguée, suivie de notes mythologiques ; l'explication des divers attributs des Dieux et des Déesses de l'antiquité, pour l'intelligence des Tableaux et des Ouvrages des Poëtes ; quelques Chansons traduites d'Anacréon, et d'autres sur différens sujets, le tout terminé par quelques pièces de Poësie.

Et se trouve à Paris. Maillet, imprimeur en taille douce, rue St Jacques, 45 ; Hérou, doreur, même rue, n° 21 ;

Et à Versailles, chez Benoist, libraire, rue Satory. In-24.

Titre imprimé, douze estampes finement gravées, avec légendes :

L'Amour arrivant dans l'isle de Deslos, reçu par une Nymphe. L'Amour armé de son arc et d'une flèche au milieu des Nymphes. L'Amour enchaîné à un myrthe. Psyché, blessée par un trait de l'Amour. L'assemblée des dieux dans l'Olympe, avec la légende :

> De tous ces dieux, le plus puissant,
> Qui le croirait ? C'est un enfant.

L'Amour est vainqueur d'un guerrier armé de toutes pièces. Mars vaincu par l'Amour. Trois nymphes chacune devant un autel, posent dessus, l'une les attributs de Jupiter, l'autre ceux de Mars, l'autre ceux d'Apollon. Daphnis s'élance vers Iris qui veut s'échapper, l'Amour l'arrête. Plutus, dieu des richesses, ayant une corne d'abondance verse de l'or et des bijous devant le temple de Vénus. L'Amour piqué par une Abeille :

> Sur une touffe de roses
> Brillantes, fraîches écloses,
> Une abeille reposait ;
> L'Amour vint, il ne savait
> Quel piège allait le surprendre,
> Quels pleurs il allait répandre,
> Quel ennemi l'attendait.

Il veut cueillir... Mais l'Abeille
Furieuse se réveille,
Blesse au doigt le tendre Amour ;
Il jette un cri, pleure, court
Vers la Reine de Cythère.
Je meurs, j'expire, ô ma mère !
Je suis perdu sans retour.

Vois la piqûre cruelle,
Vois la blessure mortelle
D'un petit serpent ailé
Abeille aux champs appelée.
Si ta peine est si cruelle,
Dit Vénus, quelle est donc celle
D'un cœur de tes traits blessé !

L'Amour pleure la mort de Philis pendant que son amant trace sur le tombeau le chiffre de sa maîtresse.

Très intéressant petit almanach, reliure ancienne en maroquin rouge.

70. — LES MÉTAMORPHOSES D'OVIDE EN CHANSONS. Almanach pour la présente année ou petit recueil d'estampes représentant la mythologie avec chansons analogues, suivi de tablettes à double usage etc. etc. *A Paris, chez Desnos, ingénieur géographe et libraire de Sa Majesté Danoise, rue St Jacques, au Globe et à la Sphère. A. P. D. R.* In-18.

Le frontispice est gravé par Patas, dessiné par Desrais.
Cinquante-deux vignettes à mi-page et, en dessous, le nom du personnage mythologique et un texte explicatif. En regard, chansons analogues. Exemple : vignettes représentant Mercure, Mercure, fils de Jupiter et de Maïa. Messager des dieux, il inventa l'éloquence, le trafic et toutes sortes de subtilitez.
Reliure ancienne en maroquin rouge.

71. — LES RUSES ET LES JEUX D'AMOUR. Almanach érotique. *Paris, chez Ardouin, libraire, au Palais Royal ; Jubert, doreur, rue St Jacques, vis à vis les Mathurins.* In-24.

Très joli frontispice gravé. Au milieu d'arbres enguirlandés de roses, l'Amour promène son flambeau allumé ; une sirène lui montre un miroir.

Douze jolies figures coloriées : *La Chasse aux amours, Cupidon captif, L'Amour châtié, La Guirlande préférée, L'agréable occupation, L'heureux séjour, L'Ardeur mutuelle, L'Amour échappé, Les trois couronnes, Le Triomphe de la beauté, Les tendres aveux, L'Accord des cœurs.*

24 pages de texte, chansons relatives aux gravures, puis le nécessaire des dames et des messieurs, les feuillets perte et gain, la récapitulation.

Ces petites estampes sont délicieuses ; tout à l'amour !

Reliure ancienne en maroquin rouge.

72. — LE TRÉSOR DES ALMANACHS. Étrennes nationales, curieuses, nécessaires et instructives pour l'année 1786, Louis XVI régnant. *A Paris, chez Cailleau, imprimeur libraire rue Galande, n° 64. Avec approbation et privilège du Roi.* In-32.

Ce titre est précédé par un feuillet portant au recto : *Étrennes nationales pour l'année 1786* contenant, entr'autres matières, l'indication des amusements de Paris et de ses environs et les chef-d'œuvre qui s'y voient, une idée curieuse de la France et de ses Rois, la France ecclésiastique, la description des gouvernements civils et militaires des XL provinces de France et ce qui s'y voit de plus remarquable, les foires les plus célèbres du Royaume et leur durée, les diligences et autres voitures publiques des principales villes avec le prix des places par personne, le départ et le retour des courriers par jour et par heure, avec les jours de grâce sur les effets commerciables.

Prix : 8 sols broché.

Au verso de ce titre, frontispice gravé en bois : *Lucine présente à la France Monseig^r le duc de Normandie, né à Versailles le 27 mars 1785.*

Vignettes sur bois, avec explication en tête de chaque mois :

Janvier : *Passage du s^r Blanchard d'Angleterre en France.* — Février : *Le Bœuf gras.* — Mars : *La Mi-Carême.* — Avril : *La Foire aux jambons.* — Mai : *Le mai.* — Juin : *Le Feu de la s^t Jean.* — Juillet : *Les Bains.* — Août : *Les Parades des boulevards.* — Septembre : *La Féte de St-Cloud.* — Octobre : *Les Vendanges.* —

Novembre : *Les Marchands de marrons et saucissons au Palais Royal.* « On tire à Paris parti de tout. Un particulier s'est imaginé de faire un commerce de marrons de Lyon et, avec la per-

mission du Prince, il s'est établi à la porte du Jardin du Palais-Royal, où depuis l'hyver de 1784, il débite considérablement ». — Décembre : *Les Traineaux sur la glace.*
Précieux exemplaire aux armes de la Reine Marie-Antoinette.

1787

73. — L'Age heureux des plaisirs ou l'aimable folie des amours. *A Paris, chez Jubert, doreur, rue S*t* Jacques, la porte cochère vis à vis les Mathurins.* In-24.

Délicieux frontispice où le titre est gravé dans un cadre rond,

bordé de perles et entouré de feuillages, les attributs de l'amour
sous le titre. En dessous du cadre, deux charmants amours jouent
sur un socle où est gravée l'adresse de Jubert ; le frontispice et les
figures sont dessinés et gravés par Queverdo. C'est en dire la grâce
et la finesse.

A chacune des figures correspond une chanson relative au sujet : *La Fille surprise au puits, Le Bain interrompu, Le Rêve accom-
plie* (sic), *Le Garde de chasse, Le Galant surpris, L'Amant tailleur,
La Repasseuse, Daphné et Isidore surpris, L'heureuse rencontre,
L'Escarpolette, La Surveillante endormie, Le Nid de fauvettes.*

Reliure ancienne en maroquin.

74. — L'Almanach des folies de l'amour ou le
tribut de l'amitié au beau sexe. *A Paris, chez Jubert,
rue St Jacques, la porte cochère vis à vis les Mathurins,
n° 37.*

Titre-frontispice gravé au milieu de rosiers en fleurs aux pieds
desquels deux amours soutiennent une couronne entourant le
chiffre J. L.

Douze jolies figures de Dorgez, avec chansons relatives au sujet :
*L'Amour magnétiseur, La Pilule d'amour, Le Choix du cœur, Le
Baiser envié, Le Téméraire, La Colère de Lise, Le Chalumeau volé,
Le verd gazon, Les Amants muets, La Bergère mourante, L'Amour
vindicatif, Le Passage du bac.*

Jolies petites estampes. Chansons médiocres.

Reliure ancienne (le fac-simile se trouve page 131) en maroquin
larges dentelles à petits fers, milieux ornés d'un médaillon avec
personnages.

75. — L'Amour a l'Olympe ou le triomphe de Cu-
pidon sur les dieux et déesses. Almanach érotique.
A Paris, chez Jubert, doreur, rue St Jacques, n° 37.
In-24.

Titre-frontispice gravé. Dans le haut de la planche, l'Amour
dans son char traîné par des colombes. En bas, les attributs des
dieux et déesses, le casque de Mars, la lyre d'Apollon, la couronne de Pluton, l'arc de Diane, etc.

Douze figures très finement gravées par Dorgez et jolies de
composition : *Vénus et Mars, Jupiter et Callisto, Pluton et Proserpine, Vénus et Comus, Le Triomphe de la beauté (Le Berger Paris
donne la pomme à Vénus), Bacchus et Ariane, L'Aurore et Céphale,*

L'Amour et Psiché, Diane et Endimion, Neptune et Amymone, Ju-
non et Ixion.

En regard des figures, chansons portant les mêmes titres que
les légendes.

Reliure ancienne en maroquin rouge.

76. — LE BABILLARD INSTRUIT, almanach qui n'en

est pas un, contenant un choix de choses qu'il est le plus important de ne pas ignorer, avec des anecdotes et des observations intéressantes sur les mœurs et le génie de différens peuples, notamment des Français, des Anglais, des Espagnols, etc., terminé par quelques anecdotes de la jeunesse de feu M. de Voltaire. *A Paris, chez Desnos, ingenieur géographe et libraire du Roi de Danemark, rue St Jacques, au Globe.*

En regard de ce titre imprimé, un frontispice représente une élégante assemblée dans un salon dont la fenêtre ouverte permet de voir les beaux arbres d'un parc; autour d'une table, un abbé galant s'entretient avec une jeune femme, un jeune seigneur assis fait la lecture à une dame également assise; dans le fond de la pièce, un officier pérore au milieu d'un groupe de femmes charmantes.

Dix charmantes figures, non signées, avant la lettre, se rapportant aux anecdotes suivantes : *L'Age d'or, Les Arabes, Des foires et de leur institution, Modèles de galanterie, Procès singulier, Le Tableau du couvent des Carmes, Ignorance des choses les plus simples, Généreuse extravagance, Plaisante excuse, Des inhumations précipitées.*

Ces figures sont intéressantes pour les modes et costumes.

En 1792, un almanach, LA LANTERNE MAGIQUE, suivie du petit chansonnier français (chez Desnos), est publié avec les mêmes figures que dans *Le Babillard instruit.* Elles sont avec la lettre et s'intitulent : *L'Age d'or, Le Mérite récompensé, L'Abbé parodiste, Le Pèlerin, L'Abbé Gobe-mouche, La Cuisine du diable, L'Époux de Séville, La Dissertation inutile, L'Arioste moderne, La Femme ressuscitée, Le Salon, Le Portrait de Zélie.*

Reliure ancienne, maroquin rouge.

77. — LES BYGARRURES DE CYTHERE ou les caprices de l'amour. Étrennes galantes sur les airs connus et choisie (*sic*). *A Paris, chez Jubert, doreur, rue St Jacques, la porte cochère vis à vis les Mathurins.* In-24.

Titre-frontispice, gravé entre des arbres enguirlandés.

Douze gravures sans doute de Dorgez : *La Théméride, Le Temple de l'amour, Le Moyen d'attraper les belles, Julie ou la nouvellé Ève, Le Fat puni, La Richesse des foux, Le Bouquet de l'amour et de* l'amitié, *La Fille de quinze ans malade, L'Accord des talens et des grâces, Les Femmes telles qu'il faut les voir, La Vénus de Praxitèle, Le Pouvoir des chansons.*

24 pages de texte ; chansons relatives au sujet de chaque figure, puis romances non paginées avec leur musique.

Reliure ancienne en maroquin rouge.

78. — LES EMBUCHES DE CYTHERE. *A Paris, chez Desenne, libraire, à coté des Variétés, au Palais Royal.* In-24.

Titre en lettres gravées sur un rideau dont un angle est maintenu par un amour dans le haut et, en bas, un amour tient un grand chapeau de femme avec rubans et plumes colorées. Au-dessus de cette illustration, on lit : *Jubert fecit.* 48 pages. Texte imprimé.

Douze jolies gravures de modes finement coloriées : *L'Explication galante, L'Officier captif, La Protestation amoureuse, La jolie promenade, La belle indécise, La Confidence amoureuse, La Coquette fixée, Le bon accord, L'Éventail cassé, La Rose chérie, La Confidence amoureuse, L'Entrevue des amants.*

Très précieux pour les modes et costumes.

Reliure ancienne en maroquin crème, ornée sur les plats d'une plaque poussée en or formant losanges à double filet ; au centre, médaillon ovale en maroquin rouge.

79. — LA FÊTE DES BONNES GENS ou les mœurs champêtres. *Paris, chez Boulanger, rue du Petit-Pont, près le Petit Chatelet, à l'image Notre-Dame.* In-24.

Dessiné et gravé par Queverdo.

Un titre-frontispice gravé, sujet pastoral, berger, bergère et petits moutons, et douze figures très finement gravées : *La Fête des Rois, Le Retour du bûcheron, La Fille grondée, Le Retour de la ville, La Cachette dans la huche, Le bon ménage, Les Accords villageois, La Paille découverte, La Mère bien aimée, Rosine et Colas, La Belle-mère, La Fête du père de famille,* avec les romances analogues.

Dans le texte, de la page 21 à la page 44, on trouve différents vaudevilles, paroles et musique, parmi lesquels celui de Pierre le Grand :

I

Jadis un célèbre empereur
Remit le soin de son empire
Entre les mains d'un sage gouverneur

Pour courir le monde et s'instruire.
Les trésors, le rang, les grandeurs
Ne font pas toujours le bonheur.

II

Il prit l'habit d'un charpentier
Afin de cacher sa naissance
Et visita jusqu'au moindre chantier.
De l'Angleterre et de la France ;
Les trésors..., etc.

III

Courbé sous de pesants fardeaux,
Couvert de sueur, de poussière,
De la marine il suivit les travaux
Pendant près d'une année entière ;
Les trésors, etc...

IV

Il prend la hache, le marteau
Au lieu de sceptre, de couronne
Et réussit à construire un vaisseau
Dont la beauté séduit, étonne ;
Les trésors, etc...

V (plus lent).

Grands Rois, superbes potentats,
Quittez vos cours, vos diadèmes,
Ainsi que lui sortez de vos États,
Voyagez, travaillez vous-mêmes
Et vous verrez que la grandeur
Ne fait pas toujours le bonheur.

L'auteur de ce vaudeville connaissait-il cette maxime arabe : « Vivre c'est beaucoup pour apprendre, voyager c'est mieux » ? pensée bien vraie, quelque voyage que l'on entreprenne, ne fût-ce qu'une simple promenade en zig-zag parmi des almanachs. Celle-ci nous amène à l'Almanach dédié aux bons citoyens. *Paris, chez Blanmayeur, rue du Petit-Pont, maison de l'image Notre Dame,* 1793-1794.

Cet almanach est le même que le précédent, *La Fête des bonnes gens,* avec cette différence qu'il contient le nouveau calendrier pour l'année républicaine, rédigé d'après le décret de la Convention, avec les mois et jours correspondants de l'ancien calendrier, commençant en septembre (Vendémiaire), finissant en août 1794 (Fructidor).

Reliure en maroquins découpés, milieu orné d'une petite représentant une scène de la *Partie de chasse de Henri IV.*

80. — Figaro et Blaise et Babet, dédiés à Melle Con-

tat et Mme Dugazon. *A Paris, chez Boulanger, négociant, rue du Petit Pont, à l'image Notre Dame.* In-24.

Titre-frontispice dessiné et gravé par Queverdo : en haut « castigat ridendo mores » en exergue ; puis le titre ci-dessus, ensuite l'inscription Théatre Français *éclaire l'humanité* (le mot « éclaire » représenté par le soleil et ses rayons) ; au dessous, un médaillon contenant ces mots : Secours pour les pauvres mères nourrices provenant de Figaro ; à gauche, Figaro versant une corne d'abondance remplie d'or, à droite l'amour.

Au verso, remarques pour la présente année.

Trois feuillets de calendrier pour janvier, février, mars, avril, mai, juin.

Six délicieuses figures qui doivent être classées parmi les meilleures de Queverdo :

1re figure : *Chérubin caché dans le fauteuil.* En regard, romance : La Surprise, *air* du Petit Page.

2e figure : *L'Audience. Un paté, ah ! j'entends.* L'audience vaudeville, air du Petit mot pour rire.

3e figure : *Le Comte étonné de voir qu'on le joue. Le dénouement* pot-pourri. Chansons.

4e figure : *Le Comte croit parler à Suzon. C'est à la comtesse. Le rendez vous sous les marronniers. Air :* La foi que vous m'aviez promise.

5e figure : *Le Comte est trompé. Chérubin saute par la fenêtre. Le couronnement de Suzon,* vaudeville. *Air :* On compterait les diamans.

6e figure : *Le Comte met le chapeau à Suzon.* Le saut par la fenêtre. *Air :* Amusez vous, jeunes fillettes.

Des pages 21 à 44, feuillets pour perte et gain.

Blaise et Babet : six figures ravissantes ; page 45, La plainte mal fondée, dialogue.

1re figure : *Babet raconte ses inquiétudes à sa mère* — La réunion — air du vaudeville des Deux jumeaux.

2e figure : *Blaise et Babet se raccommodent* — La fête du bon père.

> C'est la fête de Mathurin
> Ce nom seul vous met en train.

3e figure : *La Fête du bon père Mathurin. La conclusion :*

> Chantons l'hymen, chantons l'amour
> Vous le savez, dans ce séjour
> Vive l'hymen, vive l'amour !
> Ils n'font plus qu'un dans ce biau jour !

4e figure : *Déjà votre tendresse a payé mes bienfaits* — L'attente amoureuse. *Air :* La Rose et le bonheur.

5e figure : *Babet, Babet, réveille-toi, c'est ton amant fidelle.* Les bouquets. *Air :* Sur un sopha.

6e figure : *C'est pour toi que je les arrange, cher Blaise !*

Trois feuillets de calendrier : juillet, août, septembre, octobre, novembre, décembre.

Reliure ancienne en maroquin crème, plaque Louis XV frappée sur les plats.

81. — LES FILETS DE L'AMOUR ou les pièges tendus

à Cythères (*sic*). *A Paris, chez Jubert, doreur, rue St Jacques, la porte cochère vis à vis les Mathurins.* In-24.

Titre gravé dans un encadrement enrubanné et, au-dessous, un sujet gracieux, colombes se becquetant sur un coussin.

Douze ravissantes gravures de Dorgez : *Le Bouquet déchiré, L'Enlèvement nocturne, La Chasse, L'Échange flatteur, Le Pécheur malin, La Folie amoureuse, Le Choix embarrassant, La Lecture favorable, Le Sallon* (sic) *de la redoute, La Soirée des Thuilleries* (sic), *Le Mouton dérobé, La Soirée villageoise.* Texte composé de chansons analogues.

Almanach très précieux pour les costumes.

Reliure (fac-simile, page 137) en soie brodée d'ornements en or.

82. — CALENDRIER DE POCHE, même format que le Bijou de la Reine, douze jolies vignettes : *La Bonne Année Cordiale, Le Carnaval de Cythère, Les Semailles de Mars, La Fermière Charitable, Les vœux couronnées* (sic), *La Tonte des Moutons, La Coupe des Foins, La Moisson, Le Fruit agréable, La Vendange, La Marchande de Noix, Le Passe-tems de l'Hyver.*

Au verso, couplets médiocres, se rapportant aux sujets des gravures. Reliure en maroquin rouge, petites dentelles sur les plats. Au centre, deux colombes tiennent une couronne au dessus de deux cœurs enflammés.

83. — LA JOURNÉE D'UNE JOLIE FEMME, les loisirs de la beauté ou le lever de l'aurore et le coucher du soleil ; orné de douze gravures et de chansons analogues, avec tablettes économiques, perte et gain. Souvenir et nécessaire le plus agréable qu'on puisse offrir aux dames. *A Paris, chez le sieur Desnos, ingénieur-géographe et libraire de sa majesté Danoise, rue Saint-Jacques, au Globe.*

En regard du titre gravé, frontispice : *Le Génie et les Grâces,* puis les onze autres gravures : *le Réveil, le Lever, le Déjeuner, la Toilette, le Dîner, le Jeu, la Promenade, le Spectacle, le Cercle, le Bal, le Coucher.* Jolies scènes bien dessinées, bien gravées, apprenant à bien connaître les habitudes quotidiennes d'une élégante de 1787.

Chodowiecki, dans une suite de figures destinées sans doute à un almanach, avait dessiné : *Les Occupations des Dames* : les Visites, le Ménage, la Couture, la Broderie, l'Écriture, la Lecture, le Dessin, la Promenade, le Chant, la Musique, la Danse, le Jeu.

Reliure ancienne, maroquin rouge.

84. — Nouveau chansonnier. Étrennes les plus agréables aux dames de bonne humeur. Tablettes économiques avec perte et gain. *A Paris, chez le Sieur Desnos, rue Saint-Jacques, au Globe.* In-24.

Frontispice : dans une chambre à coucher, l'Amour, assis devant un élégant bureau, écrit un billet doux ; derrière lui, une délicieuse femme, coiffée d'un chapeau par trop exagéré de formes, montre par la fenêtre entr'ouverte l'enveloppe de ce billet, faisant de la main gauche un signe de discrétion. Titre gravé dans des guirlandes de roses faisant un ovale dans l'encadrement. Ces guirlandes sont réunies par un joli nœud de ruban, au-dessus d'une tablette qui porte l'adresse du libraire.

Douze figures : *Coëffures les plus à la mode en cette saison 1787 : à la Colette ; à l'Agnés ; à la Chouchou ; à la Folette ; à la Zémire ; à la Coquette ; à la Cloris ; à la Salençy ; à la Félix ; à la déesse ; à la Sultane ; à la Zaïre* (1). Elles sont gravées à l'aquatinte et font l'effet de jolis portraits à mi-corps dans des cadres ovales.

En 1787, on a vu aussi sur la tête des femmes des moulins à vent, des bosquets, des ruisseaux, des moutons, des bergers et des bergères. On a raffolé des poufs au parc anglais. On a vu jusqu'à des mousquetaires ; qui les eût soupçonnés là ?

(1) Ces coiffures ou à peu près les mêmes, désignées en tout cas sous les mêmes noms, avaient été déjà gravées en taille-douce et se trouvent dans l'almanach intitulé : Apologie des dames, les plus jolies Françaises, leurs coiffures et habillemens. Étrennes à la beauté, avec des couplets galants accompagnés de figures. *Paris, Desnos,* s. d. (vers 1785).

Mais,

> La mode est un tyran des mortels respecté,
> Digne enfant du dégout et de la nouveauté ;
> La mode assujettit le sage à sa formule,
> La suivre est un devoir, la fuir un ridicule (1)
> etc. etc.

1788

85. — SOUVENIR A L'ANGLAISE ET RECUEIL DE COIFFURES, dédié aux dames de bon goût, avec tablettes perte et gain. *A Paris, chez Desnos, ingénieur-géographe et libraire de Sa Majesté Danoise, rue Saint-Jacques, au Globe. (Calendrier pour 1788.)* In-24.

Titre frontispice gravé sur une draperie dont les plis retombent autour d'un miroir posé sur une toilette élégante, garnie de ses accessoires, en regard d'une gravure représentant une soubrette coiffant sa maîtresse, à laquelle un auteur offre un livre. (Charmants détails d'ameublement.)

12 figures représentant, gravées dans un médaillon ovale encadré dans des guirlandes de fleurs, de jolies femmes à mi-corps, avec des coiffures différentes, dont le nom est indiqué sur une tablette placée à la partie inférieure de la planche.

En face de chaque tête, très bien parée, des vers analogues.

La Daphné, en 1774.

---

(1) Ces vers sont tirés des nouveaux mélanges curieux et intéressants sur la mode, le costume, etc., imprimés dans l'almanach : LES COSTUMES DES DAMES PARISIENNES ou l'ami de la mode. *Janet,* 1803, très intéressant pour son texte et ses douze gravures : *1. Décence et pudeur. — 2. L'Empire de la mode. — 3. La Mode mieux réglée. — 4. La Mode transparente. — 5. La Mode bergère. — 6. Le Mensonge de la mode. — 7. La Mode au bal. — 8. Le Voile importun. — 9. L'Age mur à la mode — 10. Le Ton de Paris. — 11. L'Insolent ou la coquette. — 12. Le Modèle des amours.*

L'année précédente, Janet avait mis en vente LE SUPRÊME BON TON ou étrennes de la mode, dont les petites estampes, presque toutes à deux personnages, sont extrêmement précieuses au point de vue de la mode. La figure *La Course à Longchamps,* une élégante conduisant sa voiture à deux chevaux, est tout à fait amusante.

Coeffure en plumes, en 1774.
Chapeau à la Henri IV, en 1775.
Coeffure en plumes, en 1774.
Chapeau à l'anglaise, 1776.
Le Lever de la Reine, 1776.

> De la Reine, c'est la coeffure,
> Sans doute elle est de très bon goût ;
> C'est bien d'adopter sa parure,
> Prenez-la pour modèle en tout.
> En imitant sa bienfaisance,
> Faites-vous aimer, respecter,
> Et comme elle, sachez porter
> Un prompt secours à l'indigence

Baigneuse à la Frivolité, en 1776.
Chapeau à la Henri IV, en 1776.
Le Chien couchant du côté droit, en 1777.
Bonnet au Colisée, en 1777.
L'Hérisson, en 1776.

> On ne voit dans cette coeffure,
> Rien qui ressemble au hérisson ;
> Tout est bien dans cette parure,
> Pourquoi donc lui donner ce nom ?
> Quant à l'humeur, au caractère,
> Mainte femme au front sourcilleux,
> Au regard sombre, à l'air austère,
> Le mériterait beaucoup mieux.

Le Chien couchant du côté gauche, en 1777.

Toutes ces coiffures étaient tellement élevées qu'en 1778, le sieur Devimes, directeur de l'Opéra, fit pour l'amphithéâtre un règlement particulier suivant lequel on ne pouvait s'y placer qu'avec une coëffure « de hauteur modeste ». C'était le temps où le fameux Léonard, perché sur une petite échelle,

> Batissait des cheveux le galant édifice.

Il excellait à y placer plumes, aigrettes, épingles tremblantes, etc. Le métier était bon ! car, en 1779, il courait ses pratiques en cabriolet, un L sur les panneaux, et son jockey, grimpé derrière, portant en bandoulière un sac de maroquin dépositaire des peignes et ustensiles de son maître.

Ces 12 estampes, numérotées de 13 à 25, font partie d'une série de 48 coiffures, dont le recueil a été publié chez Desnos, sous le titre suivant :

Recueil général de coeffures de différents gouts, où l'on voit la manière dont se coëffaient les femmes, sous différents règnes, à commencer en 1589, jusqu'en 1778, avec des vers analogues à chaque costume, suivi d'une collection de modes françaises, contenant les différents habillemens et coëffures des hommes et des femmes, la plus complette qui ait paru en ce genre, ouvrage fort désiré de l'un et l'autre sexe.

Alors comme aujourd'hui il était de bon ton de changer souvent le genre des coiffures, la forme des vêtements, d'adopter une nouvelle parure, ce qui faisait dire à Voltaire :

> Il est une déesse inconstante, incommode,
> Bizarre dans ses goûts, folle en ses ornements,
> Qui paraît, fuit, revient et naît en tous les temps.
> Protée était son père et son nom est la Mode.

et ce qui donna naissance à la chanson suivante, imprimée dans *Les dons de l'amour et de l'amitié, almanach nouveau sur les plus jolis airs. A Paris, chez Janet, 1790* :

LA NOUVEAUTÉ ET LES FOUS

OU

LE SORT DE LA MODE

> Un jour la nouveauté parut
> Aux lieux où règne la folie;
> Chacun disait : qu'elle est jolie!
> De toutes parts on accourut.
> « Demeurez dans notre patrie,
> O madame la nouveauté!
> Plus que l'esprit et la beauté,
> Toujours vous y fûtes chérie. »
>
> Lors la déesse à tous ces fous
> Répondit : messieurs, j'y demeure,
> Et leur donna le rendez-vous
> Le lendemain à la même heure.
> Le lendemain on se montra
> Aussi brillante que la veille;
> Le premier qui la rencontra
> S'écria : Mon Dieu ! qu'elle est vieille !

Chaque série de 12 figures servait à orner un almanach ; cependant, il y a des almanachs où l'on trouve des séries de 24 et même dans le recueil paru chez Desnos, en 1782, se trouvent les 48 figures de costumes gravés, en miniature et en pied, pour distinguer les habillements.

Le prix de ces almanachs s'élève de jour en jour. A la vente
de la bibliothèque Destailleur, on a payé le *Manuel des Toilettes*
(Valade 1778), 5oo fr. ; le *Souvenir à la Hollandaise, 1782,*
2oo fr., les *Modes Parisiennes* (Desnos 1781), 4oo fr. etc., etc.

86. — L'Optimisme des nouveauté (*sic*) ou l'effusion
sentimentale. Almanach nouveau. *A Paris, chez Ju-
bert, doreur, rue St Jacques, la porte cocher* (sic) *vis à
vis les Mathurins.* In-24.

Titre-frontispice gravé : à gauche, branches de laurier, à droite,
grande palme ; en haut, arc et carquois suspendus à une guirlande
de fleurs ; en bas, corne d'abondance, caducée, lyre et lys en
fleurs ; derrière, en attributs le soleil levant.

Très intéressant almanach, à cause des détails concernant les
enfants aveugles.

Les enfants aveugles, instruits par M. Haüy, interprète du
Roi, ont fait leurs exercices devant Leurs Majestés et la famille
Royale, à Versailles le 26 décembre 1786 ; ils en ont fait la répétition devant la Société philantropique de la même ville, le 24 du
présent mois. Ces exercices ont été précédés d'une introduction
en musique qu'ils ont exécutée, à la suite de laquelle a été
chanté par les mêmes enfants le chœur d'Yphigénie, suivi d'un
dialogue préparé et appris pour être récité à l'entrée de Leurs
Majestés :

> Que d'attraits ! que de majesté !
> Que de grâce ! que de beauté !

Ce chœur a semblé être interrompu par un enfant aveugle,
âgé de 7 ans, dont suit l'objection :

> En vérité l'extase est admirable
> Juger de la beauté, sans être clairvoyant !

Un autre, plus âgé, répond à cette objection :

> . . . .
> . . . .
> D'accord avec le tact, chez nous avec audace
> L'imagination remplace
> L'organe que le Ciel nous ravit à jamais.
> Du trône chéri des Français
> D'un vol hardi nous franchissons l'espace;

Nous osons y fixer nos esprits étonnés,
Nous y voyons Louis et notre auguste Reine
Tendre une main propice à ces infortunés
Qu'à son joug douloureux un sort barbare entraîne
Et nous savons penser que, bons comme les dieux,
Ils doivent être beaux comme eux.

Douze très jolies estampes de Dorgez. La première représente la visite de Louis XVI et de la Reine aux enfants aveugles qui font devant Leurs Majestés tous leurs exercices. Au premier plan quatre jeunes filles assises, brodant, cousant, filant et faisant de la dentelle ; au milieu de la gravure, table chargée de livres à l'usage des enfants aveugles, de caractères d'imprimerie dans les casiers où cherchent pour s'en servir deux enfants aveugles ; derrière cette table, le Roi et la Reine ; au fond, deux jeunes aveugles imprimant le souvenir qui doit être offert à Leurs Majestés. Les autres figures, très intéressantes pour le costume et excessivement bien gravées, représentent des sujets relatifs aux romances qui les accompagnent.

Reliure ancienne en maroquin rouge.

87. — L'Abrégé du grand tout ou l'heureuse réunion. Almanach orné de jolies gravures. *A Paris, chez Jubert, doreur, rue Saint-Jacques, vis à vis les Mathurins. In-32.*

Titre frontispice gravé dans un paysage qui lui sert d'encadrement ; le sujet en est pris dans la romance intitulée : « L'abrégé du grand tout », à droite, le temple de la sagesse auquel « on n'arrive qu'à travers des rochers affreux.

A l'horizon, le soleil ; à gauche, sur un rocher au bas duquel coule une cascade, un arbre ressemblant à un bananier.

Six charmantes gravures, avec légende en vers, prises dans les romances dont se compose le texte. 32 pages, quelques-unes de musique.

Ire figure : en regard de laquelle *La Laitière consolée*, sur l'air : *L'avez-vous vu, mon bien aimé ?*

Perette a laissé tomber son pot au lait :

Dieu sait ce qu'elle aurait pu faire
Avec le produit de son lait.
Elle devait, la pauvre fille
Acheter poule, aussi poulet
Et puis augmenter leur famille
Avec les œufs qu'elle vendrait

. . . .
. . . .

Un élégant cavalier vient à passer, descend de cheval et console l'infortunée en lui offrant une bourse bien garnie :

> Il dédommage la belle
> De la perte de son lait.
> A son tour comment fit-elle
> Pour acquitter ce bienfait ?
> Sur ce l'histoire est muette
> Tout ce que l'on dit au hameau
> C'est que sans cela Perette
> N'eut eu ni vache ni veau.

Légende de la gravure :

> *Tous les maux ont leur remède*
> *dit l'adage avec raison.*

2ᵉ figure : *L'heureuse réunion*, avec légende tirée de la romance du même nom.

> Et que la garde de son frère
> Augmente celle des amours.

Un jeune seigneur, qui vient d'échapper à un naufrage (on voit au loin le vaisseau qui faillit être englouti), retrouve sur le rivage une femme très élégante descendue de son carrosse pour le recevoir à bras ouverts.

3ᵉ figure : En regard de la romance « Le nouvel an ».
Scène charmante où le père dicte à sa fille ce qu'elle doit dire à sa délicieuse mère :

> Dis lui mais de ce ton qui peint le vrai suprême
> Que ton cœur la chérit autant que le mien l'aime.

4ᵉ figure : Un jeune garçon offre des fleurs à une charmante femme dont la toilette est exquise :

> Daignez sur votre sein les placer aujourd'hui
> Pour prolonger leur existence.

5ᵉ figure : Une très jolie personne accepte les propositions d'un riche financier descendu de son carrosse pour lui adresser ses vœux :

> Et bientôt Mondor dispose
> De la belle et de ses appas.

La légende est tirée du *Crésus galant.*

> *Il vaut mieux, quoi qu'on en glose,*
> *Se donner pour quelque chose.*

6e figure : Apelle fait le portrait de Compaspe dont le grand Alexandre est très épris. Comprenant l'amour du peintre pour son modèle, le héros lui cède tous ses droits :

« Reçois Compaspe et vis heureux »

Légende :

Dans tous les tems, nous dit l'histoire,
L'amitié guida les héros.

L'Abrégé du grand tout, — pourquoi ce titre bizarre ? — est un charmant almanach dont les figures, que l'on peut attribuer à Dorgez, sont de fort jolies petites estampes très finement gravées.

Il est très intéressant pour les costumes de l'époque, surtout à cause des très élégants chapeaux de femme qui servent de modèles à ceux d'aujourd'hui. Un peu grands peut-être mais cependant très gracieux.

L'Abrégé du grand tout se chante sur l'air : *Je l'ai planté, je l'ai vu naître,* romance de J.-J. Rousseau.

> Ces monuments que l'art ne dresse
> Qu'à force de tems et de bras
> Vous prouvent, sensible jeunesse,
> Que l'homme peut tout ici bas.
>
> Mais de la docte expérience
> Toujours écoutez la leçon :
> Le monde est un dédale immense
> Où l'on se perd sans la raison.
>
> Si ses principes sont austères,
> Si son langage est rebutant,
> Tous ses conseils sont salutaires
> Et le fruit en est consolant.
>
> La sagesse toujours craintive
> A sur un sommet sourcilleux
> Placé son temple où l'on n'arrive
> Qu'à travers des rochers affreux.
>
> Tant de danger, tant de fatigue
> Peut-il abbattre (*sic*) votre cœur,
> Puisque le bonheur que l'on brigue
> Sera le prix de votre ardeur.

Ces petits vers, très moraux, sont assez bien tournés ; mais j'avoue n'y avoir pas découvert ce que c'est que *le grand tout !*

Reliure en soie brochée, ornée de paillettes disposées en fleurs ; au centre des plats, petites peintures au lavis.

88. — LES CHATEAUX EN ESPAGNE ou l'amour patissier. Almanach nouveau avec gravures. *A Paris, chez*

*Jubert, doreur, rue s^t Jacques, la porte cochère vis à
vis les Mathurins.* In-24.

Titre gravé sous un arceau de verdure. L'Amour avec son arc
et son flambeau allumé passe en dessous.
Douze figures de Dorgez, ayant pour légendes des vers tirés

des chansons correspondantes, sauf la première intitulée : *Au gâteau des rois, enseigne de l'amour pâtissier.*

L'AMOUR PATISSIER

Air :

Jupiter un jour en fureur

1

L'Amour, pour se desenuyer,
(Car souvent il ne sait que faire)
A quitté tout exprès Cythère
Pour se mettre patissier ;
Le fripon pour sa résidence
De la capitale a fait choix.
C'est bien la première fois } bis
Qu'il y fut vu, je pense.

2

Pour enseigne le fin matois
A mis en haut de sa boutique,
Une estampe hyerogliphique
Portant : Au gateau des Rois.
Les esprits sont à la torture
Pour en découvrir le vrai sens ;
De ses efforts impuissans, } bis
Chacun peste et murmure.

3

Il faut voir accourir chez lui
Et la blondine et la brunette,
La précieuse et la coquette,
La jeune et la vieille aussi !
A la cour, avec grande instance
On le demande nuit et jour
Mais il déteste la cour } bis
Depuis sa tendre enfance.

4

Mais déjà la grande cité
Se plaint de la patisserie
Iris, Eglé, Lise et Julie
En ont perdu la santé.
Afin d'éviter leur colère,
Peut-être pour d'autres raisons,
Amour va quitter son fonds } bis
Et regagner Cythère.

Voici le titre des autres chansons : *L'Épanchement sincère, Essai de consolation, Apologie de la trentaine, Les Charmes de l'indifférence, Bacchus devenu Cupidon, Querelle assez ordinaire,*

Réponse à l'épanchement sincère, Avis aux amans, L'Effet de la tendresse, Ce qu'il faut faire pour toujours plaire, Les Châteaux en Espagne.

Reliure brodée en soie et or ; sur les plats, très jolies gouaches représentant le baiser prêté et le baiser rendu.

89. — LES FARIBOLES DU PARNASSE. *A Paris, chez Jubert, doreur, rue St Jacques, vis à vis les Mathurins.* In-32.

Titre-frontispice gravé au milieu d'amours voltigeant sous un arceau de verdure.

Douze figures de Dorgez, très finement gravées, en regard des chansons portant le même nom que les légendes des gravures : *Le Téte à Tête bacchique, La Déclaration efficace, Le Sabot cassé, Le Retour désiré, L'Hommage agréé, Le Départ favorable, Les Écarts permis, L'Anglais à Paris, La Belle jambe, La Belle nourrice, Les Tablettes de l'amour, Le Mouton chérie* (sic).

Ces petites estampes sont tout à fait délicieuses.

Reliure ancienne en maroquin rouge.

90. — LES INTRIGUES DE LA CAPITAL (*sic*), accompagnées de plusieurs autres. *A Paris, chez Jubert, doreur, rue St Jacques, la porte cochère vis à vis les Mathurins.* In-24.

Titre gravé dans un encadrement de branches au bas duquel deux colombes se becquètent.

Douze figures, gravées par Dorgez, et que l'on peut attribuer à Binet ; très intéressantes au point de vue du costume. Ces figures portent en légendes les titres des chansons qui composent les 24 pages de texte, après lesquelles viennent encore 24 pages de texte et musique, puis le « Nécessaire des dames et des messieurs » et les mois perte et gain. 1° *L'Anti Mesmérisme* — 2° *Le Danger de l'exemple* — 3° *La Constance révée* — 4° *Le Doute légitime* — 5° *La Morale de Cythère* — 6° *Le Dédain bien placé* — 7° *Les Bois* — 8° *Le Mercier ambulant ou le refus intéressé* — 9° *Le Pouvoir de la beauté* — 10° *La double infidélité* — 11° *La Rencontre inattendue* — 12° *Vieillard comme il n'en est pas.*

Reliure ancienne en maroquin rouge ; provient de la vente du comte de La Beraudière.

On retrouve dans ce petit almanach la chanson de « L'amour patissier ».

91. — Le Prix du a l'amour je l'offre à vous que j'aime. *A Paris, chez Boulanger, relieur et doreur, rue du Petit Pont, à l'image Notre Dame. In-24.*

Titre gravé dans la partie supérieure d'une sorte de *huit* formé par des guirlandes de lys et de roses ; dans la partie inférieure, nom et adresse de l'éditeur. Des petits amours voltigent avec des couronnes de fleurs à l'intersection des guirlandes de roses. En bas du frontispice : *Queverdo del. et sculp.*

Douze délicieuses figures ornent ce charmant petit almanach galant :

Le Bois de Boulogne, Le Jardin de Cythère, La Fête du chateau, Beau coup d'œil, Le Messager fidèle, L'Amant hermite, Les Amans surpris, L'Amant de Justine, L'heureuse rencontre, L'Isle des amans, La double jouissance, L'Amour d'intelligence.

Les chansons se rapportent aux légendes des petites estampes.

Riche reliure en soie soutachée d'or ayant, au centre de chaque plat, une adorable miniature.

92. — Le Trottoir du Permesse ou le rimeur fantastique. *A Paris, chez Jubert, doreur, rue St Jacques, la porte cochère vis à vis les Mathurins.* In-24.

Titre-frontispice gravé entre deux palmiers auxquels sont accrochés les attributs de l'amour et aux pieds desquels, un panier de roses.

Douze jolies estampes, gravées par Dorgez et qui paraissent avoir été dessinées par Binet. Légendes en vers tirées des chansons ou romances en regard des figures. La 1re page en est en musique et en voici les titres ; *Chanson de table, L'admirable recette, La double ivresse, L'Inconstance de l'amour, Il faut aimer un jour, L'Erreur de l'optimisme, L'Aveu débonnaire, L'Ermaphrodite, Le Désespoir modifié, Le Penchant pour la cavalerie, Les Charmes de l'illusion, Le Danger des appas.*

Reliure ancienne en maroquin crème, avec fleurs peintes au centre des plats.

93. — La Vie pastorale. Étrennes dédiées à l'amour. *A Paris, chez Boulanger, rue du Petit Pont, maison de l'image N. Dame.* In-24.

Titre-frontispice dessiné et gravé par Queverdo, dans un cadre Louis XVI qui contient aussi des roses, des attributs de l'amour, des colombes voltigeant sur le haut des branches et, au-dessous, un chapeau de bergère, une houlette, une musette.

Douze jolies figures : *Cécile à sa toilette, Les Rats de cave, L'heureuse rencontre, La jolie meunière, La Balançoire de l'amour, L'Amant en hermite, La Mère surveillante, Les Jeux dangereux, L'Amour pris dans le puits, L'Amour pris au filet, La Mère persuadée, Les Bains interrompus.*

Couplets analogues au sujet galant de chaque estampe.
Reliure en soie brodée ; au centre des plats, médaillons contenant de délicieuses miniatures.

1789

94. — Le Microscope des visionnaires ou le hochet des incrédules. Almanach orné de jolies figures.

A Paris, chez Jubert, m^{tre} *doreur, rue S*^t *Jacques, la porte cochère vis à vis les Mathurins.* In-24.

Titre-frontispice gravé entre une tige de lys et une branche de rosier fleuri. En bas, un coussin sur lequel deux colombes se becquetant ; en haut un miroir à main autour duquel s'enroule un serpent.

Douze charmantes petites estampes, finement coloriées, ayant pour légendes deux vers pris dans le texte de la chanson placée en regard, dont la première page est en musique : *La Recette merveilleuse, Les Vœux indiscrets, La Copie sans modèle, Le Borgne aveugle, La juste apologie, Dénouement à la mode, Les Conseils d'un bon père, La Philosophie en peinture, Le Jaloux corrigé, La Victime de l'amour, Le Coup manqué, Le tendre enlèvement.*

Almanach des plus gracieux et des plus intéressants au point de vue des costumes.

Reliure ancienne en maroquin blanc, avec plaque donnant des ornements en relief peints en vert.

95. — LE PASSE TEMS DES PARESSEUX ou le monde analysé. *A Paris, chez Jubert, doreur, rue S. Jacques, vis à vis les Mathurins.* In-64.

Minuscule gravé, avec huit figures à deux personnages sans légendes, intéressantes pour les costumes, une chanson en regard de chaque figure.

Reliure en maroquin vert, filet doré sur les plats, quatre petits fleurons aux coins, un au centre.

96. — LA PRATIQUE DES AMANTS OU LA THÉORIE DU CONTEMPLATEUR. *A Paris, chez Jubert, doreur, rue S*^t*-Jacques, vis-à-vis les Mathurins.* In-24.

Titre-frontispice gravé, non signé, mais que l'on peut attribuer à Queverdo : Un ruisseau dans le bas. A gauche, un arbre au pied duquel des roses, des lys, un papillon qui va se poser sur ces fleurs ; à droite, un sapin penché au-dessus du ruisseau.

Douze figures, très finement coloriées, avec légendes rappelant le titre des romances. *L'Amour Berger,* nous avions déjà l'Amour Marchand de cœurs, l'Amour Libraire, l'Amour Pâtissier, l'Amour Hermite, etc., cette fois, il s'est fait Berger !

Plein d'une douce rêverie,
Dans une agréable prairie,
    J'errais un jour.
Un enfant gardait dans la plaine
Le troupeau de la jeune Ismène,
    C'était l'Amour.

Je m'approche sans le connaître.
L'enfant sous un habit champêtre
    Est fait au tour ;
Il me prend la main d'un air tendre.
Je parle... il ne veut pas m'entendre,
    C'était l'Amour.

D'un geste, à le suivre il m'engage.
Il me conduit dans un bocage,
    Par un détour ;
Le cœur me bat, je vois Ismène ;
L'enfant rit de me voir en peine,
    C'était l'Amour.

Ismène en ce moment sommeille,
Mais bientôt l'enfant la réveille,
    Fatal séjour !
Elle se lève et veut se plaindre,
Je ne sçais quoi me faisait craindre.
    C'était l'Amour.

Captive, mais non moins friponne,
Chaque grâce dans sa personne
    Me joue un tour ;
Pour mieux m'asservir à ses charmes
Un dieu semble prendre les armes.
    C'était l'Amour.

Fuyons, dis-je, nymphe si belle,
Je serais tendre, elle cruelle
    Malheureux jour !
Tout doucement le bon apôtre
Nous avait enchaînés l'un l'autre.
    C'était l'Amour.

Ces couplets se chantent sur l'air : « Comme un oiseau ».

Le Triomphe de Louise, Le Buveur aimable, La Piqûre, Le Berceau, Les Sermens, Le Pronostic matrimonial, La Bergère résolue, Les deux Rosiers, La Fauvette, Le Rapatriage Dramatique (Colombine, Pierrot, Arlequin), *L'Amour M* en fait d'armes.* Encore un nouveau métier !

Le calendrier se repliant est orné, en tête de chaque mois, d'une très jolie vignette, fort bien gravée, représentant les signes du Zodiaque.

Reliure en maroquin blanc, peint de façon à imiter une reliure mosaïquée à compartiments or, rouge, jaune et rose; au centre des plats, médaillons avec deux jolies petites gouaches.

97. — Le Prototype des ames sensibles ou les épargnes de la pudeur, almanach nouveau orné de jolies gravures. *A Paris, chez Jubert, doreur, rue S*[t] *Jacques, la porte cochère vis à vis les Mathurins.* In-24.

Titre-frontispice gravé entre des arbres auprès desquels folâtrent des amours.

Douze jolies figures coloriées dont les légendes sont deux vers tirés des chansons en regard et qui portent les titres : *Le Repas des bons cœurs, L'Esprit des vrais amans, La Nièce reconnaissante, Le Retour d'un bon père, Le Seigneur généreux, Projet de reconnaissance, Un bienfait n'est jamais perdu, La Jouissance de l'honnête homme, Le Dénouement satisfaisant, La Vaine espérance, La Morale à la mode, Le Gascon désintéressé.*

32 pages de romances et chansons.

Almanach très intéressant pour les modes et costumes.

Reliure ancienne en maroquin rouge.

98. — La Pythonisse de Lutèce ou les secrets découverts. Almanach orné de figures. *A Paris, chez Jubert, doreur, rue S*[t] *Jacques, la porte cochère vis à vis les Mathurins.* In-24.

Titre-frontispice gravé entre deux arbres plantés au bord d'un ruisseau.

Avertissement. Table des pronostics pour les demoiselles, pour les garçons, pour les dames, pour les hommes. A côté des onze premières lettres de l'alphabet, des numéros explicatifs.

« La seule inspection de la table des pronostics dispenserait presque d'une explication. On voit qu'ils sont divisés en quatre casses, demoiselles, garçons, dames et hommes pourront donc choisir à celle qui leur est relative la lettre gravée qu'ils voudront depuis A jusqu'à L, inclusivement et le chiffre arabe auquel aboutit la lettre choisie indiquera la prédiction. Chaque estampe représente les différens sujets compris dans les pronostics que renferment deux pages :

Loin de vous les moindres alarmes,
Sexe charmant pour qui j'écris ;
Les pronostics auront des charmes
Pour vos amans, pour vos maris.
Si parfois ma muse sincère
Hazarde quelque léger trait,
Ne craignez pas que du mystère
Elle découvre le secret.
Péché caché, nous dit l'adage,
Devient à moitié pardonné ;
Et vos faveurs sont le partage
De qui feint d'en être privé.

Douze délicieuses estampes très bien coloriées, sans légendes, des plus intéressantes pour les modes et costumes.

Reliure ancienne en maroquin rouge, avec plaque style Louis XV poussée en or.

99. — Les Suppositions de l'enjouement ou les épisodes mythologiques. *A Paris, chez Jubert, doreur, rue St Jacques, la porte cochère vis à vis des Mathurins, n° 37.* In-24.

Titre-frontispice gravé dans un encadrement de branches dont les extrémités sont reliées par une guirlande de roses sur laquelle se balance un amour. Au pied de ces arbres, tous les attributs de l'amour, carquois, flèches, flambeau, etc., etc.

Douze figures coloriées dessinées, à n'en pas douter, par Binet tant le type de ses personnages ressemble à celui de ceux du « Paysan et de la Paysanne pervertis », tailles de guêpe, pieds microscopiques, nez légèrement aquilin : *La Fête de Vénus, Les Jardins de Paphos, La Cour d'amour, Le Négligé galant, Le Plaidoyer badin, L'Aimable chasseresse, Le Séducteur adroit, Les Hommages enviés, L'Apothéose des talens, Les Jaloux attrapés.*

24 pages de texte. Chansons en regard de chaque figure dont les titres et légendes sont les mêmes : puis 32 pages de texte gravé de chansons sur des airs connus.

Reliure ancienne en maroquin rouge.

178 ?

100. — Le Gaillard de bonne humeur ou les plus

courtes folies sont les meilleures. *A Paris, chez l'auteur, rue St Jacques, vis à vis les Mathurins, n° 37. In-24.*

Titre-frontispice gravé entre des branches d'arbres dont les feuillages du haut se rejoignent et portent suspendu par un nœud de ruban un perchoir mobile avec son perroquet. Pour masquer le bas des arbres, le socle d'en bas, avec un panier de fleurs et des attributs champêtres, porte le nom et l'adresse de l'éditeur inscrits sur une tablette.

23 pages de texte, romances et chansons relatives aux sujets

des gravures encadrées d'un double filet noir et douze figures très finement gravées, ravissantes : *Les Aventures, Le Jardin de Cithère, L'Embarquement de Cithère, L'Emploi du tems, La Montre à répétition, La petite résolue, La Sauteuse, Trop de pétulance gâte tout, Les Souhaits, Cela ou le fin mot, La Navette, Le Bœuf gras du carnaval.*

Ces petites estampes sont délicieuses.

Reliure en soie blanche, brodée de paillettes d'or et de couleur formant encadrement à deux gouaches représentant, sur le premier plat : un jeune seigneur et une femme élégante se donnant la main au-dessus de l'autel de l'hyménée, et sur le deuxième plat : L'Amour, dans un nuage, se préparant à décocher une de ses flèches.

101. — PETITES ÉTRENNES AUX ARTISTES pour la présente année ou sont représentés en médaillons les monumens mémorables érigés dans Paris depuis plusieurs siècles, notamment sous les règnes de Louis XIV, Louis XV et Louis XVI actuellement régnant. *A Paris, chez Desnos, libraire et ingénieur-géographe de Sa Majesté le Roi de Danemark, rue St Jacques, au Globe et à la Sphère.* In-24.

Cette collection de vues peut faire suite à l'*Almanach parisien* et autres ouvrages en faveur des étrangers.

Titre gravé dans un encadrement Louis XVI. Seize planches, repliées en deux et montées sur onglet, représentant des vues de Paris gravées dans un médaillon ovale, placé lui-même dans un cadre carré, orné à la partie supérieure de guirlandes de roses : *Hotel de ville. — Place de Louis XV. — S. Eustache. — S. Sulpice. — Notre Dame. — Ste Geneviève. — Académie Royale de chirurgie. — Place des Victoires. — Place Royale. — Porte St-Martin, St-Roch. — Place Vendôme. — Porte S. Denis. — St Gervais. — École de droit. — La Madeleine.*

Viennent, après les gravures, le « Secrétaire des dames et des messieurs » et les cahiers des mois avec perte et gain.

Cartonnage ancien.

102. — LES LACETS DE VÉNUS. *A Paris, chez Bailly, libraire rue St-Honoré, barrière des sergens.*

Titre-frontispice gravé (Jubert *fecit*) : des cœurs volants sont atteints par les flèches de l'amour ou pris dans des filets tendus par d'autres amours voltigeant dans l'espace.

48 pages de texte (poësies et anecdotes) suivies de treize romances, paroles et musique.

Douze figures de coëffures très finement gravées, peut-être les plus jolies de ce genre :

1. *Chapeau à la Malborough.*
2. *Chapeau à la d'Oliva.*
3. *Baigneuse à la Cagliostro.*
4. *Chapeau à la Benevilliers.*
5. *Chapeau à la Newmarkett.*
6. *Chapeau à la Genlis.*
7. *Bonnet négligé du petit jour.*
8. *Pouf à la Virginie.*
9. *Bonnet chapeau.*
10. *Chapeau à la Courville.*
11. *Bonnet à la sultane.*
12. *Bonnet négligé à la Matineuse.*

103. — LA TOILETTE DES GRACES. *Paris, chez Jubert, s. d.* In-24.

Frontispice gravé : Dans le temple de la mode trois amours apportent des chapeaux, des étoffes à trois jolies femmes, sans doute les trois grâces en costume du temps. Le titre est gravé au milieu d'un miroir placé sur une élégante toilette.

Douze figures gravées en médaillon représentent les coiffures à la mode :

1. *Chapeau et coëffure à l'Hébé.*
2. *Bonnet et coëffure à la Flore.*
3. *Bonnet et coëffure à l'Ingénue.*
4. *Chapeau et coëffure à l'Héloïse.*
5. *Chapeau et coëffure à la Gabrielle.*
6. *Bonnet et coëffure à la Diane.*
7. *Bonnet et coëffure à la Calpigi.*
8. *Bonnet et coëffure à l'Iris.*
9. *Bonnet et coëffure aux variantes.*
10. *Bonnet et coëffure au Panthéon.*
11. *Chapeau et coëffure à l'Amazone.*
12. *Bonnet et coëffure au bandeau d'amour.*

En regard de chaque figure, une poésie fugitive dont le titre rappelle la légende de la gravure.

A partir de la page 41, renseignements divers sur les cabinets de lecture, magasins de modes, vêtements de femmes, soieries de Lyon, adresses, entr'autres celle de Mlle Bertin, marchande de modes de la Reine, rue du Mail, hôtel des chiens ; renseignements sur les chefs d'œuvre à la nature et de l'art que l'on peut voir à Paris, les cabinets curieux et enfin l'avertissement suivant qui ne manque pas d'intérêt :

« Le Sr Nenot, maître coëffeur de Dames, auteur de ce recueil, tient une académie de coëffeurs, il reçoit des apprenties soit en pension ou différemment, et leur fait obtenir des places lorsqu'elles savent coëffer et passer les gazes, fleurs et autres ornements les plus à la mode ; il tient aussi les postisches et enseigne les coëffures du plus nouveau goût ; il veut en outre des estampes de différentes grandeurs, lesquelles représentent parfaitement les coëffures les plus nouvelles et qui sont recueillies généralement soit détachées, soit dans des recueils, faits avec soin par les plus habiles artistes ; l'on trouvera de ces éditions à différents prix ; il en fait aussi des envois pour la province, il suffit de lui écrire directement en son académie rue Saint-Antoine, vis-à-vis la vieille rue du Temple. »

Le nombre des estampes de coëffures est incalculable : pourra t'on jamais en dresser une liste complète ? C'est peu probable ; cependant *tout arrive,* disait souvent Théophile Gautier dans quelques-unes de ses spirituelles boutades.

102. — L'Heureux mariage. Étrennes anacréontiques au goût du siècle d'or. *A Paris, chez Esnauts et Rapilly, rue St Jacques, près de fontaine St Séverin, n° 209, avec privilège du Roi.* In-24.

Titre-frontispice gravé : l'Amour allume le flambeau de l'hymen sur un autel entouré de guirlandes de fleurs ; à gauche, un écusson ovale portant deux cœurs accolés ; tourterelles se becquetant sur le haut de cet écusson. A droite et à gauche, des arbres forment encadrement ; au fond, une chaîne de montagnes.

Onze très jolies figures, dont neuf sont des reproductions d'estampes appartenant aux chansons de Laborde : *L'heureux mariage,* de Le Bouteux. — *Le Bal d'amour,* de Le Bouteux. — *Les Plaisirs du printemps,* de Moreau. — *Le Premier soupir de l'amour.* — *La Soirée de village,* de Moreau. — *La Dormeuse,* de Moreau. — *Le Jardin d'amour,* de Moreau. — *Le Droit de péage,* de Moreau. — *Le Déclin du jour,* de Moreau. — *Les Dangers du tête à tête.* — *Le Concert,* de Le Bouteux.

Le texte se compose de chansons ou romances gravées, relatives au sujet des gravures.

> Dans vos amoureux concerts,
> Jeunes amants, époux fidèles,
> Observez bien les pianos,
> Les fortés et les ritournelles.
> Soyez toujours à l'unisson
> Et ne perdez jamais le ton.

Reliure ancienne en maroquin vert.

1790

105. — Étrennes galantes, ou tableau de l'hymen et de l'amour, chansonnier français. Élite des meilleures chansons, romances, vaudevilles, etc., des auteurs les plus estimés de ce genre, savoir : Chaulieu, madame Deshoulières, Houdart de la Motte, Piron, Moncrif, Marivaux, Ferrand, Fuselier, la Grange-Chancel, Le Grand, Autreau, Riccoboni, Avisse, de l'Isle Dominique, etc. *A Paris, chez Desnos, ingénieur-géographe et libraire du roi de Danemarck, rue Saint-Jacques, au Globe.*

Après le titre, 96 pages dont 4 feuillets de musique gravée pour huit des chansons du petit volume et un feuillet pour un avis de l'éditeur. « Il ne faut que parcourir les cinq premières « parties d'*Anacréon en belle humeur,* pour se persuader qu'il « n'est peut-être pas de recueil plus varié dans ce genre. Il ne « faut, de même, que lire les noms de la plupart des auteurs « dont on a employé les productions, pour s'accorder sur le mé-« rite et le scrupule de notre choix, etc., etc. »

A la suite de ce recueil : *Étrennes galantes,* ou *l'Instant heureux de Cythère,* dédié aux deux sexes ; à Paris, chez Desnos, etc., contenant 11 estampes, l'explication de ces figures, les chansons analogues, le secrétaire des dames et des messieurs, avec perte et gain et le calendrier.

Le titre-frontispice est gravé dans un médaillon entouré de guirlandes de fleurs, surmonté d'un carquois garni de flèches et

du flambeau allumé de l'hymen et supporté par deux amours,
dont l'un suspend une couronne au-dessus de deux tourterelles
prêtes à se becqueter.

Iʳᵉ Estampe. — *Les Aveux mutuels.* Céphise et Lindor se font
réciproquement l'aveu de l'amour le plus tendre. Céphise expose
à son amant la crainte qu'elle a de le voir changer. Lindor se
jette à ses genoux pour lui jurer la plus longue constance ; et
Céphise, de son côté, lui promet une fidélité à toute épreuve.

LINDOR.

Soupçonner ma foi, serait me faire outrage !
    J'en atteste l'astre du jour ;
Vous m'avez, Céphise, inspiré trop d'amour,
    Pour que je devienne volage.

CÉPHISE.

Je brûle pour vous d'une flamme éternelle,
    Je n'en atteste que mon cœur.
Vous m'avez, Lindor, inspiré trop d'ardeur,
    Pour que jamais je vous sois infidelle.

2ᵉ. — *La Toilette de la Mariée.* Céphise se pare pour aller en-
gager aux pieds des autels sa liberté et sa foi. Une de ses
femmes lui met ce qu'on nomme *le chapeau de la mariée* ; arrive
son amant qui lui pose le bouquet devant terminer sa parure.

3ᵉ. — *Le Coucher de la Mariée.* La jeune mariée, pendant
qu'une de ses femmes la déshabille, témoigne à sa mère le regret
qu'elle a de se séparer d'elle. Cette mère tendre la console, et
son nouvel époux lui fait, à genoux, les plus belles protestations.

4ᵉ. — *Le Lever de la Mariée.* La mariée, selon l'usage, est vi-
sitée par sa mère, qui demande aux deux époux s'ils sont satis-
faits de leur choix mutuel. La femme baisse les yeux par modestie, et le mari montre, pour preuve de leur satisfaction,
l'amour chargé des couronnes de son triomphe.

5ᵉ. — *Les Charmes de l'Amour.* Clitandre et Philis, seuls sous
un ombrage agréable, y interrompent leurs plaisirs pour s'occuper de celui que prennent deux tourterelles à se récidiver les
témoignages de leur tendresse. L'amour, pendant ce temps-là,
s'amuse à les enchaîner de fleurs.

6ᵉ. — *Le repos interrompu.* Glycère dort, la porte de son boudoir ouverte. Son amant se présente chez elle pour lui faire
visite.

Qu'elle est jolie ! oh ! qu'elle est belle !

7ᵉ. — *Les Charmes de la Liberté*. Les plaisirs de Rose et Guillot ne sont empoisonnés ni par la crainte, ni par les remords (Jolie scène de la vie pastorale).

8ᵉ. — *La femme mal gardée*. La jeune Thémire occupe agréablement ses loisirs avec son cher Lindor, pendant que son époux s'amuse à boire. Heureusement, un paravent sépare le joli couple de l'ivrogne.

> Pendant qu'il s'enivre de vin,
> Elle s'enivre de tendresse.

9ᵉ. — *Les Charmes du Ménage*. Pendant que la vertueuse Aglée allaite elle-même le second fruit précieux de son plus tendre amour conjugal, son sage époux s'amuse à partager ses caresses entre ses deux enfants et leur tendre mère.

10ᵉ. — *Les Amours nocturnes*. Le jeune Clycère a accordé pour la nuit un rendez-vous au beau Lindor, qui s'introduit chez elle par la fenêtre, au moyen d'une échelle de corde. Elle lui recommande de ne point parler, crainte d'éveiller sa mère.

11ᵉ. — *La Liberté perdue*. Damon poursuit depuis longtemps la charmante Émilie ; il lui fait une attaque des plus vives. Elle se défend d'abord, et finit par se rendre. A peine remise de son désordre, Émilie pleure la perte qu'elle vient de faire, et son vainqueur la console.

Estampes d'une grâce infinie, incomparable finesse d'exécution dans la gravure, excellent choix de chansons, tout est réuni dans cet almanach pour le rendre des plus charmants.

Ces figures avaient déjà paru dans le *Tableau de l'hymen et de l'amour,* ou manuel des époux et des amans, orné de figures et de chansons analogues, avec tablettes économiques, perte et gain, petit secrétaire à la mode, à l'usage des dames et des messieurs. *A Paris, chez Desnos, etc. Calendrier de 1784, et auparavant, de 1777.*

Reliure ancienne en maroquin rouge.

106. — ALMANACH DES FRANÇAISES CÉLÈBRES par leurs vertus, leurs talens ou leur beauté. *Paris, Lejay,* 1790. In-18.

Cet almanach, orné d'un frontispice et d'une belle figure qui représente une vue de l'Assemblée nationale au moment où les dames de Paris vinrent déposer leurs dons entre les mains des membres du bureau, contient un dictionnaire intéressant des femmes célèbres de la France.

Reliure ancienne en veau.

107. — LES COLIFICHETS LYRICO-GALANTS ou la folie

amoureuse d'un peintre. Almanach orné de jolies gravures. *A Paris, chez Jubert, doreur, rue St Jacques, la porte cochère vis à vis les Mathurins. In-24.*

Titre gravé entre des arbres reliés entr'eux à l'extrémité des branches par une guirlande supportant une lyre, un temple à droite, des roseaux à gauche. Au pied, l'Amour, coiffé du bonnet de la folie ou pendent des grelots, appuie la main sur une corne d'abondance d'où s'échappent des billets doux.

Douze gravures de Dorgez : *Epitre à celle que j'aime, La Rose, L'Azile du plaisir mystérieux, Le Peintre amoureux, Le Pouvoir d'amour, Himne à la beauté, Les Cinq sens, Requête à ma belle, Les Quatre saisons, Le Pierrot envolé, Le Songe de Tircis, Envoi à MM^{rs} les aëronautes.*

Le texte se compose de chansons portant le même titre que les légendes des figures.

Reliure ancienne en maroquin rouge. Très curieuse à cause de la prise de la Bastille, frappée en or sur chacun des plats.

Un autre exemplaire, très précieux, de 1787, est aux armes du premier dauphin fils de Louis XVI. Reliure très fraîche à ornements d'un style élégant.

108. — LA COPIE DE MILLE ORIGINAUX. Almanach orné de jolies gravures. *A Paris, chez Jubert, doreur, rue St Jacques, vis à vis les Mathurins, n° 36. In-24.*

Titre-frontispice gravé dans un paysage, arbres, rochers, torrent, temple de l'amour,

Douze figures de Dorgez : *La Copie de mille originaux,* en regard la chanson suivante :

> A son gré chacun ici bas
> Peint son réduit ou sa maîtresse ;
> De maîtresse, je n'en ai pas ;
> Mais mon peu d'or fait ma sagesse.
> Je me tairai sur mon réduit.
> L'unique dessein qui m'agite
> Est d'exposer sans trop de bruit
> Quelle est la maison que j'habite.
>
> Quatorze enfans, de chiens autant
> Crient de joie ou de tristesse,
> Les uns les autres s'agaçant,
> Battus, battant, grondés sans cesse.

Les vieux rentiers ne s'occupant
Qu'à tricoter, coudre et médire,
Ouvrir leurs portes à tout passant,
Et par zèle cherchant à nuire.

. . . .
. , ...
. . . .

Quatorze enfans, de chiens autant
Criant de joie ou de tristesse,
Vingt femmes toujours disputant
Un perroquet causant sans cesse ;
Tels sont les différens esprits,
Tel est le bizarre assemblage
Qui compose le grand logis
Où j'habite au cinquième étage.

*Suite de la copie, La Vengeance à la mode, La Métamorphose
raisonnée, Le Faible des vieillards, Les Pleins vides et les vides remplis, La Nécessité d'un médecin, Le Mausolée et le philosophe, La
vaine précaution, Le Supplice sans exemple, La Condition bien dure
ou le pardon pire que l'offense.*

24 pages de texte ; chansons relatives au sujet des gravures ;
24 autres pages de chansons sans figures.

Reliure ancienne en maroquin rouge.

109. — L'Esprit du siècle ou les prestiges de l'imagination. Almanach orné de jolies gravures. *A Paris,
chez Jubert, doreur, rue St Jacques, vis à vis les Mathurins, n° 36.* In-24.

Recueil de chansons, orné de 12 figures, gravées par Dorgez :
*Inkle et Yarico, Le Vieillard véridique, Les trois définitions,
L'Aveugle et le boiteux, Les Cinq fauvettes, L'Esprit du siècle.*

Du fripon l'honnête homme est dupe
Et souvent il devient fripon ;
A le tromper chacun s'occupe
Depuis l'enfant jusqu'au barbon.
Trois dieux puissans règnent sur terre
Plutus, la fortune et l'amour ;
A ces trois dieux, on ne peut plaire
Que par la fraude et le détour.

. . . .
. . . .

*Le Batelier vindicatif, Conseil facile à suivre, Les jolies amou-
reuses, Fou raisonnable, Voyage interrompu, La Lettre de change.*
En regard de chaque figure, la chanson correspondante au
titre.
Reliure ancienne en maroquin rouge.

110. — ÉTRENNES NATIONALES, curieuses et instructives, enrichies de figures, d'anecdotes historiques et
augmentées de la Révolution de Paris, pour l'année
1790. *A Paris, chez Cailleau, imprimeur-libraire, rue
Gallande, n° 64. Avec Approbation et Privilège au Roi.*
In-24.

Titre imprimé. Le faux-titre porte en plus : TRÉSOR DES
ALMANACHS.
Curieux frontispice gravé sur bois : *Ouverture des* ÉTATS GÉNÉ-
RAUX *à Versailles, le 4 de mai 1789.* — Le Roi sur son trône,
avec la Reine à ses côtés et entouré de sa Cour, préside l'Assemblée des Trois Ordres. Les tribunes sont garnies de spectateurs.
Douze mauvaises vignettes gravées sur bois.
Le texte, composé des mêmes matières que dans les années
précédentes, est augmenté d'un récit intitulé : *Idée de la Révolution de Paris.*
Reliure en maroquin rouge, avec petites dentelles, très fraîche
et curieuse en raison du motif qui orne les plats, attributs des
trois ordres, la *Crosse*, l'*Épée*, la *Bêche* (pour la classe des tra-
vailleurs) attachés ensemble par un ruban suspendu au bec
d'une colombe (sans doute le Saint-Esprit).

111. — GALATÉE, PASTORALE. A vous que j'aime.
*A Paris, chez Boulanger, rue du Petit-Pont, à l'Image
de Notre-Dame.* In-24.

Titre-frontispice signé : *Queverdo,* représentant une arche
de pont au-dessus d'un ruisseau aux bords duquel sont assis
un chien et un agneau. Aux bouts du pont, des branches
d'arbres s'entrecroisent dans le haut. Sur les branches infé-
rieures, deux colombes se posent, tenant dans leurs becs une

couronne de roses qu'elles suspendent au-dessus d'un médaillon
orné de lettres entrelacées, appuyé sur des attributs champêtres.

Au verso du frontispice, *Remarques pour la présente année 1790.*

Douze ravissantes figures, très finement gravées, non signées,
mais certainement dessinées par Queverdo.

Les légendes de chacune des gracieuses petites estampes sont
le premier vers des romances et couplets chantés par Tircis, Philis et autres bergers et bergères.

Ces poésies amoureuses forment le texte où l'on trouve aussi
six pages de musique.

*Avant que le soleil eut éclairé, Les Soins de mon troupeau. Jamais
nous ne verrions briller, Voulez-vous être heureux amant,* en dansant une ronde, une jolie bergère regarde le gentil berger qui
lui donne la main et chante :

> Voulez-vous être heureux amant ?
> Soyez guidé par le mystère ;
> Celui qui sait le mieux se taire
> En amour est le plus savant.
> Pour être aimé, soyez discret ;
> La clef des cœurs, c'est le secret.

*En vain j'adresse au ciel, La charmante Philis est celle, O toi
qui suis toujours mes pas, Amitié, reprends ton empire, Le beau
Nelzir aimait Semire, J'aimais une jeune bergère, Des bergers de
notre village, Je méprisais cette foule.*

Au recto du dernier feuillet blanc : Jagot, *maître imprimeur
en taille-douce, rue du Plâtre, la 1ʳᵉ porte à gauche, par la rue
Sᵗ-Jacques, n° 15.*

Très curieuse reliure en soie orange soutachée d'or et ornée
de petites pierres rouges formant des fleurs, s'ouvrant comme
un portefeuille dont les gardes en soie blanche, disposées en po-
chettes, sont décorées de petites peintures, sujets champêtres,
fleurs, râteau, bêche, arrosoir, et instruments de musique, flûte,
tambourin, carquois et flèches, etc.

Les plats extérieurs ont au centre des médaillons en soie
blanche peints dans le même genre.

112. — Recueil de contes lyriques sur les aventures du jour, extraits des Après soupés de la société.
S. l. n. d., ni nom d'éditeur. In-18.

Titre-frontispice bien gravé, au milieu d'un paysage où naturellement se trouve l'Amour et ses attributs.

Six charmantes petites estampes avant la lettre, non signées,
que l'on peut attribuer à Queverdo. Les sujets se rapportent au
texte des anecdotes :

*Les Confidences à la mode, L'Abbé qui veut parvenir, La Femme
de bon appétit, Madame Collet-montée ou le jeune homme bien
corrigé, Idyle, Le jeune seigneur bien poli.*

Dialogues et anecdotes amusants.

Reliure ancienne en maroquin rouge.

113. — LE TABLEAU DE PARIS. Étrennes aux beautés
parisiennes. *A Paris, chez Esnauts et Rapilly, rue
St Jacques, à la Ville de Coutances.* In-24.

Titre-frontispice gravé. Des amours, portant les uns un miroir, les autres un bonnet de dentelles à la mode, se jouent entre
deux arbres dont les branches supérieures se rejoignent pour
supporter une couronne de roses suspendue à un joli nœud de
ruban.

Douze charmantes figures coloriées avec légendes et, en regard,
des chansons analogues: *La Blanchisseuse de linge fin, Le Lever
de l'ouvrière en dentelle, La Parfumeuse inhumaine, La Jeune Bou-
chère en passe-tems, La Toilette à prétention, La Jolie Limonadière
en partie fine, La Leçon de géographie moderne, La belle pâtissière
parvenue, Le Peintre trompé par son élève, Le Musicien aux pieds de
l'écolière, Le Cordonnier galant, Le Financier chez Mlle Desfaveurs.*

Ces figures, très finement gravées, sont plus ou moins légères,
les chansons sont plus au moins grivoises.

Reliure en maroquin crème, avec plaque ornée poussée en or
sur les plats ; au centre un médaillon, colombes se becquetant.

114. — LE TABLEAU DE PARIS. Étrennes aux beautés
parisiennes. *S. l. ni nom d'éditeur.* In-24.

Même titre-frontispice que dans le précédent. Douze figures
coloriées avec légendes et aussi, en regard, les chansons relatives
au sujet : *La Confidence des m^{des} de modes, L'Amour militaire,
La tendre déclaration, L'Intendant fortuné, La fausse compagne, Le
Refus inutile, Les Offres du petit marquis, Le Pouvoir des larmes,
Le Retour du chasseur, Le Clerc favorisé, L'Hommage au plus bel
oiseau, Garre* (sic) *le coup de patte.*

Gracieuses compositions, même genre que dans l'autre année,

mais quelle est la première des deux ? Elles ont chacune le même calendrier 1790.

Reliure en maroquin rouge, avec plaques poussées en or.

115. — LES ÉTRENNES DU JOUR DE L'AN, ou le cadeau sans prétention. *A Paris, chez Le Vachez, m^d de ta-*

bleaux et d'estampes, sous les colonnades du Palais-Royal, n° 258.

Almanach excessivement curieux, pour la façon dont il est illustré. Les gravures sont tirées en couleur par les procédés employés pour les estampes de Debucourt, Taunay, Sergent, Janinet, etc. De plus, ces figures sont des réductions d'estampes très à la mode en 1790, et leur exécution ne laisse rien à désirer.

Le titre est gravé sur le frontispice, où est représentée une table recouverte d'un tapis rouge à franges jaunes, sur laquelle sont placés des jouets destinés aux enfans pour le jour de l'an : poupée, cheval de bois, chapeau à plume, manchon, petits livres à images, etc. Aux pieds de la table, une épée, un tambour, un polichinelle.

Calendrier pour les six premiers mois, 1790.

1re Estampe. — *Le premier jour de l'an.* Réduction de l'estampe de Debucourt, les *Compliments du jour de l'an.*

2e. — *Les Cadeaux.* Réduction du *Bouquet inattendu,* de Mlle Gérard.

3e. — *L'Arrivée du petit frère ou l'Amour fraternel.* D'après Greuze.

4e. — *Éloge de la Campagne.* Réduction de la gravure anglaise de Morland, *The rural Amusement.*

5e. — *La Leçon du Vieillard.* Gravure anglaise : *The Moralist,* de Smith, publiée à Londres, 1787, gravée par Nutter.

6e. — *La Jardinière.* D'après une gravure anglaise de Morland. Feuillets pour perte et gain.

7e. — *La poste de l'amour ou le Départ.* D'après l'estampe de Boucher, portant le même titre.

8e. — *La Fête de la grand'maman.* D'après Debucourt.

9e. — *L'Amant.* Réduction de la gravure anglaise *Courtship* d'après Williams.

10e. — *La petite poste de l'amour ou l'Arrivée.* D'après l'estampe de Boucher, portant le même titre.

11e. — *Le Mari.* Réduction de la gravure anglaise *Matrimony,* d'après Williams.

12e. — *L'Amour Hermite.* Fragment de l'*Hermite* de Greuze.

116. — Les Caprices de Venus. *A Paris, chez Ju-*

bert, doreur, rue St Jacques, vis à vis les Mathurins. In-32.

Titre-frontispice représentant une cascade au milieu de plantes et d'arbres.

Douze charmantes petites figures avec légendes qui sont les mêmes que les titres des chansons relatives au sujet : *Le Triomphe de l'amour, Les Fruits de la Tendresse, Le Tendre Aveu, L'Heureuse Famille, La première faveur, Le Coquet surpris, Le Jaloux trompé, Les Tourterelles amoureuses, L'Agnès précoce* (sic), *Les Charmes de l'amour, l'Heureux paysan.*

Ces figures, très finement gravées, peuvent être attribuées à Dorgez.

Reliure ancienne en maroquin rouge ; jolie plaque poussée en or sur les plats.

117. — Les Contrastes ou spectacles à la mode. Almanach orné de jolies gravures. *A Paris, chez Janet, doreur, beau frère et successeur du s^r Jubert, rue St Jacques, vis à vis les Mathurins, n° 36. In-24.*

Titre gravé dans un jardin fermé par une petite barrière en treillage.

Douze figures coloriées en regard de chansons relatives au sujet :

Le Débat de deux frères, Les Plaintes d'une jolie femme, Le Quiproquo, L'Homme sensible, Qui répond paye, La Vengeance naturelle, L'Analyse, Les Rendez-vous, Le Bal masqué, Le Repos des amans, Les Étrennes, Les Proverbes ou le repas interrompu.

Reliure en soie soutachée d'or, avec jolis sujets à deux personnages peints à la gouache.

1791

118. — Le Narcotique des sages ou le véhicule de la folie. Almanach orné de jolies gravures. *A Paris, chez Janet, beau frère et successeur du s^r Jubert, doreur, rue St Jacques, vis à vis les Mathurins. In-24.*

Titre-frontispice gravé dans un paysage où coule une rivière sur laquelle un pont est traversé en sens inverse par deux cavaliers : un bateau à voiles passe sous l'arche du milieu : à droite et à gauche de ce pont, deux colonnes surmontées de la sagesse et de la folie.

Douze jolies gravures avec les légendes semblables aux titres des chansons placées en regard : *L'Amante délaissée, Les Larçins, Les Baisers rendus, Le Retour du printems, La Nymphe scrupuleuse, La Veuve consolée, La Rupture, L'Amour à la mode, Les Désirs, La juste comparaison, L'Échange, Le noûvel Orphée.*

Figures intéressantes pour les modes et costumes de l'année 1791.

119. — **Les Amours de Mirabeau l'ainé**. *A Paris, chez Blanmayeur, rue du Petit Pont, à l'image N. Dame.*

Même almanach que le *Prix du à l'amour,* sauf le nom de l'éditeur ; les planches des gravures de Queverdo sont très usées.

Reliure en soie peinte; de jolis sujets sur chacun des plats.

120. — **Les Amours d'Héloise et d'Abeilard**, dédiées aux âmes sensibles. *A Paris, chez Esnauts et Rapilly, rue St Jacques, à la ville de Coutances. In-24.*

Titre-frontispice gravé représentant une jeune femme pleurant sur la tombe d'Abeilard, un berger vient la rejoindre,

> Gémissons sur leur tombe
> Et n'aimons pas comme eux.

Portraits d'Abeilard et d'Héloïse en médaillons.

Précis historique de la vie d'Héloïse et d'Abeilard.

Douze figures retraçant quelques moments de leur existence, avec les légendes suivantes : *Première entrevue des deux amans à Paris chez Fulbert, oncle d'Héloïse, Les Leçons d'Abeilard et de l'amour, L'Union secrette des deux amans, Les deux amans surpris par Fulbert, Héloïse déguisée échappe à la fureur de son oncle par les soins d'Abeilard, Les deux amans dans le jardin de leur sœur, en Bretagne, Les deux amans jouissant des douceurs de la paix, La Vengeance de Fulbert sur Abeilard à son retour à Paris, après son mariage, Héloïse pour complaire à son amant devenu jaloux, se fait religieuse à Argenteuil, Abeilard devenu abbé de Saint-Gildas de Ruis revoit Héloïse au Paraclet après nombre d'années, Héloïse ayant survécu de 21 ans à son époux meurt au Paraclet en 1163, Rencontre des deux amans aux champs Élisées.*

En tout 43 pages y compris les gravures en face desquelles des chansons relatives.

Reliure ancienne en maroquin vert, avec petites dentelles et grands bouquets sur les plats.

121. — LES PERFIDIES SUPPOSÉES ou les médisances pardonnables. Almanach orné de jolies gravures. *A Paris, chez Janet, successeur du Sr Jubert, rue St Jacques, vis à vis les Mathurins, n° 36. In-24.*

Titre-frontispice gravé dans un paysage où serpente un ruisseau sur lequel une passerelle où s'amusent de petits amours.

Douze gravures de Dorgez, avec les mêmes légendes que les titres des chansons analogues, dont la première page est en musique : *Le Rideau entr'ouvert, Le Cheval fondu, La Substitution, L'Amour dragon, Le nouveau Colin-Maillard, Le Besoin des deux sexes, Les Vœux téméraires, La Mère surveillante, L'Échelle rompue, La Vengeance pardonnable, Le Cent de fagots.*

Ces estampes sont fort jolies ; 24 pages de chansons sans figures.

Reliure ancienne en maroquin rouge.

122. — LES SOIRÉES DE CELIE ou recueil de chansons en vaudevilles et ariettes, orné de jolies gravures. *A Paris, chez Janet, successeur du s^r Jubert, rue St Jacques, vis à vis les Mathurins. In-24.*

Titre-frontispice gravé entre des arbres aux pieds desquels des joncs et des rosiers. Sur une fontaine supportée par l'amour, brûlent des cœurs enflammés.

Douze figures coloriées et en regard des chansons relatives au sujet : *Le Chercheur de merles, Mirlimini-Zacataca, L'Amant serrurier, La Déclaration muette, La Bergère, La jolie boulangère, Les Pleurs séchées* (sic), *La Méchante, La Chasse, La Marchande de chapeaux, La Danse, Chacun s'occupe.*

Les figures du charlatan *Mirlimini-Zacataca,* de *la jolie boulangère,* de *la marchande de chapeaux,* de *la danse* sont fort jolies.

Reliure en soie brodée et soutachée d'or.

123. — LE TRÉSOR DES DEVINATIONS ou le portefeuille

de Jérome Sharp. *A Paris, chez Janet, successeur du s^r Jubert, rue St Jacques, n° 36. In-24.*

Titre-frontispice gravé dans un paysage où coule un ruisseau ; à droite, un bel arbre à une branche duquel est suspendu un hexagone chargé de chiffres dans des compartiments et soutenu, à gauche, par un amour tenant de l'autre main le flambeau allumé.

Dix figures allégoriques gravées par Dorgez en regard de vers analogues au sujet : *La Vérité, Le Hasard, La Fortune, Le Destin,*

La Bonne Fée, Le Bon Génie, La Sybile, Nostradamus, La Mère sçait tout, Mathieu Lansberg.

Comme texte, avant les gravures, la manière de tirer les horoscopes : « On choisit une des questions suivantes et après avoir tiré un n° dans l'hexagone, on va à une des colonnes, qui vous dit où vous trouverez la réponse. » Suivent 10 colonnes avec des numéros et dix questions numérotées aussi.

Reliure en soie brodée en or, délicieuse miniature sur chacun des plats, dans un étui enfermé lui-même dans un petit sac en tabis.

1793

124. — ANNETTE ET LUBIN OU LES DÉLICES DE LA CAMPAGNE. Almanach chantant. *A Paphos et se trouve à Paris, chez la veuve Tiger, rédacteur et éditeur, au Pilier Littéraire, Place de Cambrai, et chez les marchands de nouveautés.* In-24.

Recueil de chansons imprimé en rouge.

Six figures coloriées, sans légendes, dont le sujet est tiré de la chanson en regard, sauf la première qui sert de frontispice et qui représente :

Un berger et une bergère devant une fontaine où va boire un de leurs moutons. Puis, *Les Quatorze ans, La Niche imprudente, La bonne fille, Le Bonheur champêtre* (dialogue entre un seigneur et un paysan), *Le Vœu d'un amant.*

Le dialogue en vers entre le seigneur et le paysan est charmant, il prouve la supériorité de la vie des champs sur celle des grandes villes. L'honnête paysan qui exalte le bonheur champêtre était de ceux que chante Virgile :

> ... *O fortunatos nimiùm, sua si bona norint*
>   *Agricolas !*
>
>   Géorgiques (liv. II).

Cartonnage orné de petites dentelles à froid ; au centre, un médaillon avec fleurette, en papier rouge.

125. — LE DEVOIR DES ENFANS (par Sylvain Maréchal). *A Paris, chez Esnauts et Rapilly, rue St Jacques, n° 259.* In-24.

Titre-frontispice et douze figures coloriées de scènes enfantines :

Le Nouvel an, L'École, La Confession, Les Vacances, Le Jour de la confirmation, La Fête souhaitée, La Leçon de danse ou le menuet, La Distribution des prix, Le Jour de la 1re communion, Les Oreilles d'âne, La Ste Catherine, L'Écriture.

En regard de ces jolies petites estampes, il y a soit un couplet approprié, soit un bon conseil commençant par ces mots : « Mes petits amis, ... Le jeune arbre qui prend une croissance irrégulière ne regarde pas de mauvais œil le jardinier sage qui le redresse. Imitez le jeune arbre. Un jour vous nous remercierez des rigueurs de nos leçons. »

Reliure ancienne en satin crème.

126. — PAUL ET VIRGINIE. *A Paris, chez Janet, successeur du sieur Jubert, rue St Jacques, vis à vis les Mathurins, n° 36. In-64.*

Minuscule. Titre gravé, huit figures relatives à l'histoire de Paul et Virginie, texte se composant de chansons analogues au sujet.

Reliure en maroquin vert, petites dentelles ; au centre des plats, deux cœurs traversés par la même flèche avec la devise : *L'amour les consume.*

1796

127. — LES FINESSES COUSUES DE FIL BLANC OU LES AVENTURES AMOUREUSES. Almanach charmant et chantant. *A Paris, chez Janet, rue St Jacques, n° 31. In-24.*

Titre-frontispice très gracieux représentant dans un paysage deux amours voltigeant et retirant avec un fil les vêtements de trois jolies jeunes femmes qui restent nues au bord d'un ruisseau. En haut, dans les nuages, Vénus est couchée dans sa conque marine, traînée par des colombes. En bas du frontispice, un vers de Favart :

Tout peint l'Amour, tout n'est qu'amour.

Douze figures assez bien gravées, avec, en regard, les chansons relatives au sujet :

La Crème du château, Qu'est-ce donc que cela ? Le Jeu bien joué, Les Aventures de Blaise, La Ruse d'amour, L'Amour mémoratif, Le Pot au lait et l'Anon, Les Fredaines d'amour, Les Pêcheurs,

Les Symptômes de l'amour, La Jeune fille difficile, L'Accord de l'Amour et de Bacchus.

Le pot au lait joue un grand rôle, dans les chansons des almanachs. Il est si fragile! il tombe si facilement!

. . . .
. . . .

« Allons mets tes plus beaux habits,
Et porte au château cette crème :
Mais, en chemin, ne bronche pas,
Car c'est comme l'honneur, ma chère :
Si tu fais le moindre faux pas,
Voilà le pot au lait par terre ! »

Reliure en soie, brodée d'or ; au milieu des plats, un vase de fleurs de forme gracieuse.

1797

128. — LE MIROIR DES JEUNES DEMOISELLES OU Paul

et Virginie. *A Paris, chez Jagot, rue St Jacques, en face le Col^{ge} de l'Ég^{té} ci-devant L^{is} le g^{d}, n° 614. In-24.*

Titre imprimé. Frontispice et huit figures pour illustrer *Paul et Virginie*; chaque figure, y compris le frontispice gravé par Girard, a son explication en regard : *La Naissance de Virginie, L'Opulente urbanité, Les justes regrets, Les Plaisirs purs, La franche gaieté, La Terreur excusable, Le Danger intéressant, L'Espoir et la douleur.*

Composition des sujets et gravures très médiocres.

Cet almanach n'a d'autre intérêt que celui de répandre dans les masses la touchante histoire de *Paul et Virginie*.

Reliure en soie brodée de paillettes, avec des médaillons au centre des plats, petites peintures de fleusr.

179...?

129. — Les Délices de l'adolescence. *A Paris, chez Janet, rue St Jacques, n° 36*. In-32.

Douze gravures coloriées, avec légendes et chansons analogues.

L'Amant malheureux, La Piété Filiale, Le Pouvoir de la Musique, L'Innocence, La Gageure inutile, Les Adieux du village, Le Serment d'Amour, Angelina Thellis, L'heureuse adolescence, L'Art d'aimer et de plaire, La Bascule.

Ces figures doivent être attribuées à Dorgez.

Reliure en soie brodée de paillettes d'or, dans un étui de maroquin rouge, avec dentelles sur les plats et, au centre, un motif révolutionnaire, sans-culotte armé d'une pique donnant la main à une mégère qui porte un rameau plus ou moins fleuri.

1800

130. — LES NOUVELLES FOLIES PARISIENNES OU LES CARICATURES A LA MODE. *Chez Marcilly, rue Julien-le-Pauvre, n°s 14 et 16, et Demoraine, rue du Petit-Pont, n° 49. In-24.*

Ce titre est gravé sur le frontispice représentant un paysage avec un bel arbre à droite; il est suivi d'un autre titre imprimé que voici : CALENDRIER RÉPUBLICAIN ET GRÉGORIEN, pour la neuvième année de la République française, avec les fêtes nationales. *A Paris, chez Marcilly, M^d Papetier, etc.*

Douze figures de caricatures à la mode de Vernet. En regard, des couplets appropriés au sujet.

Les Merveilleuses, La Folie du jour, Hélas! nous ne nous ressemblons pas, Les Inconcevables, L'Incroyable à cheval, L'Impayable, Les Croyables au perron, Ma chevelure s'en va, Pas possible, Faites la paix, C'est inconcevable, Les Incroyables.

Reliure en maroquin rouge; plaque ornée frappée sur les plats, colombes se becquetant au centre sur maroquin vert.

Ce curieux almanach se complète, pour ainsi dire, par une plaquette intitulée : QUELLE FOLIE OU GALERIE DES CARICATURES. Depuis les incroyables jusqu'au Bœuf à la mode. Étrennes assez piquantes pour la présente année. *A Paris, chez Ouvrier, libraire, rue St André des Arcs, n° 41.*

C'est le catalogue des gravures qui se trouvent chez Depeuille, M^d. d'estampes, rue des Mathurins ; Martinet, M^d. d'estampes, rue du Coq-S.-Honoré ; et chez Ouvrier, libraire, avec la description des caricatures et le prix de chacune d'elles — par exemple: L'inconvénient des perruques (3 livres). [Ici figure une amazone à cheval, liée à sa selle avec une courroie, dans l'attitude du plus grand embarras. Le vent, qui a déjà mis à découvert une de ses cuisses, souffle dans le réseau de la perruque et met en évidence ses cheveux courts que de loin on dirait rasés.]

Les Merveilleuses coûtaient 3 liv. ; Les Incroyables, 3 liv. ; L'Incroyable à cheval, 3 liv. ; L'impayable rentier de l'État, 15 sols ; Les Croyables au perron, 3 liv. ; La Folie du jour, 3 liv. ; Ma chevelure s'en va, 3 liv. ; Faites la paix, 3 liv. ; Les Croyables, 1 liv. 10 sols; etc., etc.

Cette plaquette brochée est unique, je crois, en tous cas rarissime.

1803 (1)

131. — LES DÉLICES DE PARIS. *A Paris, chez Janet, libraire, rue St Jacques, n° 31. In-24.*

Titre-frontispice gravé : La Renommée souffle dans sa trompette au-dessus d'un pont sur la Seine ; à gauche, la colonnade du Louvre.

Douze gravures des plus intéressantes : *Les Étrennes, Les Masques, La M^{de} de modes, La Guinguette, La Femme à deux maris, Frascati, Diners du Vaudeville, La Maison du prêt, Les Thuilleries, Salon des arts, Bal de l'Opéra, Le Mariage.*

En regard des gravures, chansons portant le même titre que les légendes de ces figures, au milieu du volume, après la 6e gravure; avant la 7e, ariettes et romances.

Reliure ancienne en maroquin vert ; au centre, médaillon avec colombes se becquetant.

1805

132. — ALMANACH DES MODES ET DE LA PARURE. *A Paris, chez Marcilly, rue St Julien-le-Pauvre, n°s 14 et 15. In-24.*

Titre-frontispice gravé : trois amours dont le premier pose

(1) Les quatre almanachs du dix-neuvième siècle dont la description suit ont une telle analogie avec les almanachs du dix-huitième ci-dessus décrits que j'ai cru devoir les faire figurer à cette place.

sur la tête du second une coiffure excentrique. L'autre présente
un miroir qui lui permet de se rendre compte de l'effet produit.

Douze gravures assez médiocres mais intéressantes pour les
costumes de l'époque. Chansons analogues en regard de chacune
d'elles.

La Toilette des Élégantes de Paris, Le Charme de la Parure,

> De fleurs et de parfums, l'Amour
> Vient d'embaumer le sein d'Adèle :
> Les plaisirs composent sa cour ;
> Les jeux ne veulent suivre qu'elle.
> Qu'ils la couronnent tour-à-tour ;
> Des Belles elle est la plus belle, etc., etc.
>
> . . . .
> . . . .

*Les Quatre saisons de l'Amour et de la Mode, La Mode et l'Amour,
La Magie de la Mode ou l'Illusion, La Jolie Colerette ou la Ruse
un peu forte, L'Usage et la Mode, Le petit jour nécessaire aux
Grâces, La Coëffure à la Malicieuse, La Danse à la Mode ou le Bal.*

> C'est là que cent bonnes fortunes
> S'offrent sous maints déguisements,
> Et qu'Amour aux Beautés communes,
> Procure d'assez doux moments :
> C'est là que sans soin, sans étude,
> La vérité s'explique et plaît
> Et peut dire à plus d'une prude :
> « A bas le masque ; on vous connaît ».

*L'Aveugle à la Mode ou l'excuse des lunettes, La Parure de la
modestie et de la gaieté.*

Au milieu du volume, 24 pages comprenant les Notices historiques sur la toilette, les modes, la parure et les ajustemens,
etc., etc.

Reliure en maroquin rouge.

1809

133. — La Fontaine et Florian ou choix de fables
naïves, suivi de quelques autres chantantes. *A Paris,
chez Janet, libraire et m^d de musique, rue St Jacques,
n° 51. In-24.*

Titre gravé. Ce recueil est orné de douze planches contenant

chacune trois illustrations pour les fables, avec leur nom en légendes. 49 pages pour les fables ordinaires et des pages 5o à
108 pour celles chantantes. Calendrier de 1809.
Reliure de l'époque en maroquin rouge, petite dentelle.

134. — TOUT AUX DAMES. Almanach chantant. A

Paris, chez Janet, libraire, rue St Jacques, n° 53. In-32.
Recueil de chansons illustré de huit figures assez finement

gravées : *Le Colin Maillard, Fidélité vaillance, L'Amour échappé de Cythère, La Bachelette, Le Défenseur de la beauté, La Bohémienne, Le Troubadour croisé, Les petits jeux innocents.*

Les petits jeux innocents, chansonnette

Air : vaudeville de jadis et aujourd'hui

Des bergerettes du village
Un soir d'été, cercle joyeux
Se rassembla dans le bocage
Pour former mille petits jeux.
Pour l'amour quel moment propice !
Voulant protéger les amans
Il inventa, non sans malice,
Certains petits jeux innocents.

Faire une tendre confidence
A l'objet secret de ses vœux,
Prendre un baiser, pour pénitence
Ah ! c'est le plus joli des jeux.
Dieu d'amour reçut plus d'un gage
Des bergères et des amans
Et l'on vit jouer la plus sage
A ces petits jeux innocents.

Vous qui chérissez l'innocence,
Craignez d'amour le jeu trompeur,
A ce jeu simple en apparence
Craignez de perdre votre cœur.
Las ! bientôt plus d'une bergère
Apperçut, il n'était plus tems,
Que les jeux du dieu de Cythère
Ne sont pas des jeux innocents.

Reliure en maroquin rouge, aux armes de Napoléon Ier empereur.

ALMANACHS
DE LA RÉVOLUTION

J. M. Moreau le J.ne 1791
Gravé par L. M. Halbou

Les Almanachs de la Révolution sont en très grand
nombre, mais à peu d'exception près, ils se ressentent
de la décadence de l'art et du goût. Il n'y en a guère
qu'une quinzaine qui, par le nombre des figures, l'intérêt des sujets qu'elles représentent et la finesse d'exécution de la gravure, soient dignes d'un examen ico-
nographique,

Ils ont paru en 1790, 1791 et 1792, les dernières
années du xviiie siècle pendant lesquelles se conser-
vèrent encore les traditions de bon goût et d'élégance
raffinée dans l'art. Ils sont d'une extrême rareté, et les
bibliophiles me sauront gré, je l'espère, de leur en
donner une exacte description.

1790

135. — ÉPOQUES LES PLUS INTÉRESSANTES DES RÉVOLU-
TIONS DE PARIS ou le triomphe de la liberté, dédiées aux
bons citoyens. *A Paris, chez Boulanger, rue du Petit-
Pont, à l'image Notre-Dame.* In-24.

Titre gravé sur une draperie relevée à l'italienne, soutenue à droite par un faisceau de la liberté. De petits cartouches avec les inscriptions : *Armes aux Invalides, Prise de la Bastille, Députation à Paris, le Roi apporte la paix, Retour de M. Necker, Paris à Versailles, le Roi à Paris, la Constitution, Députés à Paris,* forment la bordure inférieure de cette draperie devant laquelle la France accueille la liberté. Au fond, à gauche, dans le lointain, hommes et femmes dansent une ronde sous des grands arbres. En bas de la figure, une tablette avec le coq gaulois surmonté d'un bonnet phrygien au centre et les inscriptions suivantes : *la France libre, le despotisme détruit, les fers de la féodalité sont brisés, la Nation attend le bonheur de la liberté et de la bonté du Roi.*

Quatorze très jolies figures de Dorgez :

1° *La famille royale venant à Paris est gardée par les Parisiens et les Parisiennes.*

2° *Le Roi convoque les États-Généraux ; la vérité répand sa lumière sur les députés.*

3° *Le prince de Lambesc assassine un vieillard au jardin des Thuileries.*

4° *Le curé de Saint-Étienne-du-Mont court aux Invalides prendre des armes.*

5° *Le prévôt des Marchands convaincu de trahison est massacré à la Grève.*

6° *Prise de la Bastille, le 14 juillet 1789 ; le gouverneur décapité à la place de Grève.*

7° *Triomphe du brave grenadier qui est monté le premier à la Bastille.*

8° *Le Roi apporte la paix à Paris et les clefs lui sont présentées par M. Bailli.*

9° *Foulon accroché à la lanterne ; il voulait nourrir le peuple avec de l'herbe.*

10° *L'intendant de Paris conduit à l'Hôtel-de-Ville et le peuple l'attache à la lanterne.*

11° *La Ville de Paris nomme commandant de sa milice M. le Marquis de la Fayette.*

12° *Les dames de la Halle complimentent leurs Majestés à leur arrivée à Paris.*

13° *La Garde nationale parisienne, avant de prêter serment, passe sous les drapeaux.*

14° *Le Roi promet à la troupe nationale de venir à Paris avec son auguste famille.*

Les chansons ou romances en regard desquelles sont les gravures s'intitulent :

Épître à la liberté (après le frontispice), les Parisiennes à Ver-

sailles, le Retour de M. Necker, la Journée du 12, Éloge de
M. le curé de Saint-Étienne, la Perfidie reconnue, la Prise de la
Bastille, le Triomphe du patriotisme, l'Expression du sentiment,

l'Ambition justement punie, la Vengeance bien naturelle, Hommage à M. le Marquis de la Fayette, le Compliment des dames
de la Halle, la Revue des citoyens, séjour du Roi à Paris.

Compliment des Dames de la Halle.

Air : *Reçois dans ton galetas.*

Quand on parle à de bon' gens
Y n'faut pas d'pus biau langage
Qu'y n'faut de biaux ornemens
Pour ajuster un biau visage.
Morgué pour flatter le cœur.
Le pus long n'est pas le meilleur (*bis*).

Voilà donc la constraction
A la parfin ébauchée
Faut avouer que ce grand nom
N'est pas trop à notre portée
Mais j'nous doutons ben quoqu' çà
Que le pus grand bien en résult'ra (*bis*).

C'est not' bon Roi, c'est Louis
Qui veut qu'sa maison prospère
Y ne r'çoit que de bons avis :
Aussi nous n'aurons pas d' misère
Il aim' sa femme et l'État
Tous les deux sont ben faits pour çà (*bis*).

Séjour du Roi a Paris.

Air : *L'avez-vous vu mon bien aimé.*

Il est donc enfin parmi nous
  Ce roi tendre et sincère
Que des cœurs méchans et jaloux
  Ont voulu nous soustraire ;
Le ciel ennemi des forfaits
A détruit leurs honteux projets.
Un Roi qui chérit ses sujets
  S'est donné pour otage.
De ses vertus, heureux Français,
  Ce triomphe est l'ouvrage.

Avec lui sont tous ses enfans,
  Qu'ils sont chers à la France !
Chaque jour de nos sentimens
  Leur offre l'assurance.
De les voir on est affamé :
Quand on les voit on est charmé.
Qui les a vus serait flatté
  De les revoir encore.
Tel est le sort tant mérité
  D'un roi que l'on adore.

Calculons les malheurs affreux
Qu'évite sa présence,
Et par ce trait digne des dieux
Jugeons sa bienfaisance.
A présent, mortels corrompus,
Pour nous ravir notre Titus
Vos efforts seront superflus;
Oui cessez d'y prétendre,
Tant de fois vous fûtes vaincus
Qu'il est temps de vous rendre.

A la fin du petit volume, couplets avec musique gravée. Feuillets de perte et gain pour chaque mois.

Reliure ancienne en maroquin rouge.

136. — LA COCARDE CITOYENNE. Étrenne dédiée à la nation. *A Paris, chez Jubert, doreur, rue Saint-Jacques, vis-à-vis les Mathurins, n° 35.*

Le titre est gravé sur le frontispice orné d'une cocarde tricolore placée sur une panoplie soutenue par un sabre et une hache entrecroisés ; tout autour, des drapeaux avec inscriptions : *Fidelles au Roy, Prudence et liberté,* et des fusils, canons, boulets et piques.

Sept figures, finement gravées, que l'on peut attribuer à Dorgez :

1° *Soirée des Thuileries, du 12 juillet 1789.* (Le prince de Lambesc, colonel du régiment Royal-Allemand sabre un vieillard qui s'est placé devant lui et le supplie d'épargner le sang des citoyens.)

2° *Prise des armes aux Invalides, le 14 juillet 1789.*

3° *Prise de la Bastille, le 14 juillet 1789.*

4° *Arrivé (sic) des députés à Paris, le 15 juillet 1789.*

5° *Arrivée du roi à Paris.*

6° *Retour et arrivée de M. Necker à l'hôtel de ville.*

7° *Offrandes des Dames françaises aux représentants de la Nation.*

C'est la représentation de la scène historique du 7 septembre 1789 où les femmes d'artistes, Mmes Moitte, Viette, Fragonard, David le Jeune, etc., apportent leurs bijoux au président de l'Assemblée nationale, Mgr de la Luzerne, évêque de Langres.

La même scène, mieux dessinée et mieux gravée, sert de frontispice à l'Almanach des Françaises célèbres par leurs vertus, leurs talens ou leur beauté, dédié aux dames citoyennes qui, les premières, ont offert leurs dons patriotiques à l'Assemblée nationale. A Paris chez Leguay fils, libraire, rue de l'Échelle-Saint-Honoré, 1790.

Le titre gravé de cet Almanach représente le même sujet sous une forme allégorique.

La cocarde citoyenne ne contient point de chansons, mais le précis des événements importants du commencement de la Révolution. A la suite de la préface, se trouvent les Commandements de la Patrie :

> Avec ardeur tu défendras
> Ta liberté dès à présent.
>
> . . . .
>
> Aux gens de loi tu couperas
> Les ongles radicalement.
>
> . . . .
>
> Aux dignités tu placeras
> Des gens de bien soigneusement
> Et sans grâce tu puniras
> Tout pervers indistinctement.
> Ainsi faisant, tu détruiras,
> Tous les abus absolument.
> Et d'esclave tu deviendras
> Heureux et libre assurément.

Reliure ancienne en maroquin vert, dentelles sur les plats.

137. — Étrennes Nationales dédiées a la liberté Française, ornées de huit portraits de MM. les députés de l'assemblée nationale et de sept gravures représentant les principaux événements depuis l'ouverture des états généraux jusqu'au mois de décembre avec leur explication contenant les noms, qualités et demeures de MM. les députés par ordre alphabétique des baillages et sénéchaussées. *A Paris, Le Mercier, rue des Canettes, à côté de la rue Guisarde, et chez les marchands de nouveautés. In-12.*

Frontispice gravé. Minerve appuyée contre un piédestal où sont les bustes du Roi et de M. Necker, foule aux pieds l'hydre de l'aristocratie, en dirigeant sur elle une pique ornée du bonnet phrygien.

Portraits à l'aquatinte, tirés en bistre : La Fayette, Bailly, Petion, le Chapelier, Mirabeau, l'abbé Dillon, l'abbé Grégoire, Buzot.

Six figures gravées en travers :

1° *La procession de l'ouverture des États-Généraux.*
2° *Le serment du Jeu de Paume.*
3° *La charge du prince de Lambesc.*
4° *La Prise de la Bastille.*
5° *L'Offrande des Bijoux faite par les dames artistes à l'Assemblée nationale, 7 septembre 1789.*
6° *L'Arrivée du Roi à Paris, 6 septembre 1789.*

Le texte de l'Almanach, comme l'annonce, le titre, se compose de noms, d'adresses, et d'explications historiques.

138. — LA LANTERNE MAGIQUE ou fléaux des aristocrates. Étrennes d'un patriote dédiées aux Français libres, ouvrage dans lequel on verra tout ce qui s'est passé depuis l'assemblée des notables jusqu'à présent ; orné d'estampes et de couplets analogues. *A Berne,* 1790.

Introduction : « Français, j'arrive de Suisse, pays de la liberté. J'en apporte une pièce rare et curieuse qui m'a été remise par un fameux méchanicien. C'est une lanterne magique qui représente les tableaux les plus fidèles de votre révolution depuis l'instant où Calonne déclara le déficit jusqu'à l'époque où nous sommes actuellement. »
Douze jolies figures bien gravées, avec leur explication.

1er *Tableau.* — La Maison de l'épicier en face de l'hôtel de ville. Au-dessus de l'auvent, se voit le buste de Louis XVI qui a pour perspective la branche de fer à laquelle tient ordinairement le trop fameux reverbère, il est détaché et l'on a mis à sa place la lanterne magique. Celui qui la fait voir se tient auprès ; il est environné d'un groupe de personnes qui écoutent son annonce. On voit les tentes des soldats qui sont en faction sur la place. La déesse de la liberté lève le rideau qui couvrait la machine.
Le montreur de lanterne magique s'écrie : « Allons, messieurs, nous allons commencer ! »

2e *Tableau.* — Vous voyez ici Louis et Antoinette au milieu de leurs courtisans. Les aristocrates appliquent un bandeau épais sur les yeux de notre auguste monarque ; d'un autre côté, voyez une perfide favorite couvrir d'une main les yeux de la souveraine, tandis que de l'autre elle tient un poignard ; de la bouche empestée de cette mégère, sort un serpent prêt à s'insinuer dans le sein de la Reine ; dans le fond, à gauche, on voit des courtisans qui enlèvent des sacs d'argent. Les déprédations commencent.

3e *Tableau*. — Ce tableau allégorique vous représente la folie conduisant le char de la prodigalité, désigné par une femme qui sème l'or autour d'elle ; derrière le char se tient la rapine qui commet ses dilapidations jusque sur les genoux de la prodigalité ; sur plusieurs banderolles du char se lisent quelques-uns des abus qui ont occasionné l'épuisement de nos finances.

4e *Tableau*. — Considérez ici ces deux aristocrates formant des chaînes sur une enclume pendant qu'une femme, la même que vous avez vue dans le second tableau, favorite perfide d'une reine qu'elle trompe, s'occupe à souffler le feu et leur montre du doigt comment il faut forger ces fers.

5e *Tableau*. — Voici le Roi, rendant à M. Necker le portefeuille qu'il lui avait ôté. Ce ministre protecteur de peuple s'aperçoit que les yeux du souverain sont encore couverts d'un bandeau. Voyez son indignation ; il avance la main pour rendre la vue au monarque trompé ; les aristocrates qui l'environnent sont effrayés de son action ; ils le retiennent par le bras et l'empêchent d'approcher.

6e *Tableau*. — Voyez d'un côté un aristocrate militaire aiguiser des poignards et autres armes de toutes espèces, de l'autre deux de ces monstres occupés à broyer des poisons. Ce tableau emblématique représente l'horrible conjuration formée contre Paris, avant l'époque fameuse du 13 juillet.

7e *Tableau*. — Voilà les arcades du café de Foi, au Palais Royal. C'est là que se sont faites les premières motions qui nous ont conduit à la liberté. Vous y voyez un orateur qui, après la nouvelle de l'exil inattendu de M. Necker, tient un pistolet d'une main et de l'autre un papier sur lequel est écrit : « Aux armes ! » il est environné d'un groupe nombreux qui applaudit vivement à sa motion.

8e *Tableau*. — Vous voyez ici un aristocrate arrêté dans sa fuite, le peuple environne sa voiture et le force d'en descendre ; l'humiliation et la honte sont sur sa figure, mais la rage est dans son cœur ; dans le lointain, remarquez une autre voiture qui s'enfuit.

9e *Tableau*. — Après avoir combattu pour nous, le génie bienfaisant qui règne sur la France vient enfin arracher le bandeau fatal qui, depuis si longtemps, couvrait les yeux du Roi. Ce tableau désigne l'heureuse arrivée du Roi dans la capitale le 7 juillet.

10e *Tableau*. — Dans ce tableau, l'on voit Louis et Antoinette auxquels M. de Liancourt vient de raconter le malheur arrivé à l'infortuné François? Sa Majesté donne à M. de Liancourt 6 000 livres pour les remettre à la veuve de ce boulanger.

11ᵉ *Tableau*. — Voyez ici le génie de la liberté terrassant et foulant aux pieds l'hydre de l'aristocratie. Déjà plusieurs de ces têtes sont coupées et son sang impur a plus d'une fois souillé la terre. Le génie victorieux plonge dans son cœur le fer qui doit nous affranchir à jamais du joug odieux de cet exécrable monstre.

12ᵉ *Tableau*. — Dans ce tableau est personnifiée la Constitution sous la figure d'une belle femme, posée sur un piédestal bien large, pour désigner combien la base de cette Constitution sera solide et durable ; d'une main elle tient les balances qui annoncent l'égalité ; de l'autre, une corne d'abondance ; à droite et à gauche du pied-destal (*sic*), vous voyez des gerbes de blé et la poupe d'un navire, qui annoncent que dès que la Constitution sera faite, on verra renaître l'abondance et le commerce refleurir. Dans le lointain, des gens qui dansent et qui jouent de divers instruments, heureux pronostics du bonheur qui résultera de la régénération de la France.

Le texte qui suit l'explication de chaque tableau se rapporte au sujet de la gravure ; l'aristocratie y est fort maltraitée, tandis que l'auteur de ce pamphlet se montre le soutien du Roi et de la Reine.

Cartonné, non rogné.

1791

139. — Le Fanal des patriotes ou les LXXXIII départements, almanach orné de jolies figures. *A Paris, chez Janet, beau-frère et successeur du sieur Jubert, doreur, rue Saint-Jacques, vis-à-vis les Mathurins, n° 36.* In-24.

Titre gravé sur le frontispice où est représenté le génie de la liberté sous la figure d'un amour plantant sur un globe fleurdelysé une pique surmontée d'une bonnet phrygien, au-dessous duquel la devise : « Vivre libre ou mourir ».

Sur le socle de la pyramide qui supporte le globe sont gravés ces vers :

> On verra nos neveux, plus fiers que leurs ancêtres,
> Reconnaissant des chefs, mais n'ayant pas de maîtres.

Une guirlande de feuilles de chêne à laquelle sont accrochés six médaillons, trois de chaque côté, portant les noms : la Fayette, l'abbé Goutte, Clermont Tonnerre, Rabaut, Lameth, Barrère de Vieusac, Bailly, l'évêque d'Autun, Mirabeau, Chapelier, Barnave, Gérard, sert d'encadrement au titre.

Soixante-douze pages de texte : les droits de l'homme que l'auteur de l'opuscule appelle le frontispice de la Constitution ; anecdotes en prose, couplets patriotiques, confédération des Français.

Six figures de Dorgez très finement gravées avec une légende au bas de la page :

1° *Les droits de l'homme. Les hommes naissent et demeurent libres et égaux en droits.*

2° *Anecdote patriotique. « Ma bonne, voilà un bien jeune patriote. Nous le sommes tous en naissant. »*

Scène de la rencontre aux Thuileries du Dauphin suivi de sa gouvernante avec un enfant qui, revêtu de l'uniforme national, lui présente les armes.

3° *L'arrivée des députés.*

> On se reçoit, on s'embrasse, on s'empresse
> Tambours battans, tambours battans.

4° *Réponse du Roi à M. de la Fayette. « Redites à vos concitoyens que je suis leur père, leur frère, leur ami. »*

Louis XVI est assis auprès de la reine qui porte le Dauphin sur ses genoux.

5° *Pacte fédératif. « Je jure d'être fidèle à la nation, à la loi et au roi. »*

Le Champ-de-Mars est métamorphosé en un vaste cirque, au milieu duquel s'élève un autel dressé à la patrie ; un amphithéâtre immense est adossé à l'Ecole militaire : C'est au milieu que se trouve le trône où doit s'asseoir le chef de la Nation.

Le récit qui accompagne cette cinquième gravure est des plus intéressants.

6° *Louis XVI couronné par la nation.*
Pourroit-il perdre une couronne que lui donna la liberté ?
Des citoyens armés tiennent une couronne suspendue au-dessus du portrait du roi ; plus le bonnet phrygien et devise liberté ; au-dessous du médaillon de Louis XVI, sur le piédestal qui le supporte, est gravée l'inscription : « Nous jurons de maintenir de tout notre pouvoir la Constitution française. »

Reliure ancienne, maroquin rouge.

1791

140. — L'ÉCOLE DE LA MODESTIE OU LE MANTEAU CI-
VIQUE, *dédié aux Enfans de la Nation, à Paris chez Ja-
net Doreur successeur du Sr Jubert, Rue St Jacques,
vis à vis les Mathurins N° 36. In-32.*

Titre–Frontispice représentant une fontaine avec jet d'eau,
entourée d'arbres et de fleurs qui forment un très joli encadrement.

Douze figures finement gravées, coloriées, très intéressantes
pour les costumes, que l'on peut attribuer à Dorgez, avec légendes qui sont les mêmes que les titres des chansons placées en
regard : *La Jalousie bien naturelle, Les Etrennes du Grand-Papa,
Le Bouquet, L'Ecole Patriotique, Le Cri du Villageois* (nous ne
serons plus grevés du poids de la féodalité), *L'Union tant désirée*
(les trois ordres n'en font plus qu'un), *Le Vœu des Dames Françaises, Le nouveau St-Albin, L'enfant bien corrigé, L'Egalité satis-
faisante, L'Encouragement Héroïque.*

> Va ne crains rien de ma faiblesse,
> L'honneur le veut, marche au combat.
> C'est être cher à sa maîtresse
> Que de combattre pour l'Etat.
> Si le ciel ici te ramène,
> Apporte-moi quelque laurier.
> La main de ta fidèle Ismène
> N'est faite que pour un guerrier.
>
> Eclairé par l'amour lui-même,
> Aisément tu reconnaîtras
> Les ennemis du diadème :
> Qu'ils soient tous livrés au trépas.
> Si rien n'égale ta vaillance,
> Si tu survis à tes travaux,
> Je dirai pour ta récompense :
> « C'est mon époux, c'est un héros.
>
> Si la parque injuste et cruelle
> Te moissonne aux champs de l'honneur,
> Toujours tendre, toujours fidèle,
> Ton épitaphe est dans mon cœur ;
> « Ci-gît un héros de la France,
> « Un guerrier qui fut son appui.
> « Pour elle il perdit l'existence,
> « Son amante mourra pour lui. »

Reliure ancienne en maroquin rouge, large dentelle sur les plats qui sont décorés au centre d'instruments de musique.

141. — Almanach de la Fédération de la France dédié à la nation. *A Paris, chez Blanmayeur, successeur du sieur Boulanger, rue du Petit-Pont, à l'image Notre-Dame.* Format.

Titre gravé sur un des drapeaux tricolores du frontispice où se trouve le faisceau de la liberté en haut duquel est posé le coq gaulois surmonté du bonnet phrygien et de la devise liberté. Sur un deuxième drapeau dont la hampe se croise avec celle du premier sont écrits ces mots : la Nation, la Loi, le Roi. Au-dessous des drapeaux, à gauche, le génie de la liberté foule aux pieds l'hydre de l'aristocratie, au fond à droite la Bastille. Au milieu de la figure, petites tablettes avec inscriptions : Constitution, Droits de l'homme et du citoyen.

Douze figures finement gravées :

1° *Le bouquet volé.*
2° *Le maire citoyen.*
3° *Les travaux du Champ-de-Mars.*
4° *La fête des Champs-Élysées.*
5° *L'amour patriote.*
6° *La Française patriote.*
7° *Les jeunes soldats parisiens.*
8° *Le récit attendrissant.*
9° *Le pacte fédératif.*
10° *Ici l'on danse.*
11° *La lecture des droits de l'homme.*
12° *Le double serment.*
Reliure en soie ornée de peintures sur les plats.

1792

142. — Almanach historique de la Révolution Française pour l'année 1792, rédigé par M. J.-P. Rabaut. On y a joint l'acte constitutionnel des Français avec le discours d'acceptation du roi, orné de gravures d'après les dessins de Moreau. *A Paris, chez Onfroy,*

*libraire, rue Saint-Victor, n° 11 ; A Strasbourg, chez
J.-C. Treuttel, libraire. De l'imprimerie de Didot l'aîné.
In-18.*

Calendrier pour l'année bissextile 1792.

LXXVI pages pour la table des principaux décrets qui ont
eu lieu pendant le cours de l'Assemblée constituante.

257 pages pour le précis de l'Histoire de la Révolution Française ; 108 pages pour la Constitution Française, la lettre du
Roi à l'Assemblée Nationale le 13 septembre 1791, le serment
du Roi pour l'acceptation de la Constitution, 14 septembre 1791,
discours de M. Thouret, président de l'Assemblée Nationale, au
Roi, du 14 septembre 1791, et la table alphabétique.

L'ALMANACH DE LA RÉVOLUTION FRANÇAISE n'est pas rare, mais il
est très intéressant, et ses illustrations de Moreau sont de petits
chefs-d'œuvre.

Le frontispice représente la France debout, au milieu de ses
sujets, et leur montrant le génie ailé de la Liberté qui descend
vers elle.

Les cinq autres gravures sont : *Le Serment du Jeu de Paume,
La Prise de la Bastille, Entrée du Roi à Paris, La Confédération
des Français, Le Roi acceptant la Constitution.*

Avant la lettre, ces estampes sont remarquables de finesse.

Relié sur brochure par Cuzin. Maroquin tête de nègre.

143. — LE PANTHÉON DES PHILANTROPES ou l'école de
la révolution. Almanach orné de jolies gravures. *A
Paris, chez Janet, successeur du sieur Jubert, rue Saint-
Jacques, vis-à-vis les Mathurins. In-24.*

Huit figures gravées par Dorgez :

1° Titre. *Deux soldats prêtent serment à la Constitution.* Sur
des écussons placés en haut de la gravure sont les inscriptions :
Fidélité à la Nation, au Roi à la Loi.

2° *Le Général Paoli à l'Assemblée Nationale.*

3° *Oraison funèbre de Franklin par l'abbé Fauchet.*

4° *Anecdote patriotique* (dialogue entre un seigneur et son
valet).

5° *Le cabinet des Patriotes* (des curieux regardent, dans un
musée patriotique, les têtes de Franklin, Washington, Robes-
pierre, Loustalot, Grégoire et Péthion).

6° *Analyse de la Révolution française.* Dans six médaillons ronds superposés, trois par trois, à droite et à gauche d'un faisceau de la liberté qui partage la figure en deux, sont représentés : la charge du prince de Lambesc, la prise d'armes aux Invalides, la prise de la Bastille, le peuple de Paris se rendant à Versailles, la fête de la Fédération, la France ailée, rayonnante de lumière, descendant vers la Constitution.

7° *Promulgation de la Constitution Française,* composition allégorique dans laquelle la République est assise sur un trône fleurdelysé.

8° *Louis XVI acceptant la Constitution.* Louis XVI, tenant de la main gauche Mgr le Dauphin, jure, la main droite sur une tablette posée sur un globe fleurdelysé, de faire exécuter la Constitution. Le génie ailé de la Liberté plane sur eux et tient la couronne royale suspendue au-dessus de la tête du Roi. En haut de la figure, les signes du Zodiaque.

Comme légende : la Révolution de France a commencé sous le signe du Lion, qui désigne la force ; elle a été déterminée sous celui de la Balance, qui désigne la justice.

Le texte de l'almanach est un mélange de prose et de poésies républicaines.

144. — La Civilogie portative ou le manuel des citoyens, almanach lyrique orné de jolies gravures. *A Paris, chez Janet, successeur du sieur Jubert, rue Saint-Jacques, vis-à-vis les Mathurins.* In-48. Format.

Titre gravé et douze figures de Dorgez. Sur le titre, particularité très curieuse : en bas, le globe fleurdelysé surmonté du bonnet phrygien et, en haut, le soleil rayonnant pour éclairer ce globe appuyé sur des drapeaux aux trois couleurs ; les figures sont très finement gravées.

1° *L'Encouragement patriotique.* Jolie scène entre une femme élégante et un seigneur richement vêtu.

2° *Les Regrets bien méritoires.*

3° *Le Bal national.* — Danses très animées entre militaires et citoyennes. Les musiciens de l'orchestre sont en uniforme.

4° *Le Danger du duel.*

5° *L'Anniversaire du 14 juillet 1789.* Citoyens et militaires, autour d'un tronçon de colonne fleurdelysée dans lequel est plantée une pique surmontée d'un bonnet phrygien, se donnent la main au-dessous de la devise : « Vive la Liberté. »

6° *L'Animadversion d'un patriote.* Ses enfants devant les bustes de Voltaire et Rousseau.

7° *L'Exemple à suivre.*

8° *Les Effets de la Constitution.* Banquet joyeux, toast à la Constitution.

9° *La Licence corrigée par la Liberté.*

LA LICENCE CORRIGÉE PAR LA LIBERTÉ.

Air : *Gardez-vous bien, jeunes fillettes.*

La Licence, un jour, se présente,
Aux regards de la Liberté,
Plus sale encore, plus indécente
Que l'on a peint la Volupté.
« Sœur, lui dit-elle avec aisance,
En moi connaissez votre sang,
Nous avons même ressemblance,
Nous devons avoir même rang. »

« Oses-tu bien, vile mortelle,
Lui répond la Divinité,
Me proposer une parallèle,
Que dément ta difformité.
Apprends quel est mon caractère !
C'est de m'investir de la loi.
Lorsqu'on en franchit la barrière
On est un monstre égal à toi. »

La Licence, à ces mots confuse,
Rougit, couvre sa nudité ;
« Pardon, dit-elle, je m'abuse
Et ressens l'inégalité. »
Je propose l'allégorie
A tout mortel décrédité
Qui frappe, embrase et calomnie,
Sous un vain nom de liberté.

10° *L'Accord sentimental.*

11° *Le Prix de mémoire.*

12° *Le Repentir d'un fugitif.* Une jolie femme ouvre ses bras à un jeune seigneur qui vient de descendre de sa voiture.

Cet almanach très rare, un de ceux qui sont à la fois galants et patriotiques, fait partie de la bien curieuse collection de M. G. Salomon, qui a su réunir plus de deux cents volumes des plus petits formats — des minuscules — imprimés en Allemagne, en Angleterre, en Espagne, France et Hollande.

Reliure ancienne, maroquin rouge.

145. — LA RÉUNION DES UNIFORMES OU L'ALMANACH DES TROIS COULEURS ET VARIÉTÉS, orné de jolies figures. *A Paris chez Janet, Doreur, Beau-Frère et Successeur du Sr Jubert, Rue St-Jacques vis à vis les Mathurins N° 36.* In-24.

Très joli et très curieux Titre-Frontispice représentant deux soldats coiffés, l'un d'eux d'un bonnet à poil, l'autre d'un tricorne avec pompon, le premier présente les armes au second qui porte un étendard aux trois couleurs. La partie blanche est ornée du bonnet phrygien supporté par une épée. Des branches de laurier partent de la poignée où elles sont nouées par un nœud de ruban et leur extrémité se termine sur le bleu et le rouge du drapeau.

Douze charmantes figures, finement gravées, non signées mais qu'on peut attribuer à Binet comme celles de l'Almanach *Amour victorieux* décrit précédemment et sans légendes, dont le sujet se rapporte aux chansons placées en regard. Leurs titres sont : *La préférence patriotique, La double épreuve, La simplicité désirable, Le moyen de s'en défendre, Le marin philosophe, Le portrait des vieillards, Le désespoir bien légitime, La méthode des amans, La grotte mystérieuse, Les charmes du tête-à-tête, Les plaisirs villageois, Les rendez-vous.*

La chanson, *la préférence patriotique* sur l'air : *Bientôt à travers la Lybie,* dépeint assez bien l'esprit du moment.

> La beauté s'effrayait naguère
> Au seul aspect d'un militaire.
> Elle eut vu d'un œil plus serein
> Un Turc, un Maure, un Algonquin.
> Malgré ses grâces et ses charmes,
> Il n'inspirait que des allarmes
> On les croyait tous des brigands
> Payés pour servir nos tirans (*bis*).
>
> Depuis l'heureux instant qu'en France
> Tout est armé pour sa défense
> Depuis que les soldats français
> Ont encouragé nos succès,
> L'uniforme a la préférence.
> Il est l'habit par excellence
> Le sexe en chérit la couleur,
> Et qui le porte est son vainqueur.
>
> Puisque le fond cède à la forme,
> Endossons tous l'uniforme.

C'est l'appui de la liberté ;
Il charme et séduit la beauté.
Avec les lauriers de Bellone,
Unissons une autre couronne.
L'amour n'en réserve le prix
Qu'à celui qui sert son pays.

Reliure ancienne en maroquin vert.

146. — ALMANACH DU PÈRE GÉRARD POUR L'ANNÉE 1792, la troisième de l'ère de la liberté, orné de douze figures en taille-douce ; ouvrage qui a remporté le prix proposé par la Société des amis de la Constitution, séante aux Jacobins. *A Paris, par J.-M. Collot-d'Herbois, membre de la Société, prix trente sols. Se vend à Paris, chez Maillet, rue Saint-Jacques, n° 45 ; au secrétariat de la Société des amis de la Constitution, rue Saint-Honoré ; au bureau du Patriote Français, place du théâtre italien, rue Favart, n° 3. In-12.*

6 feuillets pour le calendrier.

Rapport fait à la Société des amis de la Constitution, par M. Dusaulx, au nom de MM. les examinateurs juges au concours de l'Almanach patriotique.

Introduction. — 1 feuillet. « Vous connaissez tous le père « Gérard, ce vénérable vieillard, député à l'Assemblée Nationale, « en 1789.

« — C'est un homme d'un bon sens exquis ; il a la droiture de « cœur des anciens patriarches. A la fin de la session, il est re- « tourné dans ses foyers, au milieu de sa famille, dans un vil- « lage du département de l'Ile-etVilaine. Vous pensez bien qu'il « y fut accueilli avec joie ; chacun le bénissait, car on bénit « toujours ceux qui ont rempli loyalement les fonctions qui leur « ont été confiées par le peuple. Figurez-vous donc le voir en- « touré de ses frères, de ses amis, pressé, caressé et surtout bien « questionné, bien interrogé. Je vous dirai ce qu'il a pu leur « répondre ; peut-être ne trouverai-je pas toujours ses naïves « expressions ; mais, à coup sûr, vous reconnaîtrez continuelle- « ment les intentions, l'esprit et les principes de ce bon vieillard. « J'en composerai douze entretiens, et j'espère que le tout pourra « former une instruction ou almanach utile pour les cam- « pagnes. »

De la page 30 à la page 96, les douze entretiens ornés chacun d'une figure dessinée par Charpentier et gravée par Michon, Bovinet, Leroy ou Duval ; toujours le même sujet : le père Gérard entouré de nombreux auditeurs, pérorant, expliquant et répondant aux questions qui lui sont posées.

1re figure. *De la Constitution. O la bonne Constitution que la Constitution française ; elle assure notre bonheur et celui de nos enfants.*

2e *De la nation. La Nation est composée de tous les Français, quelque soit leur religion, leur état et leur couleur.*

3e *De la Loi. J'ai donc concouru à faire la loi ? — Sans doute, vous y avez concouru par vos représentans.*

4e *Du Roi. (Un paysan :) Le roi est-il aussi un citoyen ? — (Le père Gérard) C'est un titre que le roi doit s'honorer de porter assurément.*

5e *De la Propriété. Il ne fauche pas son herbe ! autant que j'en profite ! Cela n'est pas juste.*

6e *De la Religion. Nous ne faisons tous qu'une même famille.*

7e *Des Contributions publiques. (Le Paysan :) Va pour cinq cent millions, je suis fier de payer ma part.*

8e *Des Tribunaux. Le 14 juillet, toutes les procédures doivent être brûlées devant le bonnet de la Liberté.*

9e *De la Force armée. (Un jeune Citoyen :) Je suis prêt à marcher, je sais faire la charge en douze temps.*

10e *Des Droits de chaque citoyen et de ses devoirs. Le nouveau Cincinnatus... Vivre libre ou mourir.*

11e *De la Prospérité publique. La prospérité existe quand la population est abondante et va toujours en croissant.*

(Toutes les femmes :) Bien bon signe que cela, père Gérard.

12e *Du bonheur domestique. En prononçant nos opinions, respectons celles des autres.*

A la page 96 : Attestation de Collot d'Herbois (la présente édition est conforme au manuscrit), et signature de Maillet (la vraie édition avec figures est celle-ci).

De 97 à 108 : Chansons patriotiques.

Il existe, de l'Almanach du père Gérard, des éditions in-32, 1792, ornées seulement d'un frontispice de Borel gravé par de Launay, avec la légende : « Le père Gérard tient le livre de la Constitution et l'explique à ses concitoyens. »

Reliure molle en maroquin tête de nègre.

147-148. — L'AMI DU ROI, almanach des honnêtes

gens, Paris, chez l'apothicaire de la démocratie, au Palais-Royal, 1792, avec son beau frontispice représentant, en médaillon, les profils du Roi, de la Reine et du Dauphin, très bien gravés dans un ovale à fond noir, et l'ALMANACH DE COBLENTZ, ou le plus joli des recueils catholiques, apostoliques et français, à l'usage de la belle jeunesse émigrée, émigrante et à émigrer. — Vive le Roi. *A Paris, chez Lallemand, libraire au Pont-Neuf,* 1792. Orné des mêmes portraits, chacun dans un médaillon, le tout entouré de lys et surmonté des mots *Domine salvum fac regem,* méritent aussi d'être mentionnés dans cette notice. Mais, après ces derniers, plus rien à glaner pour le bibliophile délicat. Les almanachs de la Révolution deviennent vulgaires ; ils sont mal imprimés sur de très mauvais papier ; et leur illustration ne consiste qu'en un affreux frontispice. Ils n'ont de valeur que pour ceux qui tiennent à se rendre compte de la violence avec laquelle on plaidait le pour et le contre en un temps où l'on mettait si mal en pratique le sage précepte du père Gérard : « En prononçant nos opinions, respectons celles des autres. »

ALMANACHS DE MODES

1814-1830

Promenade de Longchamp.

Un jour la Nouveauté parut
Aux lieux ou règne la folie ;
Chacun disait : qu'elle est jolie !
De toutes parts on accourut.
Demeurez dans notre patrie
O Madame la Nouveauté !
Plus que l'esprit et la beauté
Toujours vous y fûtes chérie.
Lors la déesse à tous ces fous
Répondit : Messieurs, j'y demeure,
Et leur donna le rendez-vous
Le lendemain à la même heure.
Le lendemain on se montra
Aussi brillante que la veille ;
Le premier qui la rencontra
S'écria : Mon dieu ! qu'elle est vieille.

Pauvre Nouveauté ! pour ne pas mériter chaque jour pareille injure, il lui a fallu se régénérer dans la mode,

.... déesse inconstante, incommode,
Bizarre dans ses goûts, folle en ses ornements
Qui paraît, fuit, revient et naît en tous les temps.

(Voltaire)

Bernis la traite de tyran, en tous les cas aimable tyran ; mais c'est plutôt une souveraine, *une Royne et grande empirière*, comme le disait Montaigne, dont le séjour de prédilection est la France. De Paris, elle date presque tous ses décrets qui ne vivent que « ce que vivent les roses, l'espace d'un matin » ; sa devise est *tout lasse, tout passe* ; aussi chaque jour de l'année voit paraître un ajustement nouveau dans la patrie de la légèreté et de l'inconstance qui est la nôtre.

Les changements de mode sont si fréquents que cela a donné naissance à un charmant conte en vers que voici :

Le Monarque et le Peintre.

Un peintre voyageur fut pris par un corsaire
    Et conduit au Roi de Salé ;
Çà, dit-il fièrement au peintre désolé,
Bâtard du Titien, voyons ce que peut faire
    Le pinceau dont tu t'es vanté ;
    Si tu réussis à me plaire,
    Je te promets ta liberté.
    Peins pour orner ma galerie,
Toutes les nations et que ton industrie
Fasse en sorte que l'œil, dès le premier moment,
En distingue chacune à l'air, au vêtement.
Le peintre, dans l'espoir de sortir d'esclavage,
Dresse son chevalet et pinceau d'imiter
    Si bien qu'à n'en pouvoir douter
On les reconnaissait à l'habit, au visage.
    Mais chaque peuple étant vêtu
    Suivant sa diverse manière,
    Le seul Français était tout nu,
Portant uniquement sur son bras qu'il replie
Une pièce d'étoffe. Où sont donc tes esprits ?
Dit le monarque au peintre et par quelle folie
    Peins-tu le Français sans habits ?
Seigneur, lui répondit-il, n'en soyez pas surpris.
    Il change si souvent de mode
Que mon œil ne sachant où se déterminer
Lui donne de l'étoffe afin qu'il s'accommode
    Comme il voudra l'imaginer.

Pour suivre la mode dans tous ses caprices, à travers les révolutions qu'elle amène dans les parures, d'innombrables publications se sont succédées, se succèdent encore et se succèderont toujours. Le Cabinet des modes, la Gallerie des costumes, les Courriers de la mode, les échos, les revues etc., etc., nous tiennent au courant des fantaisies éphémères, des créations fugitives de la souveraine. Pour en dresser une liste complète, il faudrait le travail de plusieurs bénédictins, et encore !! Que d'investigations dans le passé, que de recherches dans le présent, tout cela pour ne jamais finir !

Mais dans un vaste domaine, quelle que soit son étendue, l'on peut toujours explorer un petit coin, et c'est dans celui des almanachs de modes que je vais m'aventurer pour en décrire quelques-uns, le *dessus du panier*, ceux qui sont dignes de l'attention des bibliophiles.

Les éditeurs d'almanachs devaient naturellement en consacrer un certain nombre aux habillements et coiffures de leur temps.

A la fin du xviiie siècle, de 1775 à 1790, Valade, Desnos, Boulanger, Jubert. nous avaient donné : le *Manuel des toilettes*, l'*Almanach galant des Costumes Français*, le *Recueil général des modes et costumes*, les *Fantaisies aimables*, les *Lacets de Vénus*, les *Embûches de Cythère*, la *Toilette des Grâces*, les *Modes Parisiennes ou les Dons de la nature embellis par l'art*, les *Loisirs d'une jolie femme*, le *Gotha de 1777 avec les figures de Freudenberg*, pour le *Monument du costume*, etc., etc.

De 1790 à 1800, les nouvelles *Étrennes curieuses des incroyables, merveilleuses, inconcevables et des raisonnables de Paris*, nous mettent au fait des exagérations de la mode et des trente perruques nouvelles ; *Ah ! que c'est drôle* ou *le Cabinet des modes*, contient la description des costumes nouveaux.

Tout à fait au commencement du xixe siècle, le *Suprême bon ton* ou *Étrennes à la mode aux personnes curieuses de leur parure* (1801), *les Costumes des dames Parisiennes* et *l'Ami de la mode*, l'*Almanach des Modes de la parure* sont conçus comme leurs aînés du xviiie siècle, même format in-24, même nombre de gravures.

Plus rien jusqu'en 1814, où l'Almanach de la mode fait sa réapparition ; le format est in-18, les gravures sont généralement coloriées, la reliure n'est qu'un cartonnage. Ils donnent la description détaillée des toilettes, les adresses des bons faiseurs, passent en revue les théâtres, les promenades et divertissements de chaque saison.

C'est à Rosa, libraire, que revient l'honneur de la publication des neuf années consécutives de ces petits volumes devenus si rares aujourd'hui qu'il est fort difficile d'en avoir la collection complète. Le succès de Rosa excite l'émulation des éditeurs, et Janet, Le Fuel, Marcilly publient à leur tour des livres du même genre, fort recherchés en raison de leur intérêt documentaire pour la vie de 1814 à 1830.

1814

149. — ANNUAIRE DES MODES DE PARIS, orné de douze figures. 1re année. *A Paris, chez l'éditeur, rue Montmartre, n° 183, au bureau du Journal des dames, et chez Delaunay, libraire, galerie de bois, n° 244, au Palais Royal.* In-18, 288 pages ; faux-titre, titre imprimé, in-18.

Douze figures : « Mode de Paris », très finement gravées et coloriées, non signées, mais que l'on peut attribuer à Horace Vernet. En regard de la gravure est son explication.

Janvier. Casque de velours plein orné d'aiguillettes de satin et de deux plumes d'autruche. Redingote de velours garnie en cygne. Souliers fourrés.

Février. Toque de gros de Naples garnie en gaze rayée. Bandeau de perles et grains d'or. Robe de gros de Naples garnie de gaze rayée.

Mars. Toque en corbeille. Robes en gros de Naples. Pardessus de reps.

Avril. Chapeau de tulle et gros de Naples garni de roses boiteuses. Bandeau de velours épinglé. Manches de tulle. Robe de levantine.

Mai. Chapeau de gros de Naples. Robe de perkale.

Juin. Coiffure à la Chinoise ornée d'un fichu de gaze. Camisole chinoise en perkale.

Juillet. Bonnet à la Chinoise en tulle. Robe de mousseline brodée.

Août. Chapeau de levantine. Robe de levantine.

Septembre. Bonnet paré en tulle, orné de marguerites. Robe de perkale.

Octobre. Chapeau de reps, fleurs de satin. Canezou de mousseline. Robe de perkale.

Novembre. Chapeau de velours à mouches orné de deux blondes. Tête de falbala en torsade. Balantine (du mot grec βαλάντιον) petite poche, remplaçant les gibecières qui avaient succédé aux ridicules.

Décembre. Chapeau de reps. Robe de mérinos garnie de franges de soie.

Le texte, divisé en douze parties, contient d'intéressantes notices sur les modes de chaque mois, sur tout ce qui doit composer un trousseau, une corbeille de mariage, une layette ; des renseignements relatifs au corail, aux diamants et autres pierres précieuses, aux bijoux, tabatières et breloques adoptés par les élégantes et les petits maîtres. L'Amour dans une balançoire, l'Amour volage, l'Amour dans une rose, une petite bascule en or formée d'une flèche qui offre à l'une des extrémités l'Amour et à l'autre, un papillon aux ailes azurées faisant pencher la bascule de son côté (ce qui rappelle l'idée ingénieuse : l'Amour est encore plus léger), voilà celles dont on raffole.

Très amusant, le tableau de Tortoni ! que l'on peut citer en entier :

« Il est un petit coin de Paris, où la foule abonde, non point
« la foule en sabots, mais la foule en panaches.

« Est-ce un palais, une galerie de tableaux, un cabinet d'an-
« tiquités, un jardin magnifique, un chef-d'œuvre dramatique
« enfin, qui attire ?

« Ce n'est rien de tout cela.

« Il y a d'abord ce qu'on veut bien appeler une terrasse avec
« une barrière en bois et des chaises de paille ; puis quelques

« marches incommodes, une rampe de fer brut, un salon étroit,
« un autre petit salon, un troisième salon plus petit encore et
« même un quatrième dans les infiniment petits.
    « On monte par un escalier tortueux. On trouve des salles un
« peu plus aérées ; plus un billard dans le demi-jour.
    « Je ne vois rien là-dedans de si merveilleux !
    « Patience, il n'est que sept heures encore.
    « Huit heures sonnent, puis neuf. Alors, il n'y a plus de ta-
« bourets nulle part, toutes les tables sont prises, les femmes
« sont rangées par files attendant, qu'il y ait moyen de se pla-
« cer. On se lorgne, on se salue, on se dit des choses char-
« mantes.
    « Je vous quitte et j'y cours.
    « Vous y courez ? où ?
    « Chez Tortoni ».

A la fin de chaque partie se trouve la liste des fournisseurs en
vogue avec leurs adresses : tailleurs, couturiers, coiffeurs, lingères, parfumeurs, marchands de cannes, fabricants de bronzes,
orfèvres, joailliers, graveurs, opticiens, relieurs, etc., etc. (1)

150. — ALMANACH DES MODES, Ire ANNÉE. — *A Paris, chez Rosa, libraire, g^{de} cour du Palais-Royal. Vol. in-18, 276 pages.*

Faux-titre. Sur le titre, jolie petite composition très finement
gravée et coloriée, représentant l'Amour apportant un chapeau
du dernier goût à une jeune femme assise sur un siège pur style
Empire ; 1 feuillet pour les articles du calendrier, six pour le
calendrier ; table des matières et préface, 12 feuillets.

Ire PARTIE. — Modes nationales.

Ire partie, Ire section : Les quatre Saisons.

Articles sur les modes de chaque saison, accompagnés de
figures coloriées, dessinées et gravées par Blanchard ; charmantes
compositions à deux ou trois personnages.

Hiver. — Les femmes en casque à la Clorinde et chapeau à la

(1) C'est grâce à l'extrême amabilité de M. le comte Alexis
de Noailles que j'ai pu décrire *de visu* ce *très rare* petit volume.
Il a bien voulu me le communiquer, mieux encore ! me l'offrir.
Qu'il en reçoive ici mes plus sincères remerciements et l'expression de ma reconnaissance.

Jockey ; dans le lointain, un patineur en dolman et toque rouges, pantalon bleu.

Printemps. — Chapeau de paille d'Italie ou de tulle, ornés de fleurs. Pour les hommes, redingote verte, culotte et bottes à revers.

Été. — Le genre chinois domine dans la toilette des femmes. Les élégants portent le pantalon de nankin et le gilet blanc.

Automne. — Coiffure à la Chartreux, coqueluchon, calèches.

2ᵉ section. Notices sur le Salon, les enseignes, les passages, le boulevard du Temple, sociétés épicuriennes, la nécrologie (Lagrange, Delille, Grétry, Mᵐᵉ d'Houdetot, Mˡˡᵉ Contat, Mᵐᵉ Fanny de Beauharnais), la littérature, la musique et les théâtres. Renseignements sur les *déjeuneurs* réunis tous les 15 jours aux Frères-Provençaux, parmi lesquels neuf membres de l'Académie cherchent à faire élire dans leur compagnie leurs collègues du déjeuner.

IIᵉ ᴘᴀʀᴛɪᴇ. — Toilette des dames ; celle des hommes. Adresses des marchandes de modes, coiffeurs, couturiers, tailleurs, etc.

IIIᵉ ᴘᴀʀᴛɪᴇ. — Modes étrangères.
Deux gravures de costumes chinois.
Notice sur la Chine, divisée en ɪᴠ chapitres passant en revue l'état de la Chine au xvᵉ siècle. Costumes de femmes tartares et des Magao-tsés. Renseignements sur les maisons, mobiliers, jardins, politesse, jeux, festins, naissances, mariages, fêtes, spectacles, divertissements, beaux-arts et sciences, productions, manufactures, etc.

1815 (vers)

151. — Lᴇ ᴍɪʀᴏɪʀ ᴅᴇs ɢʀᴀᴄᴇs ou l'art de combiner l'élégance, la modestie, la simplicité et l'économie sur l'habillement ; avis utiles adressés aux femmes dans la conservation de leur santé et dans leur beauté, sur l'agrément des manières et le bon ton de la société ; par une dame qui a étudié la mode et le bon goût chez les nations les plus civilisées de l'Europe traduit de l'anglais. *A Paris, chez l'éditeur, rue Montmartre*

*n° 183, Galignani, lib. rue Vivienne, n° 17, Delaunay,
lib. Palais Royal, n° 263.* in-18.

Ce petit volume composé de deux cents pages y compris la
table est orné de quatre jolies gravures de Gatine ; costume pour
la promenade, costume du matin, parure du soir, grande parure.

Le texte comprend les chapitres suivants : observations préli-
minaires, remarques générales sur les mœurs et les modes du
temps passé et du temps présent, du corps de la femme, de la
beauté des femmes considérée dans ses détails, considérations
générales sur l'habillement et la parure, l'habillement considéré
d'après le rang de celle qui le porte, détails de l'habillement, de
la démarche, particularités sur le port et la démarche, de la
grâce qu'une femme doit avoir dans la danse et dans tous ses
autres mouvements, continuation du même sujet, conclusion.

Rel. anc. en veau fauve.

1815

152. — L'ANNUAIRE DES MODES ET L'ALMANACH DES
MODES, parus simultanément en 1814, ont été fondus
en 1815 sous le titre : ALMANACH DES MODES et AN-
NUAIRE DES MODES RÉUNIS 2ᵉ ANNÉE. *A Paris, chez l'éditeur, rue Montmartre, n° 183, au bureau du Journal
des dames ; et chez Rosa, libraire, grande cour du Palais-Royal.* Vol. in-18. 288 pages.

En regard du titre, frontispice dessiné par H. Vernet, gravé
par Gatine, intitulé *La Toilette.* Une femme de chambre met la
dernière main à la coiffure de sa maîtresse assise devant une
élégante psyché.

Iʳᵉ PARTIE. — Modes nationales.

Iʳᵉ section. Les quatre parties du jour, avec quatre figures
d'Horace Vernet.

Le Matin. Femme en négligé, chevelure enveloppée dans un
bonnet de dentelle, longue camisole.

Midi. Promenade aux Tuileries. Le chapeau est à haute forme avec plumet de plumes de coq.

Le Soir. Toilette de Cour, robe à traîne, coiffure en plumes. Le jeune homme porte l'habit à la française, la culotte courte, les bas de soie blancs.

La Nuit. Femme d'un âge mûr en négligé. Jeune fille en toilette de bal.

La fin de la première partie est consacrée au Marché aux fleurs, bouquetières, bains publics, Tivoli, Bagnolles, la littérature, les théâtres et la musique, la nécrologie (Bernardin de Saint-Pierre).

IIe PARTIE. — *Manuel des gens du monde*. Articles intéressants sur l'habitation, le mobilier, escaliers, antichambres, salons, salles à manger, billards, les appartements des femmes et ceux des hommes, la bibliothèque, les escaliers dérobés, les écuries et remises. Tout élégant de 1815 devait avoir berline, coupé, calèche, landau, voiture de voyage, carishs, boghay, guigue et phaéton. L'intérieur de ces voitures doublé de drap blanc, bleu ou bouton d'or, gris, bordé de galons de soie très beaux. Les caisses devaient être peintes en jonquille, gros bleu, vert d'eau ou vert olive ; la couleur du train était différente de celle de la caisse.

IIIe PARTIE. — Modes étrangères. *Angleterre.*

Une fig. — Deux jeunes femmes en négligé sont à la promenade ; elles se donnent le bras et se servent de leurs ombrelles en guise de cannes.

Notices sur les modes arrivant de Paris, les magasins d'objets de luxe à Londres, la Cité et le quartier ouest de la ville, la saison, la manière de vivre, les raouts, bals parés, Vauxhall, les paris, les courses, combats de coqs, maisons de campagne, jardins et parcs.

L'Almanach des modes de 1815 se termine par des adresses et annonces parmi lesquelles celles des relieurs qui peuvent intéresser les bibliophiles d'aujourd'hui :

MM. Bozérian, rue de Tournon, n° 31 ;
    Bozérian jeune, quai des Augustins, près la rue Gît-le-Cœur ;
    Courteval, rue des Carmes, 5 ;
    Simier, rue Saint-Honoré, 152 ;
    Lefèvre, quai des Augustins, 27 ;
    Doll, rue Mazarine, 16 ;
    Thouvenin, rue de l'École-de-Médecine ;
    Rosa, grande cour du Palais-Royal ;
    Purgold, rue Dauphine, près celle Christine.

1816

153. — Almanach des Modes, suivi de l'Annuaire des Modes, 3ᵉ année. *A Paris, chez Rosa, libraire, au Cabinet littéraire, grande cour du Palais-Royal et rue Montesquieu, n° 7 ; et chez Madame Veuve Perronneau, quai des Augustins, n° 39. In-18.*

Sur le titre-frontispice cette deuxième adresse n'est pas donnée, mais il est orné d'une petite vignette représentant l'Amour ayant sur les épaules une écharpe, assis à côté d'un beau vase garni d'une guirlande de fleurs.

2 feuillets de table et d'errata, 208 pages, enfin le calendrier de 1816.

Même division que dans les précédents volumes.

Modes. Hiver, printemps, été, automne, avec jolies figures non signées, mais très finement exécutées, à deux ou trois personnages vêtus suivant la saison ; les couleurs claires dominent ; les gants montent jusqu'aux épaules ; les coiffures de ville et du soir sont ornées de plumes et aigrettes. Les hommes en pantalon et habit, col très haut.

A la suite de ces notices, petite revue des théâtres, tribunaux, journaux, littérature et promenades, peinture de mœurs dans trois anecdotes : *L'Antichambre, Les Portraits de famille, Mémoires d'une blanchisseuse.*

IIᵉ partie. — Modes étrangères. *Écosse.*

Deux très jolies figures de costumes.

Renseignements sur les costumes, manière de vivre, hospitalité, les clans, la poésie. Sur l'aspect du pays dans la plaine, Édimbourg, les châteaux, la manière de vivre des seigneurs écossais.

Enfin, de la page 181 à 208, annuaire des modes pour chaque mois et liste des fournisseurs.

1817

154. — Almanach des Modes, suivi de l'Annuaire des Modes, 4ᵉ année. *A Paris, chez Rosa, grande cour du Palais-Royal, et au Cabinet littéraire, rue Montesquieu, n° 7. 1 vol. in-18. 216 pages.*

Faux-titre et titre imprimé, autre titre gravé, avec une jolie vignette : deux cygnes attelés à un traîneau, font voguer la déesse de la Mode.

Le texte se compose d'un article « Modes nationales » appliquées aux âges de la vie : enfance, jeunesse, âge mûr, vieillesse. Quatre figures dessinées et gravées par Blanchard, représentent des personnages de ces différents âges, habillés à la mode du jour.

Puis des notices sur les usages : étrennes, baptêmes, mariages, enterrements, deuils, billets de faire-part, cartes de visite, conversations, repas, affaires d'honneur.

Enfin plusieurs chapitres ornés de deux gravures de costumes sont consacrés aux mœurs étrangères des Hindous, bijoux, pêche des perles, ablutions, barbiers, fards et parfums, habitations, nourriture (carry, betel, houka), mariages, naissances, jongleurs, bayadères, industrie (mousseline, madras, cachemires).

De la page 193 à la page 216, annuaire des modes, adresses et annonces.

1818

155. — Almanach des Modes et Mœurs Parisiennes suivi d'une description des caractères, des mœurs, des costumes et des danses espagnoles. *5ᵉ année. Paris, chez Rosa, 9ᵈᵉ cour du Palais-Royal. 1 vol. in-18.*

Faux-titre, titre imprimé, 215 pages, et à la fin le calendrier pour 1818.

De la page 195 à la page 215, table et adresses.

6 fig. de Blanchard dont les quatre premières servent à illustrer les nouvelles ou petites études de mœurs, publiées dans ce volume ; elles sont intitulées : *Toilette du matin d'une femme à la mode, Une Soirée d'été, La Journée de chasse, Un Bal paré* ; les deux dernières figures représentent des costumes catalans et une danse Andalouse, peut-être la *Magualena y torrero.*

Quelques mots sur les modes anciennes, sur l'art de coiffer les femmes, le luxe, l'amour dans le mariage, complètent le texte de l'almanach de 1818.

1819

156. — Almanach des Modes et Mœurs Parisiennes,

suivi d'un coup d'œil général sur la Sicile, d'un abrégé de son histoire, des mœurs et costumes de ses habitants, de leur industrie et d'une anecdote sicilienne. *6ᵉ année. A Paris, chez Rosa, etc...* Vol. in-18.

Faux-titre, titre imprimé, calendrier pour 1819, 211 pages. De 187 à 211, annuaire des modes de Paris.

6 figures non signées : *Promenade à Longchamps.*

L'usage en remontait déjà loin; ainsi en 1801, il était adopté, et d'après une chanson du temps, un merveilleux reprochait à sa compagne d'avoir changé l'ébène de sa chevelure contre un ornement étranger.

> C'est ce qu'en courant à Long-champ
> Ces jours derniers dans la prairie
> Monté sur un char élégant,
> Disait Dorèlas à Zélie.
> . . . .
> . . . .

2ᵉ figure, illustrant le 2ᵉ chapitre, *les Draisiennes à Tivoli,* dans lequel il est intéressant de trouver le très amusant passage que voici : « Les *Draisiennes* ont été annoncées après la *Canne à naviguer,* et les curieux n'ont pas été moins dupes. Au reste, il est fâcheux que ces deux découvertes n'aient rien valu ; car on aurait pu faire le tour du monde son vaisseau sous le bras et sa voiture sur l'épaule ». Les draisiennes s'appelaient aussi *vélocipèdes,* et si l'auteur de l'article précité revenait au monde, quelle ne serait pas sa stupéfaction de voir courir ici des milliers de cyclistes, hommes et femmes, sillonnant les boulevards, les Champs-Élysées, les avenues, le bois de Boulogne, et en province, donc! dans les campagnes, dans les villes, aux bains de mer, aux stations thermales, partout en un mot, partout. Racine passera comme le café, écrivait Mᵐᵉ de Sévigné ; on lit encore *Athalie* et *Les Plaideurs,* plus que jamais on prend du café ! et plus que jamais le succès des vélocipèdes est assuré ! *Errare humanum est!* N'en déplaise aux mânes de ceux qui se riaient des Draisiennes en 1818.

Fig. et chapitre III. *Un Concert.*

Fig. et chapitre IV. *Une Soirée à Rhanelagh.* C'est la fin du petit roman ébauché dans les premiers chapitres. Puis viennent une revue des pièces nouvelles, un article sur la mode, un autre sur son origine, un poème en deux chants par L. Ernoult, enfin la Petite Poste et Jadis et aujourd'hui.

Deux figures. *Costumes siciliens* de la société élégante et des campagnards, accompagnent la notice sur la Sicile.

1820

157. — Almanach des Modes et Mœurs Parisiennes, suivi d'une description des caractères, des mœurs et des costumes Portugais. *7ᵉ année. A Paris, chez Rosa, etc., etc.* In-18. 196 pages et le calendrier.

Faux-titre et titre imprimé en regard duquel une gravure de chapeaux et coiffures.

Texte. — Les quatre saisons avec des figures de costumes pour chacune d'elles.

Pendant le printemps, on assiste beaucoup aux *jeux chevaleresques.* « Ces jeux ont quelque chose de noble et d'élégant qui doit plaire aux Français. Le boulevard qui entoure l'arène est un salon qui se compose de deux mille personnes, l'élite de toutes les sociétés. Les femmes y font assaut d'équipages, de voitures, enfin de tout ce que la richesse et le bon goût offrent de plus nouveau. C'est là que le *Journal des Modes* devrait dorénavant être rédigé, etc., etc... » et c'est là aussi que l'on peut se faire une idée juste de la véritable élégance des voitures et des chevaux, etc., etc.

L'été, l'on va au jardin de Tivoli, l'automne se passe dans les châteaux.

Parmi les beaux tableaux, dont le salon de 1819 est enrichi, citons : La duchesse d'Angoulême, s'embarquant à Pauillac le 1ᵉʳ avril 1815 (de M. Gros) ; le Massacre des Mamelucks au château du Caire, avec seize autres compositions ; un Portrait de la duchesse d'Orléans, par Gérard ; le Naufrage de la Méduse, de Géricault ; Scène de la Guerre d'Espagne, par le général Lejeune ; Portrait de la Cˢˢᵉ d'Osmond, par Robert Lefèvre ; la Galatée, de Girodet.

Les produits de l'industrie ont aussi leur exposition au Louvre.

IIᵉ partie. — Notice sur les Portugais, 2 fig. de costumes, gens de la ville et gens de la campagne.

Table des adresses et table des matières de la page 168 à la page 196. Calendrier de 1820.

1821

158. — ALMANACH DES MODES ET MŒURS PARISIENNES, suivi d'une description des mœurs, des costumes et des usages Russes au commencement du XIXe siècle. *Huitième année. A Paris, chez Rosa, etc.* In-18, 212 pages.

Faux-titre, titre imprimé en regard duquel une gravure de modes (chapeaux et bonnets). Le texte se compose de cinq parties. Dans la première, revue critique de l'année 1820. — Les quatre saisons avec une figure pour chacune d'elles.

Hiver, grande toilette ; — *Printemps*, négligé de ville ; — *Été*, négligé de campagne ; — *Automne*, un laquais annonce les personnes qui entrent dans un salon.

L'année 1821 voit apparaître à la promenade de Longchamp une *Voiture à voiles*, et en été à la fête de Tivoli, les lunettes du Bon de Drais appelées *survoyantes* et faisant découvrir 22° 1/2.

Dans la deuxième partie, il est question de concerts, théâtres, procès, de Walter Scott et Byron, de Ch. Nodier.

Dans la troisième partie : Mœurs Parisiennes racontées dans de petites nouvelles, entr'autres : La journée d'une petite maîtresse, dont la fin est celle-ci : « L'aube commence à paraître, tout Paris s'éveille, Amélie s'endort ».

La quatrième partie est intitulée *Macédoine*. On y parle ainsi de la lithographie (1) : « Elle a commencé par des batailles, elle continue par des portraits et elle finira par des modèles de dessin, arbres, chevaux et têtes académiques. C'est là notre prédilection ; qui vivra verra. » L'on a vécu et l'on a vu.

Philippon, Grandville, Raffet, Daumier, Charlet, Gavarni, Célestin Nanteuil, ont porté au plus haut degré l'art de la lithographie un peu négligé du reste aujourd'hui. Reviendra-t-elle à la mode ? Dans tous les cas, l'aimable et très intelligent éditeur bibliophile L. Conquet, a fait jadis une heureuse tentative en faisant illustrer un *Cas de jalousie* par douze lithographies de A. Lunois.

On trouve encore dans cette Macédoine le récit d'un voyage au Mont-Blanc et de la catastrophe où trois guides, Pierre Bal-

(1) Importée en France au commencement du siècle par André et Senefelder.

mat, Aug. Ferraz et Pierre Carrier ont perdu la vie. Les excursionnistes étaient Hamel et Selligue.

Cinquième Partie. Notice sur les Russes avec une fig. de costumes. Petites tablettes des gens du Monde. La table des adresses de la page 209 à la page 212.

La sixième figure de l'almanach de 1821 est une toilette de mariée.

1822

159. — ALMANACH DES MODES ET MŒURS PARISIENNES, suivi d'un coup d'œil général sur la Grèce, de la description des mœurs de ses habitants, de leurs costumes, de leurs usages et de leur industrie. *Neuvième année. A Paris, chez Rosa, etc.* In-18.

Faux-titre, titre imprimé en regard duquel une planche de coiffures et chapeaux. 198 pages et le calendrier pour 1822. Table des adresses de 195 à 198.

1re partie. Réunions publiques. — Longchamp, avec une figure : femme assise et jeune homme lorgnant chevaux de selle et voitures passant au deuxième plan.

Bals de sociétés. — Fig. : grande toilette et négligé.

Fête du Baptême. — Fig. représentant le nouvel habit des chambellans et une toilette de cour pour une grande dame. — C'est du baptême de Mgr le duc de Bordeaux qu'il s'agit et il est fort intéressant d'en lire le cérémonial.

Jardins publics. — La vogue est à Tivoli et Beaujon. L'on trouve cependant Tivoli un peu guinguette.

Deuxième partie. — Variétés, pièces nouvelles, débuts, les enfants célèbres, avec figure : petite fille coiffée à la Léontine, sautant à la corde à côté de ses parents.

Nouvelles inventions avec fig. représentant une petite maîtresse en pelisse et un élégant en manteau andalou. Littératures et voyages.

Troisième partie. — Mœurs parisiennes. Le jargon des coulisses. Le bal de l'Opéra.

Enfin notice sur la Grèce. — Gravure dont le sujet est une scène de brigands. Prisonnier décapité ; deux autres s'enfuient.

En résumé, les neuf années de l'almanach Rosa sont fort intéressantes ; leurs jolies gravures et la façon dont le texte est

composé les rendent précieuses pour tous ceux qui aiment à revivre dans le passé et à savoir comment s'habillaient nos grand-
mères et quel était le genre d'existence de la société élégante de
1814 à 1822.

1817

160. — L'Empire de la Mode. *Paris, chez Janet,
libraire, rue Saint-Jacques, n° 59. Vol. in-24 de 48
pages.*

Orné de six ravissantes figures dessinées par Horace Vernet
et très finement gravées par F. Janet. Elles servent à illustrer
les anecdotes intitulées : la Toilette, la Promenade, l'Équitation,
la Marchande de modes, la Danse, l'Offre d'une rose.

Sur le titre gravé, une petite vignette représente une élégante
à chapeau empanaché se regardant dans un miroir.

En regard du titre se trouve une dédicace également gravée :

Aux Dames.

Air : *Aimé de la belle Ninon.*

Mesdames, c'est trop peu d'aimer.
Un tel sentiment est vulgaire...
Par vos grâces il faut charmer
Et par vos attraits il faut plaire.
Appelez à votre secours
L'art des toilettes si commode...
Car pour briller, femme toujours
Cède à l'empire de la mode.

Le texte est alternativement composé de prose et de vers. On
y trouve de charmantes poésies légères, parmi lesquelles : l'Origine de l'éventail, le Miroir, l'Éloge de la toilette, le Bonnet
rond (de Béranger), les Cheveux, la Mode d'aujourd'hui, le
Jupon court, l'Épingle, les Gants, les Plumes, les Mœurs du
xixe siècle, la Toilette de Vénus, l'Inutilité de la parure.

Il y a à la fin de ce petit volume, l'un des plus jolis de la série
des almanachs de modes, le *Petit souvenir des dames* avec un
titre gravé, entouré d'un cadre style Empire, et 4 feuillets blancs
pour les jours, 6 pour les mois, 6 pour le calendrier, entourés
du même encadrement.

1819

161. — LE PETIT MODISTE FRANÇAIS, dédié aux dames. *A Paris, chez Le Fuel, libraire-relieur, rue St-Jacques, n° 54, près celle du Foin, et Delaunay, Palais-Royal.* In-18. 241 pages.

Faux-titre, titre-frontispice gravé. Une draperie relevée par une flèche des extrémités de laquelle tombe en plis gracieux une écharpe à franges, semble servir d'entrée à un magasin sur le comptoir duquel se trouvent chapeaux à plumes, guirlandes de roses, ombrelle garnie de dentelles, etc.

Titre imprimé.

Introduction dans laquelle l'éditeur expose la façon dont son petit livre est conçu :

« Notre Petit Modiste Français, dit-il, destiné à devenir le livre classique des boudoirs et à se trouver sur toutes les toilettes, comprendra mois par mois tout ce que les dames désirent connaître. Il leur montrera la forme des coiffures les plus nouvelles et l'étoffe employée pour les vêtements du dernier goût en lui désignant les marchands et les magasins où elles doivenl faire leurs emplettes ; il mentionnera honorablement toutes les découvertes utiles au beau sexe en n'admettant que les innovations les plus favorables à la beauté. Enfin il indiquera les spectacles les plus en vogue, les promenades que la mode doit faire adopter et les jardins publics où l'inconstante déesse réunit la partie la plus brillante de sa cour. Des anecdotes du jour, des chansons et de petites pièces de vers contribueront à jeter de la variété dans ce volume et compléteront le cadre que nous nous proposons de remplir. Nous allons parcourir l'année 1818 en offrant aux dames une esquisse légère des variations que les modes ont subies pendant le cours des dernières saisons. »

Douze gravures, une pour chaque mois, très joliment dessinées, très finement gravées et délicatement coloriées. Elles sont tout à fait charmantes et les meilleures à coup sûr de toutes celles qui ont illustré les almanachs de la Restauration.

Janvier 1818. — Une jeune mère tient par la main son petit garçon qui porte un polichinelle, cadeau du jour de l'an. Le chapeau est en peluche, surmonté de marabouts blancs et roses. Pardessus garni en cygne.

Février. — Jeune femme appuyant le bras droit sur le dos

d'un fauteuil, en redingote de velours épinglé garnie de chin-
chilla. Toque en velours plein orné d'une plume blanche.

Mars. — Toilette pour la promenade de Longchamp. Corsage
de velours noir, garni de deux petits rangs de boutons en or.
Jupe en percale, au bas de laquelle se trouvent une vingtaine de
plis. Capote blanche. A droite dans le fond du tableau, au loin,
une amazone passe au grand galop.

Avril. — Jeune femme en robe de levantine bleue, garnie de
trois volants pareils. Chapeau de crêpe orné d'un bouquet en
fleurs des champs. Au deuxième plan, un élégant fait courir sa
Draisienne, dont l'apparition est l'événement de l'année.

Mai. — Robe de percale au bas de laquelle quatre rangs de
gances et de crevés. Chapeau de tulle orné d'un cordon de
roses. La petite maîtresse qui porte cette toilette regarde dans
un kaléidoscope, la nouveauté du jour, le joujou le plus en
vogue.

Juin. — Jeune femme à la promenade, ombrelle à la main.
Elle est en robe de toile imprimée avec bandes brodées de la
même étoffe qui forment des volants. Chapeau de paille, orné
d'un jet en marabouts au pied duquel est adaptée une grosse
rose. Dans le lointain passe un ballon monté par un aéronaute.

Juillet. — Jeune femme en robe blanche de percale garnie de
tulle. Chapeau de gaze bouillonné. Sur les bras un shall *Ter-
naux* rayé bleu et jaune. Elle revient des montagnes russes qui
fonctionnent en arrière.

Août. — Jeune fille en robe plus courte que le dessous. Gants
vert clair montant au-dessus du coude. Écharpe appelée *baya-
dère*.

Septembre. — De jeunes élégantes jouent dans un parc à la
bague volante ou jeu de la créole. Leurs robes sont de perkale
blanche garnies de bouillons avec ceinture en ruban écossais.
Capotes écrues doublées de taffetas.

Octobre. — Aux jeux chevaleresques, une élégante, portant
chapeau de satin jaune garni d'une ruche de tulle. Robe de soie
à côtes, garnie de satin et de tulle.

Novembre. — Petite maîtresse coiffée avec un chaperon.
Spencer de couleur pensée, avec brandebourgs. Jupe en mérinos
blanc.

Décembre. — Toilette de bal. Robe de gaze à raies de satin
entourée d'une guirlande de roses. Fleurs dans les cheveux.
Collier et pendants d'oreilles en turquoises.

L'année 1818 est fertile en inventions ; le kaléidoscope, la

Draisienne, les montagnes russes, les jeux chevaleresques sont les distractions à la mode.

Dans le texte divisé par mois, Le Fuel a tenu sa promesse : son almanach est intéressant et fourmille de jolies anecdotes.

Janvier. — En prose et en vers, on célèbre le jour de l'an et les étrennes. On signale aux dames l'agence générale des visites qui se charge depuis déjà deux ans de distribuer moyennant cinq centimes pour chaque, des billets et des cartes que l'on nomme cartes d'honnêteté.

Février. — Description d'un bal masqué, la Conscription à Cythère et un article sur la danse, sa naissance et ses progrès.

Mars. — Modes pour Longchamp. Compte-rendu des concerts.

Avril. — « C'est aujourd'hui 5 que M. Garcin chez lequel est établi le dépôt de vélocipèdes ou *Draisiennes* et le chasseur du Bon de Drais, leur inventeur, devaient parcourir à l'aide de ces machines trois cents toises en trois minutes. L'annonce de cette expérience avait attiré beaucoup de monde au Luxembourg. Le vélocipède est bon tout au plus pour faire jouer des enfants. Cette machine ne saurait être d'une utilité réelle. On ne peut s'en servir que dans les allées d'un jardin ; c'est un *bâton à roues* sur lequel on peut monter, sans cesser cependant d'avoir les pieds à terre ; car c'est en marchant très vite qu'on fait rouler son dada. Enfin le vélocipède du Bon de Drais mérite de prendre sa place entre la *Mnémonique* de M. de Fenaigle et les ailes de M. Deghen. » Voici un couplet fait après l'expérience:

Air : du Fandango.

Cela doit réussir. Tout l'assure
On court risque d'être estropié ;
Mais on a l'honneur d'être en voiture,
Et l'on peut croire qu'on est à pié.
L'inventeur ira sans aucun doute
A l'immortalité quelque jour,
Si l'on peut en applanir la route
Comme le jardin du Luxembourg.

Mai. — Le kaléidoscope, policonoscope, métamorphisiscope fait oublier le casse-tête chinois. Il est à fleurs, à ornements et même à portraits. Ce joujou à la mode vient, dit-on, d'Angleterre, mais il a été perfectionné par MM. Robertson, Chevalier et Jecker, opticiens français.

Ce joujou fils de la surprise
Et par le génie adopté,

> Semble avoir choisi pour devise
> Inconstance et diversité.
> Jaloux et fier du succès qu'il nous donne
> Nous le voyons accroître ses succès :
> Il chante, il plaît, il enchante, il étonne.
> C'est vous dire qu'il est Français.

Juin. — Notes sur les belles limonadières et les *Montagnes* qui sont devenues indispensables à Paris. Il est à la mode de *dégringoler* ; on ne voit partout que culbutes. A tout heure on peut se faire ramasser aux Montagnes Russes, aux Montagnes Aériennes, aux Montagnes Suisses, aux Montagnes Égyptiennes, à celles de Tivoli, de Belleville et aux Lilliputiennes. C'est à Tivoli qu'elles sont le plus fréquentées. On a donné une fête extraordinaire où tous les plaisirs étaient réunis dans ces magnifiques Jardins ; balançoire russe, kaléidoscope géant, vélocipèdes, chanteurs allemands, les grotesques, le physicien Fondart, la cour d'Éole, une ascension de Madame Blanchard, tout cela avec un excellent orchestre. Une illumination brillante et un beau feu d'artifice semblaient transporter dans un palais de fées les plus grands personnages et les plus jolies femmes de Paris qui honoraient cette fête de leur présence.

« On se promène beaucoup cet été de 1818 au boulevard des Italiens de neuf heures à minuit et l'on prend des rafraîchissements aux cafés Tortoni, Hardy, Riche, Français et Anglais. » Selon un dicton du temps, il fallait être hardi pour aller chez Riche, et Riche pour aller chez Hardy.

Juillet. — 28° de chaleur. Grande affluence à toutes les Montagnes ; les ascensions de Madame Blanchard sont très suivies à Tivoli, où se rencontre la société la plus brillante de Paris. Le kaléidoscope est toujours à la mode.

Dans une pièce intitulée le Kaléidoscope théâtral, M. *Optico,* juif, chante sur l'air de Marcellin :

> D'un amant ou bien d'un mari
> Mettez l'portrait dans ma lunette
> Aussitôt de l'objet chéri
> L'image cinq fois se répète.
> Le kaléidoscope entre nous,
> Mesdam's doit vous plaire et pour cause.
> Quand on est curieuse il est doux
> De voir cinq fois la même chose.

Août. — Les jardins publics ont toujours une grande vogue et on y donne chaque jour des *fêtes extraordinaires.* Toujours grand succès pour Madame Blanchard.

L'AMOUR PRIS A LA PIPÉE.

AIR : *Au soin que j'ai pris de ma gloire.*

L'amour un soir dans un bocage
Descend pour prendre du repos ;
En voltigeant sur le feuillage
Il est pris par mille gluaux ;
Il se débat, se désespère,
Tombe, de rameaux en rameaux
Aux pieds d'une jeune bergère
Qui guettait là d'autres oiseaux.

Sortant de sa cachette, Lise
Accourt en l'entendant crier ;
Mais, dieux ! quelle fut sa surprise
A l'aspect de son prisonnier !
Quels jolis traits ! quel beau plumage !
Dit-elle, approchant pas à pas ;
Si c'est un oiseau de passage,
Tâchons qu'il ne m'échappe pas.

Lise aussitôt dans sa volière
L'enferme avec rapidité ;
L'amour déguise sa colère
Sous un air de timidité.
Ah ! lui dit-il, point d'esclavage
Pour me ravir ma liberté,
Vous n'avez pas besoin de cage ;
Car je suis partout la beauté.

Déjà par sa douce éloquence,
Lise se sentait attendrir,
Lorsque sa mère avec prudence,
Lui dit : prends garde, il va s'enfuir ;
Ne perds point de temps à l'entendre ;
Coupe ses ailes sans tarder ;
Il est facile de le prendre
Et malaisé de le garder.

Par ce conseil, Lise enhardie
Conserva le volage oiseau ;
Elle excita la jalousie
Des jeunes filles du hameau :
Les voilà toutes occupées
A guetter cet oiseau charmant ;
Mais on prétend qu'à ces pipées
C'est toujours l'amour qui les prend.

Septembre. — Les Jeux chevaleresques établis avenue de

Neuilly consistent en courses de chars et de chevaux où l'on court la bague avec la lance, soit avec ses propres chevaux, soit avec ceux qui appartiennent à l'administration. Les courses commencent à deux heures et se finissent très tard.

On joue à la bague volante, mais les faveurs de la mode sont pour les pygmées dansants que l'on place sur les pianos, pendant que l'on fait de la musique.

Octobre. — L'établissement des Jeux chevaleresques est devenu tout à fait à la mode. Il joint l'utile à l'agréable. Le dimanche et le jeudi, on y exécute de grandes courses de chevaux à l'instar de Newmarket.

Novembre. — Les jardins publics deviennent déserts ; cependant par le soleil quand il paraît, on fréquente encore les Montagnes. Nos belles rivalisent d'adresse et d'audace aux Jeux chevaleresques. Les spectacles *font fureur* et les nouveautés s'y succèdent avec rapidité.

Décembre — Retour de l'hiver. Ce n'est plus qu'à l'intérieur que l'on trouve plaisirs et divertissements. On vient d'inventer le *jeu des fables* ; les fables de La Fontaine sont mises en action avec des figures coloriées et découpées que l'on arrange avec plus ou moins de patience pour composer le tableau. Les deux premiers cahiers viennent de paraître chez l'auteur M. Lambert aîné et chez Le Fuel.

De la page 191 à la page 211 adresses des marchands chel lesquels les dames doivent se fournir, modistes, fleuristes, plumassières, marchands d'étoffes, de rubans, couturières, tailleurs, lingères, coiffeurs, cordonniers, parfumeurs, et annonces de parfumerie, depuis l'*Eau de Ninon de Lenclos* jusqu'à l'*Eau miraculeuse qui rend aux visages les plus échauffés l'éclat et la fraîcheur du bel âge.*

En 1818 comme aujourd'hui, les parfums jouaient un grand rôle dans la toilette et changeaient de mode tout comme autre chose. Seule ne changeait pas la méthode de les fabriquer. Dans un petit volume fort rare, le *Parfumeur François,* qui enseigne toutes les manières de tirer les odeurs des fleurs et à faire toutes sortes de compositions de parfums avec le *Secret de purger le tabac en poudre et le parfumer de toutes sortes d'odeurs* pour le divertissement de la noblesse, l'utilité des personnes religieuses et nécessaire aux baigneurs et perruquiers, par le Sʳ Barbe, parfumeur. *A Lyon, chez Thomas Amaulry, rue Mercier, au Mercure galant, et se vend aussi par l'auteur, demeurant chez le Sʳ Lecoq, rue Ferrandière, vis-à-vis l'image Sᵗ Claude, MDCXCIII, avec permission.* L'on trouve de curieux renseignements et l'on peut se rendre compte qu'aujourd'hui comme autrefois les procédés sont les mêmes pour fabriquer les matières premières de parfumerie, huiles, essences et pommades, Les fleurs employées jadis étaient les *roses communes, les roses musquées, les roses de Provin, les jacintes, les violettes, les jonquilles, les narcisses, les fleurs d'orange, les fleurs de jassemin, les tubéreuses, les cacies* ; comme aujourd'hui !

« Les parfums ont toujours joué un grand rôle. Ceux qui sont versés dans la lecture de l'écriture sainte sçavent que dans l'ancien testament, il y avait un autel qu'on appelait l'autel des Thimiame qui était celuy où on ne brulait que des parfums et sur lequel on ne sacrifiait que des odeurs. Il est même expressément marqué en plusieurs endroits que le Seigneur s'est plu dans les odeurs ; les encensements qui étoient si régulièrement observez et prescrits par la loy en sont des preuves suffisantes et l'on n'ignore pas non plus que Salomon, ce Roy si sage et si éclairé avait quantité de filles qui lui préparoient des parfums. La Reyne de Saba le venant voir lui en fit présent de plusieurs sortes. Les présents qui furent faits au Sauveur par les trois Rois dans l'hommage qu'ils luy rendirent furent pour la plupart des parfums ; Magdeleine ne lui exprime pas son amour qu'en épanchant une liqueur prétieuse sur ses pieds.

« S'il m'est permis de passer de l'histoire sainte à celle de nos jours, le plus grand des monarques qui ait jamais été sur le trône s'est pleu à voir souvent le Sr Martial composer dans son cabinet les odeurs qu'il portoit sur sa sacrée personne. Monsieur le prince de Condé dont la mémoire sera toujours en vénération à la France, faisoit parfumer devant luy par le Sr Charles le tabac et plusieurs choses de cette nature dont il se servait. Le nom de poudre à la Maréchalle n'a été donné que parce que madame la Maréchalle d'Aumont se divertissait à la faire » etc.

De nos jours, une aimable et charmante marquise a fait mieux encore. Elle n'a pas voulu se contenter de faire elle-même des parfums à son usage, et par son intelligente activité elle a su créer dans le Var une admirable culture de jasmins, tubéreuses et violettes. Dans une usine construite au milieu de la plantation, l'on fabrique sous ses yeux les matières premières extraites des fleurs. Son nom ? il est vénéré et sur les lèvres de tous ceux qui, ruinés par le phylloxera et la maladie des oliviers de la région ont retrouvé une nouvelle aisance en se livrant à la culture des fleurs de parfumerie qu'ils viennent vendre à la fabrique de Seillans.

1820

162. — LE PETIT MODISTE FRANÇAIS dédié aux da-

mes. *A Paris, chez Le Fuel, éditeur libraire, rue St Jacques, n° 54, et chez les marchands de nouveautés.*

Vol. in-18 de 180 pages suivies de quatre feuillets pour le calendrier.

Titre gravé dans un cadre ovale.

Douze gravures de modes très finement gravées et délicatement coloriées, avec légendes :

1° Chapeau de satin (rose). Robe d'étoffe de soie garnie de tulle. Mante en satin (rose) avec garniture.

2° Chapeau de satin (blanc). Robe de mérinos (blanche) à large taille garnie en velours pensée (façon espagnole).

3° Pantalon large. Gilet à pattes élastiques (habit anglo-français).

4° Promenade de Longchamp. (Au 1er plan, plusieurs personnages des deux sexes, en toilettes très élégantes ; au 2e plan, piétons, cavaliers et équipages.)

5° Chapeau de satin à passe rompue. Voile en gaze de laine unie. Robe de mousseline à garnitures de crevés.

6° Chapeau de gaze (lilas). Robe de fantaisie à petites raies avec le bas et les jockeys garnis en mousseline brodée. Sautoir en dentelle noire.

7° Chapeau de crêpe, la passe ornée de tulle et de blonde. Robe de percale à guimpe : (ombrelle bleue).

8° Costume de mariée. Robe de gros de Naples moiré. Souliers blancs aussi moirés. Coiffure mêlée de fleurs d'oranger.

9° Bolivar de percale. Fichu de batiste brodée. Robe de percale ornée de bouillons et garnie de tulle.

10° Chapeau de paille orné d'un fichu de gaze. Robe de percale à corsage froncé horizontalement.

11° Chapeau de gros de Naples garni de gaze. Robe de batiste écrue avec garnitures brodées en ganse plate.

12° Toque et redingote (vertes) façon Polonaise. Robe riche de mousseline brodée.

Comme en 1819, le texte est composé pour chaque mois d'un compte rendu de la mode, du bulletin des théâtres, d'anecdotes et de petites poésies légères. La tabletterie du *petit Dunkerque,* les porcelaines de *Dagoty,* les nécessaires de *Garnesson,* les albums de *Giroux,* les almanachs de *Le Fuel,* les écrans de *Suisse,* les parfums de *Tessié* et les bonbons de *Terrier* ont joui de la plus grande vogue cette année à l'époque des étrennes. Les divertissements et promenades adoptés par les élégants sont à peu près les mêmes que l'année précédente.

Longchamp a été plus brillant que jamais, favorisé par un temps superbe. Il y avait trois mille voitures et le prix de location des chaises aux Champs-Élysées, pendant les trois jours, s'est élevé à la somme de vingt mille francs. Voici d'après les couplets du temps le tableau vécu de Longchamp.

Air : Tout çà passe.

Il est deux heures, déjà
Le petit maître s'habille ;
Son tailleur est ce jour-là
Fier de l'éclat dont il brille.
Cet homme en habit jonquille,
Cette actrice en satin blanc,
Cette bourgeoise en chenille,
Tout çà marche (*ter*) vers Longchamp.

Air : La partie carrée.

Fendant la foule qui le presse
L'un avec art conduit son tilbury ;
L'autre en ces lieux promène sa maîtresse
    Dans un char qui n'est pas à lui.
Cet élégant qu'un sot orgueil décèle
Croit tout Paris de son luxe enchanté ;
Mais le cheval, la voiture et la belle
    Ont un air emprunté (*bis*).

Air : Ma belle est la belle des belles.

Voici ces belles amazones
Qu'escortent mille adorateurs :
Combien ces aimables personnes
Ont aujourd'hui d'admirateurs !
Chacun s'empresse sous leurs traces :
C'est un spectacle très piquant,
De voir ainsi courir les grâces
Et galoper le sentiment.

Air : Adieu, je vous fuis, bois charmant.

Derrière ce landau brillant
Le modeste sapin s'avance ;
Comme il faut marcher lentement
Il n'enfreint jamais l'ordonnance ;
Il renferme un dissipateur,
Qui fait une laide grimace
En contemplant son ex-grandeur
Dans une voiture de place.

Air : Vaudeville de l'écu de six francs.

Chacun sur l'heure se gouverne
Et l'on voit rentrer vers le soir
Le gendarme dans sa caserne,
La coquette dans son boudoir,

L'auteur dans son académie,
Le vieux seigneur dans son castel,
Le gros anglais dans son hôtel,
Le cheval dans son écurie.

En 1896, le *Longchamp* existe pendant toute la durée du printemps. Beaucoup moins élégant, mais c'est par milliers aussi que l'on compte chaque jour de 5 à 7 1/2 aux Champs-Élysées et à l'avenue du Bois de Boulogne les voitures plus ou moins élégantes, les équipages plus ou moins bien attelés : le matin, les chevaux de selle dans l'allée des Poteaux et à toute heure les automobiles avenue des Accacias et allée Marguerite. Le concours hippique est fréquenté en avril comme les jeux chevaleresques autrefois. La semaine du grand prix d'Auteuil et celle du grand prix de Paris, la réunion des courses de Deauville font partie de la vie élégante qui se complète par des rendez-vous de noble compagnie au Polo-Club et à l'île de Puteaux, puis en automne par la vie de château, les chasses à tir des environs de Paris, du Nivernais et du Bourbonnais, les chasses à courre en forêt de Rambouillet, Compiègne et Chantilly sans oublier la Sologne ; enfin en hiver par le yachting sur la Méditerranée et les grandes parties de *gulf* (1) au club de la Napoule. Il est aussi fort élégant de louer un *Moore* en Écosse pour y tirer le *Grouse* et d'aller voir en juin le soleil de minuit au cap Nord.

Et puisque nous en sommes à mettre en parallèle le présent avec le passé, il fallait en 1818 à une femme à la mode pour composer sa garde-robe : six robes de percale, façons diverses, trois robes de mousseline des Indes avec garnitures ; deux redingotes du matin ; une douzaine de chemises (toile de Frise) à petits poignets garnis ; une douzaine de chemises de percale ; une douzaine de chemises de toile, pour la nuit ; six jupons de batiste ; six jupons en percale ; six bonnets en baptiste, garnis de mousseline festonnée, pour le coucher ; six camisoles festonnées, pour le matin ; deux douzaines de mouchoirs de batiste à chiffres ; une douzaine de mouchoirs de toile superfine ; six peignoirs de toilette ; six canezous en mousseline brodée ; six fichus en percale ; six douzaines de paires de bas ; six madras ; deux robes de mérinos ; un witzchoura en hermine ou en petit gris ; trois cachemires, un blanc, un à large raies et un noir. — Il n'y a rien de superflu, ajoute celle qui fait cette note exacte, tous ces articles étant de première nécessité.

Il faut aujourd'hui : Six robes de foulard ou de surrah et trois

____

(1) Vieux jeu breton du pays de Cornouailles remis en honneur à Dinard et Cannes par la colonie étrangère.

costumes en drap léger ou alpaga (corsage forme de veste avec gilet ou devant de couleur) ; quatre robes de bal satins brochés et unis, garnitures très vaporeuses avec corsage gaze de tulle garni de paillettes ou cabochons ; six robes du soir, toilettes de dîner ou de théâtre, satins brochés, garniture tulle ou dentelles ; trois robes de visites, d'été, en étoffes légères ; trois d'hiver garnies de fourrures ou grande passementerie ; trois collets d'été en gaze et dentelles ; trois d'hiver avec fourrures, le col se relevant ; deux sorties de théâtre ou bal enveloppant toute la toilette en étoffes légères mais chaudement doublées, garniture de plumes et dentelles ; une pelisse loutre ou zibeline doublée de satin broché capitonné ; trois boas en plumes, ruches et dentelles ; trois petits manchons assortis aux boas. Nombreuses écharpes de gaze.

Quatre matinées, petit corsage pas ajusté pour le lever, tissu de soie, garnitures de rubans mousseline de soie, dentelles ; jupes assorties, crêpons pelucheux ; pour l'hiver, garniture de cygne ou fourrures ; deux douzaines de chemises en batiste de couleurs tendres, bleu, rose, mauve, façonnées avec plissé et dentelles sans manches, l'épaulette très étroite ; deux douzaines de chemises en batiste ou soie de la plus grande finesse avec entre deux et goussets de dentelle ; deux douzaines de chemises de nuit, batiste de couleur ou soie de l'Inde avec flots de dentelles et grands cols coquillés de dentelles mélangées de rubans.

Plus de jupons de surrah pareil aux corsets, ni de pantalons garnis de dentelles ! ils sont remplacés par des maillots de soie ou des *combinaisons*.

Trois douzaines de mouchoirs du matin assortis aux chemises : mêmes tissus, mêmes dentelles avec ourlets à jour et chiffres brodés.

Deux douzaines de mouchoirs du soir garnis de valenciennes et de point d'Angleterre.

Six douzaines de paires de bas de soie assortis aux robes.

Six douzaines de gants de Suède sans boutons pour la journée.

Quatre douzaines pour le soir montant au-dessus du coude.

Six chapeaux pour chaque saison.

Une douzaine de paires de bottines à boutons, fortes semelles, talons plats. Six paires petits souliers pour toilette de visites. Six paires de petits souliers du soir assortis aux toilettes.

Et les corsets ? ne les oublions pas, il en faut six au moins, de satin et batiste doublés de soie.

Toute cette nomenclature constitue à peine le nécessaire. Excusez du peu !!!

163. — LES FOLIES PARISIENNES, nouvel almanach des modes rédigé par le Caprice, membre honoraire

de toutes les sociétés, bals, cercles, thés, réunions de France et *dédié aux dames. A Paris, chez Louis Janet, successeur de son père, rue St Jacques, n° 59.* — Imprimerie de Didot l'aîné, chevalier de l'Ordre de St-Michel, imprimeur du Roi. In-18.

Faux-titre, titre-frontispice gravé orné d'un fleuron finement colorié représentant un buste de femme dont la main droite agite une marotte. 180 pages y compris la table des matières. Six charmantes gravures coloriées dont le sujet est emprunté à des anecdotes insérées dans le volume, jolies scènes très bien composées, les personnages vêtus à la mode de 1819. *Bals de Janvier*, la *Jolie solliciteuse*, la *Virtuose des Salons*, le *Médecin des boudoirs*, la *Rose a ses épines*, le *Peintre à la mode.*

Le texte se compose d'intéressants articles sur l'histoire des modes, la naissance de la mode, la mode chez les peuples de l'antiquité, au moyen âge, au commencement du xixe siècle ; puis revue de chaque mois : les Etrennes, le Carnaval, l'Ambassadeur Persan, le Panorama de Jérusalem, Longchamp, Tivoli, les Promenades publiques, l'Exposition de l'industrie où le bibliophile admire la *Henriade* de Didot et le *Xenophon* d'Eberhart, le Salon dans lequel on admire le *Naufrage de la Méduse*, la *Galatée* de Girodet et le *Massacre des Mamelucks* de Vernet.

164. — L'Esprit des Femmes. *A Paris, chez Louis Janet, libraire, successeur de son père, rue St-Jacques, n° 59.*

Vol. in-18, 46 pages plus un feuillet pour la table, suivies du Petit courrier des dames ; douze feuillets pour les jours et les mois, les six derniers sont surmontés d'un médaillon avec sujets appropriés au mois. En avril, *la Pêche*, en octobre, *la Récolte des raisins*, en novembre, *la Chasse à courre*, etc.

Le titre-frontispice est gravé et orné d'une petite vignette représentant un buste de femme sur un piédestal aux pieds duquel une lyre, des branches de laurier et un rosier fleuri.

En regard du titre, le couplet-préface suivant :

Air : *De la Croisée.*

A qui veut faire un almanach
Un bon titre est bien quelque chose.
Quel enthousiasme l'on a
Quand, d'après ce titre on compose ;

> Aussi pour nous, c'est un plaisir
> D'offrir ce chansonnier aux dames,
> On est bien sûr de réussir
> Avec l'*esprit des femmes.*

Six figures gravées au pointillé : *Empire des femmes, Talents de femmes, Beauté des femmes, Puissance des femmes, La Boudeuse, La Coquette,* très jolies compositions donnant fidèlement les costumes de 1820.

Dans le texte, quelques poésies bien tournées entr'autres celle-ci :

La petite maitresse.

> Je n'aime pas qu'on me répète
> La même chose chaque jour ;
> Ce mot d'amour me rompt la tête,
> On ne me parle que d'amour ;
> Toujours : aimez-moi ! je vous aime !
> Ah ! cruelle, vous n'aimez rien !
> C'est une erreur ; je vais moi-même
> Vous dire ce que j'aime bien.
>
> J'aime à dormir après l'aurore,
> J'aime à coucher sur le duvet ;
> Au sortir du lit, j'aime encore
> A trouver mon déjeuner prêt.
> Dans ce qui tient à la toilette,
> J'aime beaucoup la nouveauté ;
> Mais quoi qu'on me trouve coquette,
> J'aime à ménager ma santé.
>
> J'aime à contempler la nature
> J'aime le retour du printemps
> J'aime les fleurs et la verdure,
> J'aime à courir par le beau temps.
> J'aime la bonne compagnie,
> J'aime quelques joyeux couplets,
> J'aime à sortir quand je m'ennuie,
> J'aime à rester où je me plais.
>
> J'aime aussi la fraîcheur des roses,
> Mais sur mon visage surtout.
> J'aime encor beaucoup d'autres choses
> Qui flattent mon cœur et mon goût.
> Me dire que je suis cruelle,
> C'est n'avoir pas le sens commun ;
> J'aimerais un amour fidèle,
> Si l'on pouvait en trouver un.

165. — Candeur et bonté ou les quatre âges d'une

femme, par Augustin Legrand. *A Paris, chez Louis Janet, libraire, rue Saint-Jacques, n° 59 et Pélicier, libraire au Palais-Royal.* In-18, 51 pages.

51 pages. Un feuillet pour l'exposé des tableaux et quatre pour les articles du calendrier.

Titre gravé, avec un fleuron représentant une couronne composée d'un bouton de rose, une rose entr'ouverte, une rose épanouie et un souci : *Voilà la vie !*

Recueil d'images ayant pour frontispice *Les Quatre Ages.* Les tableaux sont divisés en quatre séries précédées chacune d'un titre gravé, orné d'une fleur avec sa signification dans leur langage.

La Jeune enfant. Boule de neige : *Naïveté de l'enfance.*

> La jeune enfant,
> La poupée,
> Le devoir religieux,
> Les amusemens,
> La 1re communion.

La jeune fille. Œillet rose : *Candeur, élégance.*

6e tableau. Quinze ans,
> Les arts,
> L'amitié,
> La mélancolie,
> Les confidences,
> La mariée.

La femme. Rose : *Grâces, éclat, beauté.*

12e tableau. Vingt ans,
> Les occupations,
> La jeune mère,
> Voilà son bonheur,
> La petite famille,
> L'éducation,
> Le triomphe d'une mère,
> La consolation.

La femme âgée. Reine Marguerite, *Automne.*

20e tableau. La bonne maman,
> Les petits enfans,
> La bienfaisance,
> La vision,
> Le repos.

« Candeur et bonté » n'est pas à proprement parler un almanach de modes ; mais ce charmant petit volume peut se classer dans leur série, les vingt-cinq figures nous donnant les costumes des enfants, des jeunes filles, des femmes jeunes et vieilles en 1820, dans des scènes à un ou plusieurs personnages.

Legrand, dans la préface, dit qu'il n'a eu qu'à copier les modèles qu'il avait sous les yeux « de jeunes enfants bien élevés, une fille déjà mère, une épouse aimable, sensible, l'exemple et le bonheur de la maison ».

1821

166. — PETITES ÉTRENNES RÉCRÉATIVES DE LA MODE, par G. Clavelin avec gravures. *A Paris, chez Delaunay, lib., Palais-Royal, Susse, papetier, galerie du panorama.* In-18.

Le frontispice dessiné et gravé par V. Adam représente la mode sortant d'une tourelle faisant moulin à vent dont les ailes sont garnies de vêtements variés qui tournent avec elles.

Cinq figures au trait dessinées et gravées par V. Adam portent les légendes ci-après : modes en retraite, restauration, philosophie de la mode, l'heureux quadrupède, déluge dramatique.

Le texte se subdivise en chapitres intitulés : toilette, habillement, cheveux naturels, ornemens de tête, couleurs factices du visage, chevelures artificielles, pendans d'oreilles, bagues, colliers, dentelles, gazes et toiles fines, éventail, ceinture, jarretières, chaussures, barbe, moustaches, voitures de luxe, danse, nomenclature, bouffons,

Sur le titre les deux vers :

> Aux usages reçus il faut qu'on s'accommode,
> Une femme surtout doit tribut à la mode.

et le volume est terminé par ces deux autres :

> Le monde est plein de fous et qui n'en veut point voir
> Doit rester toujours seul et casser son miroir.

Rel. anc., mar. rouge, ex. du Bon Pichon.

167. — PARIS ET SES MODES. Nouvel almanach rédigé par le Caprice. *A Paris, chez Louis Janet, libraire, successeur de son père, rue Saint-Jacques, n° 59.*

Vol. in-18, 180 pages ; quatre feuillets pour le calendrier. Un faux-titre ; titre gravé avec fleuron-vignette colorié. L'Amour coiffé d'un chapeau à plumes, le haut du corps enveloppé d'une écharpe, joue de l'éventail ; la marotte de la folie est à ses pieds.

Aux Dames.

Le petit drôle est-il gentil !!
C'est pour ajouter à ses charmes
Et rendre son feu plus subtil
Que le traître emprunte vos armes.

Six figures finement gravées et coloriées dont le sujet est emprunté aux historiettes suivantes : le *Cachemire,* le *Bal de l'Opéra,* le *Billet doux,* le *Corset,* la *Toilette de cour,* la *Leçon d'escrimé.*

Le texte est composé d'articles en prose (Chambre des Modes) et de charmantes poésies, entr'autres le tableau de Paris en 1821 et années suivantes ; le miroir, les gants, la promenade de Longchamp, le café Tortoni, etc.

Dans la séance du 6 août de la Chambre des Modes, l'ordre du jour appelle la communication de plusieurs rapports que divers membres demandent à faire sur quelques parfums, crèmes, essences, pommades, etc. Gloire à Farina pour son eau de Cologne, pour sa crème de Tartarie ! à l'eau de Laugier pour la toilette et à sa promenade de Madagascar !

Vive la poudre de Ceylan, vive l'eau de Ninon de Lenclos ! Enfin la *frivolité* révèle les produits chimiques de M. Bés, rue de Grenelle-Saint-Honoré, 34, et l'on vote une mention honorable en faveur de son rouge liquide Royal, de son bleu lazzuli et de sa crème d'albâtre.

Le goût se sera sans doute endormi pendant la séance ; sans cela il aurait protesté en exposant que les produits obtenus directement de la fleur l'emportaient de beaucoup sur les compositions faites au moyen de la chimie et en signalant le danger de sentir et respirer les parfums artificiels ?

1822

168. — Les Modes et les belles. Almanach nouveau rédigé par le caprice. *A Paris, chez Louis Janet, libraire, successeur de son père, rue Saint-Jacques, n° 59.* In-18.

Faux-titre ; titre gravé avec fleuron : la Folie dominant le monde et foulant aux pieds l'oiseau de Minerve, 180 pages y compris la table, 4 feuillets pour le calendrier.

Introduction. — Le monde tel qu'il est :

> Vante qui voudra le vieux temps !
> L'âge d'or est l'âge où nous sommes ;
> Nous avons fort peu de grands hommes,
> Mais nous avons des fous charmants,
> De jolis roués de vingt ans,
> Des petits maîtres de soixante,
> Honneur à la race présente !
>
> . . . .
>
> . . . .
> Pourquoi verrais-je avec humeur
> Rouler ce monde sublunaire,
> Dans l'inconséquence et l'erreur ?
> Quel qu'il soit, il est ma chimère,
> C'est une épine avec sa fleur.

L'auteur anonyme de ces jolis vers était un sage. Quelques vingt ans plus tard, Alph. Karr, le philosophe de *Maison-Close* (1), ce grand esprit qui savait condenser en peu de mots,

(1) A Saint-Raphaël, où, séduit par l'agreste beauté du pays, le célèbre écrivain devenu jardinier vint de Nice planter sa tente... et ses fleurs.

Il y vécut près d'un quart de siècle bon pour les humbles, honoré de tous et toujours jeune de corps et d'esprit. A quatre-vingts ans, il retrace ainsi son existence dans cette retraite embaumée :

> Je vis fort retiré des hommes et des choses
> Et l'on me fait plaisir dans ma close maison
> De me laisser en paix causer avec mes roses.
> . . . .
> Sur une mer houleuse et debout à la lame,
> Je passe pour donner un joli coup de rame,
> Et quand malgré le ciel, il faut faire pleuvoir,
> Mon bras ne se plaint pas du poids de l'arrosoir.
> Giroflée et lilas, roses et violettes,
> Chèvrefeuille et muguet, vivantes cachettes,
> Me gardent leurs parfums, m'invitent à leurs fêtes,
> Et j'en jouis autant qu'à mes premiers printemps.
> — La nuit le rossignol me dit les mêmes chants,
> Et dans la mer d'azur, à la fin des journées,
> Quand le soleil descend, embrassant les nuées,
> De tons jaune, lilas, rouge, vert, violet,
> Hosanna !
>   De mon cœur monte un hymne muet...
> . . . .

comme le faisait Horace, des vérités incontestables, exprimait la
même pensée d'une façon charmante :

> De leur meilleur côté tâchons de voir les choses :
> Vous vous plaignez de voir les rosiers épineux ;
> Moi, je me réjouis et rends grâces aux dieux
> Que les épines aient des roses.

Le texte, divisé en douze parties, une par mois, se compose
de courts articles dont les six principaux : le *Négligé d'une coquette*, la *Toilette de la mariée, Jadis et aujourd'hui*, le *Maître de
danse*, l'*Observateur aux Tuileries*, le *Coëffeur à la mode*, sont
illustrés de jolies gravures coloriées dont le sujet est emprunté à
chacune de ces petites nouvelles. Les costumes sont ceux de
1822.

A signaler encore : la Mode en France, Voyage au Temple de
la Mode, l'Origine de la couleur Isabelle, la Journée du petit
maître, l'Empire de la Mode, du Goût dans les costumes, etc.,
les Mœurs du siècle.

> Nous vivons autrement que ne jouaient nos pères,
> Nous jouons fort gros jeu, mais nous ne gagnons guère ;
> Eux faisaient grande chère et faisaient petit jeu,
> Ils ne s'amusaient pas, mais ils s'ennuyaient peu.
> Nous avons plus de peine à supporter la vie,
> Ce qui les amusait, à présent nous ennuie,
> Il me semble, en un mot, qu'au siècle où nous vivons
> Les plaisirs sont plus courts et les ennuis plus longs,
> Les corps plus délicats, les âmes plus fragiles,
> Les hommes plus civils, les femmes plus faciles, etc.

. . . .

169. — Miroir des graces dédié aux dames. *A
Paris, chez Le Fuel, libraire-éditeur, rue St-Jacques,
n° 54. In-18.*

Le titre gravé, orné d'un motif composé d'un chapeau, d'une
écharpe, d'une ombrelle, d'un ruban, etc... sert de frontispice.

Le titre imprimé est conçu ainsi : miroir des graces, dédié
aux dames, ou dictionnaire de parure et de toilette ; par
L. Mazeret et A. M. Perrot. Contenant le nom et la défini-
tion de tous les objets qui servent à l'habillement, la parure et
la toilette des Dames ; Etoffes, Fourrures, Bijoux, Pierres fines,
cosmétiques, etc. ; indiquant les pays, manufactures et fabriques
d'où sortent les meilleurs et les plus beaux produits, avec la

manière de les reconnaître, et les adresses des Marchands les

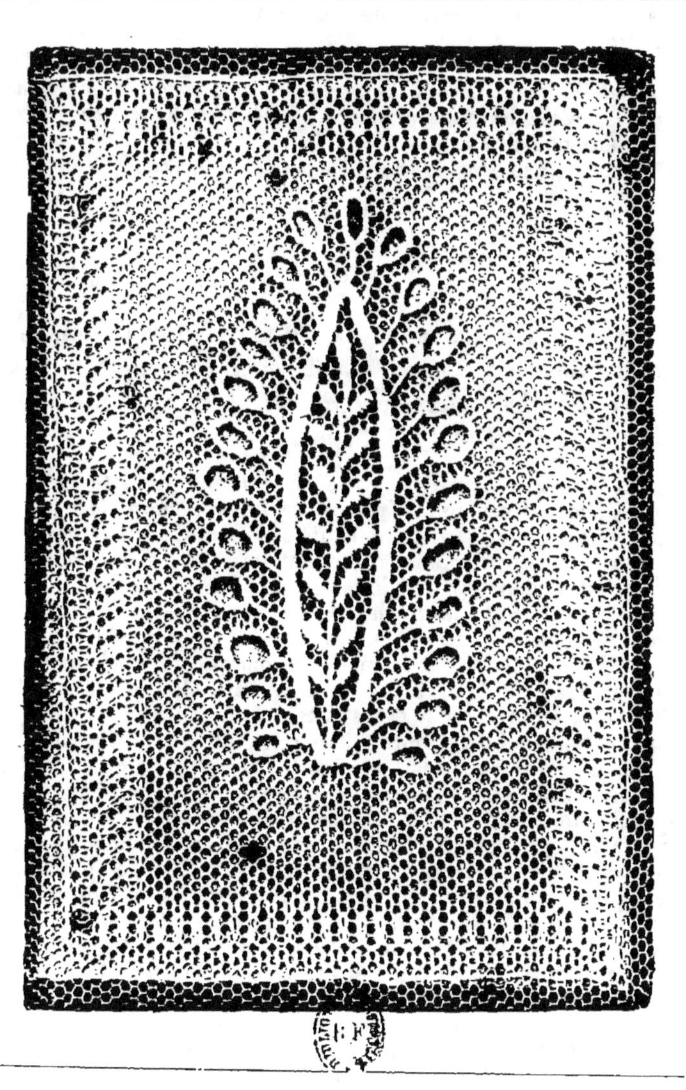

mieux assortis de Paris, etc., etc., à Paris, chez Le Fuel, etc., etc.

175 pages de texte après lesquelles le calendrier pour 1822.

Cet intéressant petit ouvrage est orné de quinze gravures coloriées représentant divers objets nécessaires à la parure et à la toilette.

Acier (Diadème, boucles, chaînes, bagues, pendants d'oreilles). *Bourses, Colliers, Corail, Éventails, Fleurs, Jarretières, Peignes, Pierres précieuses* (deux planches), *Plumes, Rubans, Sacs-gibecières* (deux planches).

Reliure en soie rose recouverte de dentelle brodée à la main.

1823

170. — Le Règne de la Mode. Nouvel almanach des modes rédigé par le Caprice. *A Paris, chez Louis Janet, libraire, successeur de son père, rue Saint-Jacques, n° 59.* In-18. 180 pages.

Un faux-titre ; un titre gravé, orné d'une vignette coloriée, une Folie assise dans le fauteuil de la présidence agite sa marotte et ses grelots (sujet emprunté à la Chambre des Modes).

Texte divisé par mois, contenant des articles de modes, des historiettes, dont six : le *Duel et le Déjeuner*, l'*Écarté*, la *Bascule*, la *Promenade*, les *Blouses*, la *Lecture d'un roman*, sont illustrées de jolies gravures coloriées, avec les costumes de 1823.

Quelques articles sur la mode des masques, les bals masqués, la promenade de Longchamp, le boulevart Montmartre, le Jardin Turc, Montmorency et ses ânes, un dimanche à Tivoli, etc., etc., sont assez intéressants ; mais ceux intitulés « Chambre des Modes » sont tout à fait amusants. L'ouverture de la session (séance du 3 janvier), commence ainsi : « *Le Temps passé,* en qualité de doyen d'âge, occupe provisoirement le fauteuil ; les maris sont à gauche, les femmes à droite ; les célibataires, veufs, veuves et demoiselles sont placés au centre. Le Temps passé se lève pour prononcer le discours d'ouverture. Un murmure presque général se fait entendre. Un membre *du côté gauche* réclame le silence pour le vénérable président (il n'est point écouté et les conversations particulières s'engagent du côté droit et au centre, malgré les interpellations du côté gauche).

Un membre de droite : Procédons, Messieurs, à la nomination du président ; c'est avec tous vos discours que l'on prolonge les séances ; l'on finit par se séparer, sans savoir comment l'on doit s'habiller ».

Une foule de membres : Allons aux voix !

On passe au scrutin. *La Folie* est encore appelée à la présidence, à une grande majorité ; *le Caprice* est toujours secrétaire et le *Goût* rapporteur.

Quelques voix à gauche : C'est affreux, injuste, etc., etc.

Suit un joli discours du président et l'on nomme ensuite une commission chargée d'examiner plusieurs projets. La *Parcimonie*, la *Variété*, la *Frivolité*, le *Luxe*, sont élus. Le Goût est nommé rapporteur.

Quelle fine raillerie du régime parlementaire !

182...?

171. — Annuaire de l'observateur des modes, dédié au Beau Sexe. *Paris, E. Jourdan, quai des Augustins, n° 17.* Pet. in-32.

Douze jolies figures de modes très finement coloriées une pour chaque mois avec légende. — Modes Parisiennes.

En regard de chaque figure la description du costume et au recto de ce feuillet quelques vers assez bien tournés :

> Janvier. — Négligé habillé.
> Février. — Grande toilette.
> Mars. — Demi-parure.
> Avril. — Mise de Longchamp.
> Mai. — Toilette du matin (homme).
> Juin. — Mise de Tivoli.
> Juillet. — Costume de campagne.
> Août. — Costume de cheval (homme).
> Septembre. — Costume de chasse (homme).
> Octobre. — Mise de Promenade.
> Novembre. — Toilette de midi (homme).
> Décembre. — Négligé habillé.

La poésie du mois de juin est assez drôle.

> Paul en rentrant dans son hameau
> Disait : Que ce Paris est beau !
> Que de palais ! que de boutiques !
> Que de ponts ! de places publiques !
> Pour moi c'est un pays nouveau !

Il est loin des champs ; quel dommage !
Si prenant un autre parti,
Dans la campagne on l'eût bâti,
Paris ferait un petit village.

A la dernière page du petit volume se trouve un avis aux dames.

L'Observateur des modes dont ce petit ouvrage est extrait paraît tous les 5, 10, 15, 20, 25 et 30 de chaque mois à *Paris*, rue Montmartre, n° 179.

182...?

172. — Le Miroir des Modes Parisiennes. *Paris, Louis Janet, libraire, rue Saint-Jacques, 59.* In-18, 180 pages.

Quatre feuillets pour le calendrier.

Faux-titre, titre gravé avec fleuron-vignette colorié : la Mode foulant aux pieds le Monde (un globe aux ailes de papillon) ; elle est coiffée d'un bonnet de folie également ailé, et tient un miroir de la main gauche.

Six gravures coloriées, *Le Marais et la Chaussée d'Antin, Une Soirée d'artistes, La Dot et la Prétendue,* une *Visite au Mont de piété,* l'*Art de tenir son chapeau, Voilà bien les femmes,* sujets tirés des nouvelles du même nom.

Texte divisé en douze parties avec un Bulletin de Modes pour chaque mois et des historiettes, anecdotes, petites poésies. Articles sur les bals masqués, le Palais-Royal, Longchamp (très tombé), le jardin de Luxembourg, l'éducation à la mode, le dimanche à Paris, les boutiques d'autrefois, les magasins d'aujourd'hui.

A citer une spirituelle boutade sur l'homme accompli :

Trouver tout mauvais et tout bon,
Donner à tous tort et raison ;
Flatter et médire à la ronde,
Être en amour dupe et fripon,
N'aimer personne et tout le monde,
Voilà dans un cercle poli
De quoi faire un homme accompli.

173. — L'Écho des Modes. *Paris, chez Marcilly, rue Saint-Jacques, n° 21.* 1 vol. in-24.

Titre gravé avec fleuron-vignette colorié : l'Amour coiffé d'une écharpe est debout auprès d'une toilette ornée d'un miroir ovale, à côté duquel est placé un chapeau à plumes.

48 pages : à la suite desquelles, le Souvenir des dames, composé de douze feuillets dont sept pour le titre, orné d'une vignette et les mois. En tête de chacun d'eux un petit sujet gravé : un chien qui porte une lettre, une fleur, un nid d'oiseau, une rose, etc., enfin cinq feuillets blancs.

Six gravures coloriées sans légende dont le sujet se rapporte aux notices : *Les Voiles* (toilette de mariée) la *Petite Maîtresse* étendue sur une chaise longue près d'une psyché ; à ses pieds, une corbeille de roses. *Le Miroir* : une élégante, sur le point de sortir, joue de l'éventail devant son miroir. *La Coquette* : en toilette de bal, s'admire devant une grande glace. *Les Cheveux* : une femme assise devant sa toilette emploie les ressources de l'art pour rehausser l'éclat de ses cheveux. *La Danse,* une jeune fille semble répéter un pas nouvellement appris.

Le texte est mélangé de vers et de prose : l'Origine du Ridicule, la Mode des bagues, la Beauté chez les femmes, etc.

174. — Le Petit Magasin de modes, dédié aux dames. *A Paris, chez Lefuel, libraire-éditeur, rue Saint-Jacques, n° 54.* In-18. 191 pages.

Orné de douze figures dont la première sert de titre-frontispice : à l'intérieur d'un magasin, une jolie modiste essaie un élégant chapeau sur une tête en carton.

Ces figures sont très fines, de teinte un peu grise ; elles sont gravées au pointillé et ressemblent à des lithographies ; les visages, les mains, les bras et les épaules sont légèrement couleur de chair.

Fig. 2. Robe de blonde (à fleurs). Chapeau Cardinal.

Fig. 3. Chapeau de gros de Naples. Robe de gros des Indes avec un biais à tête (pèlerine brodée).

Fig. 4. Robe de toile de laine. Chapeau de gros de Naples. Sur le cou, petit Pierrot en mousseline.

Eté. Fig. 5. Capotes de crêpe de deux étoffes. Robe de batiste, canezou de mousseline. La robe est coupée au milieu par une broderie formée de grappes de raisin.

Été. Fig. 6. Robe de foulard, pèlerine à quadrillés ; chapeaux de paille de riz.

Automne. Fig. 7. Coiffure de Bal. Robe de crêpe.
Automne. Fig. 8. Robe d'organdie, écharpe à papillons, béret de crêpe.

Automne. Fig. 9. Redingote de mousseline fermée par des nœuds. Chapeau de papier imitant la paille.

Hiver. Fig. 10. Coiffure ornée de plumes. Robe de tulle garnie de satin.

Hiver. Fig. 11. Redingote de mérinos brodé. Chapeau de velours plein (garni de plumes d'autruche).

Hiver. Fig. 12. Chapeau de velours plein. Robe de cachemire à manches de tulle, un boa autour du cou.

Le texte se compose d'articles sur chacune des saisons, de variétés, noms des actrices à la mode, de quelques anecdotes et d'assez jolies poésies dont celle-ci : le Fashionable modèle ou Portrait d'un habitué au boulevart de Gand :

> D'esprit son œil étincelle ;
> Son langage est séduisant ;
> En un mot c'est le modèle
> Des jeunes gens d'à présent.
> On croirait voir quand il danse
> Le zéphir de l'Opéra,
> Allant chercher en cadence
> Le baiser qu'on lui rendra.
> Des spectacles idolâtre,
> Maintenant c'est du bon ton,
> Il a fait faire un théâtre
> Au milieu de son salon.
> Pour bien chausser le cothurne
> Il prit leçon de Talma ;
> Pour bien chanter le nocturne
> Il imite Garcia.
> Lorsqu'en sortant de la bourse
> Son coursier fougueux l'attend,
> Il défierait à la course
> L'anglais le plus vigilant.
> S'il s'empare de ses armes
> Pour une affaire d'honneur,
> On peut être sans alarmes
> Car il est toujours vainqueur.
> Abandonnant son épée,
> Quand chez Lepage il paraît,
> Crac, il abat la poupée,
> Car son coup d'œil est parfait.
> De la mode, ami sincère,
> Après son dîner il va,
> Pour chercher à se distraire
> Pleurer sur le sort d'*Olga*.
> D'esprit son œil étincelle,
> Son langage est séduisant ;
> Oui, voilà bien le modèle
> Des jeunes gens d'à présent.

Au cours du volume, quelques pensées et maximes d'un solilaire de Ville-d'Avray donnent la note philosophique : « Sur le

déclin de la vie, on ne parle tant du passé que parce que le présent fait trop peu d'impressions et que l'avenir en fait trop. »

Afin d'en parler le moins mal possible, il est bon de le revivre et pour cela l'on ne peut avoir de meilleurs compagnons que nos plus fidèles amis, les livres. Mais il n'est de si bons amis qui ne se quittent, et quand l'heure de la séparation arrive, les adieux sont empreints d'une certaine tristesse. Combien il vaut mieux se dire à revoir, n'est-ce pas, charmants almanachs auxquels je dois de si douces heures ? Vous avez su me montrer par le petit bout de la lorgnette la fin du xviiie siècle et les premières années du xixe ; grâces vous soient rendues ! L'on vous recherche à notre époque, la mode le veut ainsi ; souhaitons que par un de ses caprices, trop fréquents, hélas ! l'inconstante ne vous fasse pas retomber dans l'oubli.

QUELQUES MOTS

SUR

DIFFÉRENTES RELIURES

DU CALENDRIER DE LA COUR

AU XVIIIe SIÈCLE

En même temps que les almanachs galants illustrés
du xviiie siècle, paraissait, parmi ceux que M. Wel-
singer appelle à juste raison les almanachs techniques,
le calendrier de la Cour qui date de 1700 et va jusqu'en 1792.

Le calendrier de la Cour donnait à ses lecteurs la
chronologie des Rois, la composition de leurs maisons
et de celles des Princes du sang, l'état administratif,
religieux, militaire, commercial et judiciaire de la
France. Aussi se trouvait-il entre toutes les mains et
les relieurs couvraient ces petite *vade mecum* de l'habit
le plus luxueux comme du plus humble. Pour le Roi,
la Reine, les Princes de la Maison Royale, les grands
seigneurs, les gens de qualité, les reliures étaient à compartiments de pièces de rapport de différentes couleurs
et ornées de peintures sous mica représentant leurs
chiffres ou armoiries. Beaucoup de ces reliures étaient
exécutées par le célèbre Dubuisson, dont Monsieur
Léon Gruel, relieur, dans son très intéressant *Manuel
historique et bibliographique de l'amateur de reliures*,
a reproduit l'étiquette suivante : « Dubuisson fils relieur doreur fait en or les armes de toutes les têtes cou-

ronnées, Princes, Princesses, Prélats, Grands officiers
de la Couronne et de la Maison du Roi, Princes étran-

gers, Ambassadeurs et autres Seigneurs tant de Robe
que d'Épée. il peint les dites armes en mignature, sur-

tout à l'usage des almanachs, depuis le plus petit volume jusqu'au plus grand. »

Pour les personnages de moindre importance, dentelles à petits fers, le milieu des plats ornés d'armes
poussées en or, d'attributs emblématiques ou de sujets

empruntés le plus souvent aux principaux faits de l'année, aux estampes les plus en vogue. C'est tantôt la figure de Moreau *les Amours de Glycère* pour les *Chansons* de Laborde, reproduite sous le nom de *sollicitations pressantes,* tantôt la France en extase devant Mgr le Dauphin couché dans son berceau, tantôt le portrait d'une comédienne dans le costume de son rôle, ou bien l'enlèvement dans les airs d'un ballon et de sa nacelle, plus tard enfin la prise de la Bastille, etc., etc.

Les dentelles souvent compliquées qui servaient d'encadrements à ces milieux frappés en or plein, étaient de composition très variée et venaient d'un seul coup. Tessier, doreur, successeur de Le Monnier, possédait dans sa *boëte* à dorer, vingt plaques gravées pour les *Collombat,* treize pour les *Étrennes mignonnes* et une cinquantaine de milieux d'almanachs, petits personnages en pied, portraits du Roi et de la Reine, petits et grands bouquets, groupes d'oiseaux, vases et corbeilles de fleurs, etc.

Les exemplaires ordinaires étaient simplement reliés en maroquin de différentes couleurs doublés de tabis bleu pâle ou rose, en veau façon écaille doublés de papier d'ornements à fond d'or, ou plus simplement encore couverts de ce même papier et dorés sur les feuillets.

Aujourd'hui que tout ce qui se rattache au xviiie siècle est à l'ordre du jour, que les curieux sont à l'affût des documents relatifs à l'art de cette époque élégante sous toutes ses formes, que les questions touchant à la reliure passionnent les amateurs, la publication du *Mémoire des livres fournis et impressions pour les menus plaisirs du Roy pendant l'année 1754, par* Collombat, *premier imprimeur du Roy et du cabinet de sa Majesté* me semble de nature à intéresser les bibliophiles.

Le voici tel qu'il a été conservé aux archives de l'Arsenal :

Archives o¹2096.

<table>
<tr><td>Menus
1754
Menues fournitures
de la Chambre.
817¹12ˢ</td><td>*MÉMOIRE des livres fournis et impressions pour les menus plaisirs du Roy, pendant l'année 1754, par* Collombat, *premier imprimeur du Roy et du Cabinet de Sa Majesté.*</td></tr>
</table>

Le 1ᵉʳ Janvier 1754.

Fourny au Roy, sa Boëte ordinaire remplie de calendriers de la Cour, reliez de differentes manières, ainsy qu'il suit :

Savoir

Un calendrier pour le Roy, relié à compartimens de pièces de Raport de différentes couleurs, doublé de maroquin et de moëre d'argent, doré en dedans plein or, comme dessus, avec ses armes en mignature d'un côté et son chiffre de l'autre, aussy en mignature, revenant à la somme de trente livres, cy. .   30¹

Plus, un autre, pour Sa Majesté, avec des feuillets blancs entre les mois, relié en maroquin bleu, avec ses armes plein or, doublé de moëre d'argent, revenant à la somme de six livres, cy. 6¹

Plus, vingt calendriers, en maroquin, à compartimens de differentes couleurs, dorés plein or, et doublés en moëre bleue avec papiers d'ornemens à fonds d'or à cinq livres pièce, font ensemble la somme de cent livres, cy. 100¹

Plus, vingt des mêmes calendriers, en maroquin, de différentes couleurs, doublés de moëre bleue, avec papiers d'ornemens à fonds d'or, dorés plein or, avec les grandes armes du Roy, à trois livres dix solz pièce font ensemble la somme de soixante et dix livres, cy.. . . . .   70¹

Plus, vingt des mêmes calendriers, en maroquin de differentes couleurs, doublés de moëre bleue, avec papiers d'ornemens à fonds d'or, dorés plein or, sans armes du Roy; à trois livres cinq sols pièce, font ensemble la somme de soixante-cinq livres, cy. . . . , ...   65¹

271¹

De l'autre part. . . . . 271^l

Plus, douze des mêmes calendriers, en maroquin de differentes couleurs, doublés de moëre bleue avec papiers d'ornemens à fonds d'or, doré à bordures, avec les grandes armes du Roy ; à trois livres pièce, font ensemble la somme de trente-six livres, cy. . . . . 36^l

Plus, douze des mêmes calendriers, en maroquin de differentes couleurs, doublés de moëre bleue, avec papiers d'ornemens à fonds d'or dorés à grandes bordures à petits fers ; à cinquante-cinq sols pièce, font ensemble la somme de trente-trois livres, cy. . 33^l

Plus, douze des mêmes calendriers, en maroquin rouge, doublez en moëre bleüe, avec papier d'ornemens à fond d'or, dorés à bordures, avec les moyennes armes du Roy ; à cinquante sols pièce, font ensemble la somme de trente livres, cy. . . . . . . 30^l

Plus, douze des mêmes calendriers en maroquin rouge, doublés de moëre bleue avec papier d'ornemens à fonds d'or, dorez à bordures, avec les petites armes du Roy ; à quarante cinq sols pièce, font ensemble la somme de vingt-sept livres, cy. . . . . . 27^l

Plus, seize des mêmes calendriers, en maroquin rouge, tous unis, sans dorure sur le maroquin, doublés de moëre bleue, avec papier d'ornemens, à fonds d'or ; à quarante sols pièce font ensemble la somme de trente-deux livres, cy. . . . . 32^l

Plus, vingt quatre des mêmes calendriers, en veau façon d'Écaille, doublez de papier d'ornemens à fonds d'or, et dorez à bordures, avec les petites armes du Roy ; à trente solz pièce, font ensemble la somme de trente-six livres, cy. . . . . 36^l

Plus, trente des mêmes calendriers, couverts de papiers d'ornemens, à fonds d'or et doréz sur les feuillets ; à douze sols pièce, font ensemble la somme de 18 livres, cy.. . . . . , . 18^l

Plus, un Bref Romain, couvert de papiers d'ornemens à fonds d'or et doré sur les feuillets, revenant à la somme de douze sols, cy. . . . . 12^s

483^l 12^s

De l'autre part. 483ˡ 12ˢ

Pour Monseigneur le Dauphin.

Fourny un calendrier de la Cour, pour son usage, relié à compartimens de pièces de raport de différentes couleurs, doublé de moëre d'argent avec papier d'ornemens à fonds d'or, avec ses armes en mignature d'un costé et son chiffre de l'autre, revenant à la somme de vingt-quatre livres, cy. . . .   24ˡ

Plus, douze des mêmes calendriers, en maroquin rouge, doublés partie avec moëre bleue, partie avec papier d'ornemens à fonds d'or, dorés à grandes bordures, avec ses armes; à cinquante solz pièce, font ensemble la somme de trente livres, cy. . . .   3oˡ

Pour Monseigneur le duc de Bourgogne.

Fourny, un calendrier relié à compartimens de pièces de raport de differentes couleurs, doublé de moëre d'argent, avec papier d'ornemens à fonds d'or doré en plein avec ses armes en mignature, revenant à la somme de dix-huit livres, cy. 18ˡ

Plus, six des mêmes calendriers en maroquin rouge, doublés partie avec moëre bleue, partie avec papier d'ornemens à fonds d'or, dorés à grandes bordures avec ses armes; à cinquante sols pièce, font ensemble la somme de quinze livres, cy. 15ˡ

Pour Monseigneur le duc d'Aquitaine.

Fourny un calendrier relié à compartimens de pièces de raport de differentes couleurs, doublé de moëre d'argent, avec papier d'ornemens, à fonds d'or, doré en plein avec ses armes, revenant à la somme de dix-huit livres, cy. 18ˡ

Plus, six des mêmes calendriers, en maroquin rouge, doublés partie avec moëre bleue, partie avec

588ˡ 12ˢ

De l'autre part. 588¹ 12ᵉ

papiers d'ornemens à fonds d'or, dorés à grandes
bordures avec ses armes ; à cinquante sols pièce, font
ensemble quinze livres, cy. 15¹

Pour Madame de France.

Fourny un calendrier relié à compartimens de
pièces de raport de differentes couleurs, doublé de
moëre d'argent, avac papier d'ornemens à fonds
d'or, doré en plein, avec ses armes, revenant à la
somme de dix-huit livres, cy. 18¹

Plus, six des mêmes calendriers, en maroquin
rouge, doublés, partie avec moëre bleue, partie avec
papier d'ornemens, à fonds d'or, dorés à grandes
bordures avec ses armes ; à cinquante sols pièce,
font ensemble la somme de quinze livres, cy. . . 15¹

Pour Mesdames Adélaide, Victoire, Sophie et Louise de France.

- Fourny, quatre calendriers de la Cour, à chacune
un, pour leur usage, reliés à compartimens de pièces
de raport de différentes couleurs, doublés de moëre
d'argent, avec papier d'ornemens à fonds d'or, dorés
en plein, avec leurs armes en mignatures d'un costé et
leurs chiffres de l'autre, revenant chacun à la somme
de dix-huit livres, font ensemble la somme de soixante-
douze livres, cy.. . . . . 72¹

Plus, vingt-quatre des mêmes calendriers, à chacune six, en maroquin rouge, doublés partie de
moëre bleüe, partie de papier d'ornemens à fonds
d'or, dorés à grandes bordures, avec leurs armes ;
à cinquante sols pièce, font ensemble la somme de
soixante livres, cy.. . . . . 60¹

Plus, fourny à Messieurs de Curys, de Gagny et
Fontpertuys, chacun un almanach royal, in-8, pour
la présente année 1754, reliés en maroquin rouge,
à treize livres pièce, font ensemble la somme de
trente-neuf livres, cy.. . . . . 39¹

807¹ 12ᵉ

De l'autre part. 807¹ 12ᵉ

Plus, fourny à Monsieur le maréchal, duc de Richelieu, cent certificats de service, pour les officiers de la chambre du Roy, d'une page in-4° d'impression, la somme de cinq livres, cy. 5¹

Plus, fourny à Monsieur le duc d'Aumont, cent des mêmes certificats de service, la somme de cinq livres, cy. 5¹

Total. 817¹ 12ˢ

Bon à employer dans l'État des menues fournitures de la Chambre, pour la somme de huit cent dix-sept livres douze sols.

A Paris, ce 22 décembre 1757.

BLONDEL DE GAGNY.

N'est-ce pas que cette *boëte* remplie de calendriers de la cour, reliés de différentes manières, peut faire rêver et que le collectionneur qui ne possède aucun de ces bijoux a presque le droit de commettre le péché d'envie chez un rival plus heureux que lui ?

Pour ma part, je l'avoue humblement. Que celui qui n'a jamais péché me jette la première pierre !

Bien curieuse aussi la *Boëte* contenant les fers à dorer qui servaient à Tessier pour les reliures des Collombat et des Étrennes mignonnes.

Une bonne fortune récente m'a mis en possession du précieux catalogue qui les énumère. C'est un volume in-8°, sorte de registre dont chaque feuillet est recouvert d'estampages en noir de tous les fers que le doreur employait pour son travail. Il est intitulé : *Catalogue des fers qui sonts dans la boëte à dorer de Tessier à l'époque de 1789.*

Ce titre, au milieu d'un encadrement formé par une large dentelle, genre Padeloup, est écrit après coup sur le feuillet n° 2, et il est permis de supposer qu'à la première page arrachée se trouvait un autre titre inscrit à une date antérieure par l'ancien possesseur.

Tessier, reçu maître le 11 octobre 1785, avait succédé au relieur du duc d'Orléans et de sa maison, Lemonnier, qui figure encore en 1782 dans le « tableau, divisé en trois classes, de la communauté des maîtres et marchands papetiers colleurs et en meubles, cartiers relieurs doreurs de livres, à la ville, faubourgs et banlieue de Paris, » volume in-12, Paris, veuve Valade, imprimeur de la communauté, rue des Noyers.

Le Monnier appartenait à cette famille de relieurs célèbres dont le premier fut reçu maître en 1634 et auquel on doit les fameuses reliures mosaïques portant leur nom.

J'emprunte au remarquable ouvrage de M. Ernest Thoinan (*Les Relieurs français*, Paris, 1893, Émile Paul, Huard et Guillemin) les renseignements biographiques suivants ;

« Jean-Charles-Henri, dit le Jeune, fils de Louis-François, eut sa maîtrise en 1757. Sa demeure, indiquée rue St-Jean-de-Beauvais, donne à penser qu'il habitait avec son père, auquel il succéda, dit-on, dès 1759. Nous le trouvons avec le titre de relieur ordinaire de Mgr le duc d'Orléans. Son élection comme garde de la communauté eut lieu le 10 mai 1769. Jean-Charles-Henri était un des bons relieurs de son temps, et sa réputation, sans égaler celle de Nicolas-Denis Derôme le jeune, n'en était pas moins fort estimable. »

Cet artiste, dit Dudin, dans son art de reliure publié en 1772, élevé par un père distingué dans sa profession, en a toujours soutenu la réputation.

Tessier tenait certainement de son prédécesseur, non seulement sa boîte à dorer, mais aussi le catalogue de ses fers, dressé sans aucun doute avant l'année 1760. La preuve en est au feuillet intercalé dans le volume après les onze premières pages et portant la mention :

Supplémenl de l'année 1760. Deux fers de calendriers ou de collombas (sic).

Sans doute aussi, la plus grande partie de ces fers d'un pur style Louis XV, avaient appartenu ainsi que le catalogue, au père de Jean-Charles-Henri. Je retrouve en effet sur la reliure d'un petit livre de 1755, *les spectacles de Paris, ou suite du calendrier historique et chronologique des théâtres, 4ᵉ partie, à Paris, chez Duchêne,* une dentelle in-18, plein or, estampée, qui figure à la page 5 de ce catalogue, et, au milieu des plats, les numéros 203 et 204 du catalogue, petits personnages, homme et femme, dansant avec des castagnettes à la main.

Le nombre des fers catalogués est de 768, divisés en séries, chaque série est numérotée et classée sous des désignations écrites de la main du maître avec une orthographe un peu fantaisiste, mais qu'il est intéressant de conserver scrupuleusement ;

« Une plaque *plein or,* in-12, pour une reliure à compartiments de filets, avec fleurons, petits culots, dent courante, feuillages, etc., genre Padeloup.

« Une plaque, in-18, pour une reliure à bordure pleine, à fonds azurés, encadrant un charmant bouquet de fleurs.

« Une dantel (*sic*) in-18 plein or. C'est celle qui décore le petit volume des spectacles de Paris 1755.

« Vingt plaques gravées pour les *Collombats. —* Les nᵒˢ 19 et 20 figurent sur le feuillet intercalé dont j'ai déjà parlé, portant la mention : *Supplément de l'année 1760, deux fers de calendriers ou de Collombats.*

« Treize plaques pour les *Étrennes mignones* (sic). »

De même que chez Collombat et chez Dubuisson, la reliure de ce genre de petits livres semble avoir été une spécialité de Lemonnier. Ces reliures très chargées

d'or étaient clinquantes, il est vrai, mais plaisaient
beaucoup alors, ayant pour elles l'engouement du mo-

ment. Les trente-trois plaques gravées de Lemonnier,
toutes différentes de composition, sont ornées de fleurs,
de coquilles, d'oiseaux chimériques, cartouches genre

guitare, fonds de panneaux quadrillés avec fleurettes au milieu. Quelques-unes ont une bordure pleine à fond azuré ; d'autres ont des encadrements formés d'entrelacs et filets, ornementation dans le style de Bérain.

Le prix de ces reliures n'était pas très élevé, grâce au mode de fabrication qui consistait à faire venir d'un seul coup les dentelles très compliquées servant d'encadrement à des milieux frappés en or, et aussi parce qu'en vertu de l'arrêt du Conseil privé du Roi donné à Versailles le 26 juillet 1700, arrêt jusqu'à ce jour inconnu, et dont je dois la communication à Monsieur Léon Gruel, ces livrets, *petits usages,* appelés communément *Camelottes* quarrées, longuettes, plates, étaient reliés à la grecque comme par le passé et non pas cousus sur nerfs comme les *usages* et *gros usages,* les livres de *privilège* et de *prix.*

On entendait par *petits usages,* les alphabets, petits livres de prières, petits psautiers, demi-psautiers, quarts de psautiers et toutes sortes de livres d'heures et de livres d'église, cathéchismes, prières du soir et du matin, petites introductions, livres d'études primaires, comme rudiments, particules, racines, petits auteurs, et encore les petits livres que l'on imprimait pour le Roi et que Sa Majesté faisait distribuer à ses officiers et gardes.

Les *gros usages* étaient les missels diurnes, bréviaires, graduels, antiphoniers, psautiers, etc.

Ceci dit, continuons l'énumération du catalogue Tessier :

« Vingt-huit *fers à rouler.*

« Cent *petits fers,* fleurs et fleurettes, fruits, feuillages, rinceaux.

« Deux cent soixante-dix-sept fers classés sous le

nom de *petite pensée, petit bouquest, grand bouquest, grand bouquest et dantelle, fers pour servir à des dantelles, millieux de plein or d'almanach, millieux et autres fers d'almanachs, différents fers de traits, coin Denfolio* (sic) *et in-4°, avec Rosset.*

« Cent fers *Rossette in-4°, in-8 et in-12, palette des tomes in-12, in-4° et in-8°.*

« *Differ* (différents) *Roulot et autre, Palette des gueux,* trente-huit *fer à dos.*

« Soixante-dix-neuf fers : *Armes Louis XV, Mgr le Dauphin; cartouche armes d'Orléans, de Chartres, du Roy, de la Reine, cartouche de mar. de France* (maréchaux), *cartouche pour les roys Despagnes* (sic), *de Naples, Don Philippe, l'infant Don Louis, l'infante fille de don Philippe, autre idem, Don Louis, cartouche pour des filles, cartouche pour des femme, différentes armes, cartouche armes in-fol., cartouche de duc, id., le duc Daumont, Dentelle in-fol. et in-4°.*

« Quatre-vingt-huit *diférens fert* (sic) *de blason, couronnes,* pièces héraldiques, croix de Lorraine, fleurs de lys, Dauphins, merlette, toison d'or, etc.

« Huit *support de blason,* levrettes, lions, griffons. »

Les armes d'Orléans devaient naturellement se trouver dans cette boîte de doreur sous différentes formes et de diverses grandeurs, Lemonnier, comme on l'a vu plus haut, étant relieur des livres du duc d'Orléans.

Son enseigne était : « Aux armes d'Orléans », son adresse, très finement gravée et ornée d'une fort jolie vignette, avec le texte suivant :

« Lemonnier, seul relieur-doreur des livres de Mgr le duc d'Orléans et de sa maison, demeure rue et vis-à-vis le collège de Beauvais. »

Sur un des derniers feuillets écrits — plusieurs pages du volume étant encore en blanc — *quatorze*

petits fers, millieux d'almanachs, fleurettes, etc., sans
doute les plus récentes acquisitions du doreur.

La plupart de ces fers furent mis au rebut ; les armoiries de nos rois remplacées par l'écusson impérial,
les fleurs de lis par l'aigle de Napoléon. Nous retrou-
vons, en effet, sous le Premier Empire, Tessier, relieur
et doreur du duc d'Orléans et de sa maison, devenu,
après avoir employé pour ses reliures les emblèmes
révolutionnaires « relieur et doreur de la Trésorerie
impériale et du Bureau de la guerre. »

Du reste les différentes phases de la carrière de cet
artiste nous sont indiquées par les étiquettes suivantes :

1°

Même vignette gravée que celle de Lemonnier.

2° Modification dans la vignette. Les armes d'Orléans sont remplacées par le faisceau de la Liberté surmonté du bonnet phrygien.

3° Adresse gravée entourée d'ornements style empire :

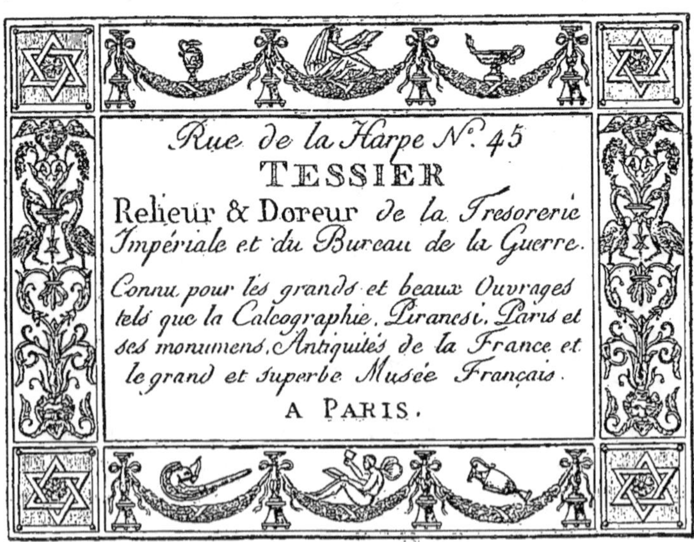

4° Une autre adresse, à peu près de la même époque, ornée de l'encadrement précédent et ainsi rédigée :

Rue de la Harpe, n° 45

TESSIER

Relieur et Doreur de L'intendance de la maison de L'Empereur, des Ministre de l'interieur, et du trésor publique. Connu pour les grands et beaux Ouvrages, tel que le Grand musée français, Paris et ses monumens, Piranesi, du voyage en espagne et de la Commission d'Égypte pour le G^d voyag^e.

A Paris.

5° Adresse imprimée dans un très petit ovale :

Cette étiquette, dont je dois la communication à l'extrême obligeance de M. Léon Gruel, relieur, chercheur passionné de tout ce qui a trait à ses devanciers, est collée dans un volume in-folio quelque peu encombrant, imprimé chez Tastu en 1829, intitulé : *Voyage dans la basse et haute Égypte*, par Vivant-Denon.

En sa longue carrière de relieur-doreur, Tessier

n'avait pas su lutter contre la décadence de l'art qui avait suivi la Révolution et se fit sentir longtemps encore.

Plaignons-le, plaignons surtout ceux de nos grands-pères qui aimaient les livres, de n'avoir eu alors que des relieurs sans talent et sans goût. Mais nous, les fervents du xviiie siècle, félicitons-nous d'avoir vu de nos jours d'habiles artistes faire revivre l'art si français des Padeloup, des Derôme et des Lemonnier. Car les maîtres actuels sauraient se servir aussi bien que leurs devanciers d'il y a cent cinquante ans des fers à dorer de la « boëte de Tessier ». Après Trautz et Cuzin, leurs regrettés prédécesseurs, est-il besoin de nommer Gruel, Marius-Michel, Mercier et ceux qui marchent dignement sur leurs traces, Canape, Chambolle, David, Lortic, Meunier, Ruban, dont les travaux ont été si justement appréciés aux récentes expositions?

Si Dubuisson, Lemonnier, Tessier et autres maîtres relieurs, en concurrence avec les miroitiers, doreurs sur cuir, garnisseurs et enjoliveurs, faisaient et doraient les couvertures d'une grande quantité de *Collombats,* sans cependant pour les relieurs y ajouter aucune glace (*arrest de la Cour du Parlement 7 août 1760*) beaucoup de « calendriers de la Cour » richement habillés n'en sortaient pas moins de chez Colombat lui-même, comme nous l'avons vu dans le mémoire découvert par mon confrère et ami Germain Bapst, pendant ses savantes et laborieuses recherches aux archives de l'Arsenal. C'est un précieux document inconnu jusqu'alors que, grâce à lui, j'ai pu faire connaître à ceux qui étudient le xviiie siècle dans ses moindres détails.

L'un des plus grands bibliophiles du siècle dernier, Charles Nodier, disait : « après le plaisir de posséder des livres, il n'en est pas de plus doux que d'en parler. » Comme il avait raison! et quelles jouissances j'ai éprouvées en décrivant les plus précieux de mes almanachs avec lesquels j'ai passé tant de si bonnes heures !

Et maintenant, cher lecteur, « considérant qu'il n'y a non plus de livres sans fautes que de printemps sans chenilles », comme le dit Jean Elzevier dans un volume imprimé à Leiden, 1659, soyez indulgent et pardonnez les omissions, les erreurs peut-être qui se sont glissées d'aventure dans cette série d'essais bibliographiques ; trop heureux si vous ne la jugiez pas indigne d'être qualifiée par la très enviable devise frappée sur une élégante reliure de l'amour parmi les jeux :

AGRÉABLE
A TOUS.

TABLE DES ALMANACHS

CLASSÉS PAR ORDRE ALPHABÉTIQUE

TABLE DES MATIÈRES

ACHEVÉ D'IMPRIMER

POUR

M. LE VICOMTE DE SAVIGNY DE MONCORPS

SUR LES PRESSES DE

L'IMPRIMERIE DURAND, A CHARTRES

LE 31 JUILLET 1909